中近世移行期の公儀と武家権力

久保健一郎 著

同成社 中世史選書 23

目 次

中近世移行期の公儀と武家権力

本書で多用する刊本史料は以下のように略記する。

『戦国遺文　後北条氏編』→『戦北』＋文書番号

『小田原市史　史料編Ⅱ・Ⅲ　小田原北条１・２』→『小』＋文書番号

『牛久市史料　中世Ⅰ―古文書編―』第四章→『牛古』＋文書番号』

序章　本書の視点と構成

第一節　「戦国大名」の考え方

本書は、主として戦国大名権力の構造や特質について検討するものであるが、それならば、なにゆえ『中近世移行期の公儀と武家権力』と名づけたのか。以下、順次説明していくが、まず「戦国大名」概念についておことわりしておくことからはじめよう。(1) この、研究者はもちろん世間一般においても馴染み深い「戦国大名」という言葉は何に由来し、何が問題とされているのか。

試みに、現在最も詳細な日本歴史の辞典である『国史大辞典』で、「戦国大名」の項目を参照してみよう。(2) そこには、次のように説明されている。「戦前には、『戦国諸侯』『戦国の大名』という用例がみられるが、戦後明確に規定を与えたのは、安良城盛昭『太閤検地の歴史的前提』(3)」であり、「それ以後は、領国制研究盛行のなかで、この『戦国大名』の用語が定着した」という。

安良城氏が「戦国大名」(4) 定着に画期的役割を果たしたことについては、矢田俊文氏も詳しく言及しており、ほぼ間違いのないところであろう。

だとすれば、これはあまりにも有名な安良城氏の中世＝家父長的奴隷制説の提示と同時であるから、「戦国大名」それ自体に大きな意味をもたせていなかったことは明らかである。安良城説のインパクトゆえに、「戦国大名」を印象づける効果はあったかもしれないが、一九五三年の安良城論文段階では、ネガティブに家父長的奴隷制を基盤とする権力の最終段階と位置づけられるに過ぎなかったといえる。

そこで、「それ以後は、領国制研究盛行のなかで」というのが、安良城説提唱以後のどのあたりを指すのかが問題となる。『国史大辞典』の解説では「それ以後」がいつか明示していないが、一九六四年、村田修三氏が「戦国大名」に固有の歴史的意義を付与すべきことを提唱したのは、重要な画期であった(5)。村田論文以降、戦国大名研究およびそれに牽引される戦国時代・戦国期研究が盛んになっていき、一九七〇年代に入って盛行の頂点を迎えるのである(6)。安良城論文から村田論文までで一〇年余、盛行までは二〇年余を要しているわけだが、一方で「戦国大名」の用語自体は一般に定着していったことにも留意しておく必要があろう(7)。

右に述べたように、一九七〇年代、戦国大名研究は最も盛んになるが、それは畢竟、権力としての新しさ、いってみれば、近世大名が行ったことはすでに戦国大名が行っていたのだとされた点にあった。検地論は、ある意味わかりやすくそれを示したわけだが(8)、同じ頃、法研究の成果を吸収しつつ、戦国大名の家産的官僚制、公儀性も主張された(9)。「戦国大名」は、まさに日本の中近世移行期における、時代（次代）を切り開く象徴と位置づけられた。やや大げさで俗ないい方をすれば、「スター」であったとしてもよかろう。

だが、実はこれは、「戦国大名」とは何か、という根本的な問いはさておき、「戦国大名らしきもの」を対象として研究が進められてきた結果だった(10)。検地論が安良城・勝俣論争によって隘路に入りこむのとあたかも軌を一にするように、「戦国大名」概念に疑義を呈する研究が現れてきたのも、こうした点からすれば、ゆえなきことではないといえよう。[11]

周知のように、室町幕府―守護体制論やその一角をなす戦国期守護論は「戦国大名」を否定する最も極北の議論である。[12]これによれば、従来「戦国大名」といわれていたものが有する権力は、室町幕府―守護体制における守護公権に基づくものに過ぎず、前代からの変化はあるにせよ、「守護」と規定することこそが重要とされるのである。

戦国期守護論と同時期には、数か国を併合するような権力と、郡規模程度のそれとを同列に「戦国大名」とするのは無理があるとの認識から、前者を地域的統一権力と呼ぶ説も登場している。[13]

この頃から戦国大名および戦国時代・戦国期の研究は沈滞・衰退期に入るが、一方では移行期村落論が台頭してくるわけで、[14]戦国期権力論が沈滞・衰退期に入ったという方が、より正確かもしれない。[15]

その後しばらくして、黒田基樹氏によって国衆論が展開されるが、[16]氏は「戦国大名」概念は使用するものの、その権力は国衆と同質であるとしており、[17]氏の意図するところとかかわらず、この点では、戦国期守護論とセットで提起された矢田俊文氏の戦国領主論と親和性がある。[18]

また、長谷川博史氏は「戦国期に一国規模あるいはそれ以上の支配権を有し、各国内最大規模の有力領主をはじめとする大半の諸領主をその統制下に組み込んでいた存在」を「戦国期大名権力」と呼び、具体的には尼子氏を検討して、「『守護公権』を最も必要としたのは、大名権力の根幹に関わる側面ではなかった可能性が高い」とした。慎重な言い回しながら戦国期守護論には否定的であるといえる。一方、「すでに様々な概念を付与されてきた既存の言葉と一応区別しておくために」「戦国期大名権力」という概念を用い、様々な検討の結果「ある一領主家が一国内最大規模の有力領主を含む他の領主層を、（いかに限定された形であっても）独自に統制・支配することによって構成された権力体であり、また戦国期社会の政治・経済変動に大きく規定されて公的領域的支配を独自に志向せざるを得なかった存在」と規定した。「戦国大名」でも「戦国期守護」でもない、独自の「戦国期大名権力」の構想が示されたわけである。[19]

このように、「戦国大名」をめぐっては、様々な議論が立ち現れたが、相互に意見を切り結ぶことは少なく、収斂の方向性は見出されなかった。こうした状況に対し、則竹雄一氏は二〇〇〇年代はじめまでの研究史を整理し、主従制的支配権と統治権的支配権の統一に大名領国制論の意味がある、「つまり領主支配の視点を捨象すべきではなく、また、公共性を守護職や地域社会の同意だけに求めるべきでもない」として、戦国大名がどのように自立を達成していくのかが権力論の課題だとする。その上で、戦国大名は「それぞれの地域社会の展開に対応して、個性を持ちながらも地域を統合し公儀として公共性を担う権力としては共通性を有する」と規定して「戦国大名ないしは大名領国制概念は、戦国期権力の特徴を表す用語として有効性を失っていない」と主張した。[20]

また、村井良介氏は、「個々の（権力の……久保注）特質を事実上無視したり、はじめから多くの例外を含み込んでしまう概念規定には問題があるといわざるを得ない」とし、「個々の権力はそれぞれ異なっていることを前提にした上で、にもかかわらず、その内のあるものを『戦国大名』の名で括ることが、いかなる課題に応えるために有効かと問う必要がある」との見解を示した。そして、「主として一六世紀の日本列島地域において、軍事的暴力の編成や、地域秩序形成に固有の役割を果たした地域権力として、戦国大名を措定することは有効であるとの見通しの下」戦国大名と戦国領主に関して検討を重ね、[21]さらには独自の中世権力論、戦国時代論を展開した。[22]

則竹氏や村井氏の整理は、それぞれ出口のみえない戦国大名論に対し、総括的ないしは総括を目指した意見だったわけだが、これらに対し、現状ではなお賛成・反対のいずれも―少なくとも直接的には―ほとんど提示されておらず、これ自体が戦国大名権力論の停滞を示しているといえるかもしれない。

ただ、次のような疑問は浮かぶ。戦国大名の概念が曖昧であるというのは、戦国大名といわれている権力の内容がとことん追究されつくした上でのことなのか。もし、そうであるとすれば、戦国大名概念には問題があったということになり、改めて別の概念が構築される必要がある。則竹氏や村井氏はそれぞれの立場から、戦国大名概念の曖昧さをただちに払拭するには至らなかったものの、その有効性を主張し、課題を提示してみせた。これを否定し、もはやその内容を論じることも行き詰まったということがいわれないのであれば、一般に定着している戦国大名という「言い方」を容易に変えるわけにはいかないのではないか。(23)

現状は決して楽観できるものではなく、「戦国大名」のあり方は明確になっておらず、議論も活発ではないが、戦国大名といわれる権力は、いまだそれ自体の内容が問われるべきと考えるのである。(24)

第二節　権力構造研究の問題点—公儀論と家中論から—

では、戦国大名権力のあり方には、どのような迫り方がされてきたであろうか。これは、一つには、戦国大名の支配政策からするもので、最も著名なものは、検地論であろう。支配政策とは、やや大雑把であるが、大名権力とそれがいわば外向きに他者と関係しているようなあり方を総称して、政策論と表現しておく。今一つには、戦国大名の権力や組織の編成それ自体からするもので、最も著名なものは、家中論と思われる。これは、いわば大名権力そのものを内向きに検討したものとして、編成論と表現しておく。(25)

戦国大名検地論は、戦国大名が「作り合い否定」の原則により、「加地子」に代表される中間得分を把握したことを指摘した。なかでも勝俣鎮夫氏は、それによって戦国大名は、「兵」と「農」を確定したと論じ、前節でも触れたように、戦国大名権力は近世大名と同質であると主張したのである。

ところで、周知のとおり、勝俣氏は戦国大名の領国を「国民国家」とする説を打ち出した。(26)その祖型は直接には戦国法の分析、すなわち一揆契状・喧嘩両成敗法・国法等の検討から得られたもので、在地領主の自己否定による戦国大名権力の形成、戦国大名権力＝公儀を理念的に超える国家の創出という展開を見通したといえる。(27)つまり、公儀論がさらに発展したかたちであるが、これは法のみによるものではない。それを支えたのは検地論なのである。すなわち、前述の「兵」と「農」の確定によって百姓とされた者たちは、「国の百姓」と位置づけられ、「明確なかたちをもった支配原理として、大名権力による検地施行の原権であったのであり、また検地によって部分的にせよ実体化されたものであった」とされており、(28)公儀論と検地論との密接な関係が明らかであるといえるのである。

また、石母田正氏は中世武家法の展開を詳細かつ論理的に検討し、これも前節で触れたように、戦国大名は家産制国家の「公儀」の権力に転化しており、その意思と命令は「国法」＝「国家意志」に高められているとした。(29)

さらに、最も包括的な大名領国制論を展開した永原慶二氏は、戦国大名は在地領主制のもっとも高度に広域的に組織化された段階、あるいはその最終的歴史段階とし、大名が自らの立場を「公儀」とするに至ったことは、その政治思想面における表現であり、領域国家的支配の政治的理念を示すものとした。(30)また、戦国大名は法の制定を通じて、自己権力の「公儀」性を強化し、家臣団における「家」権力の規制をめざしたと述べた。(31)永原氏のこうした評価は、大名領国制を貫高制から説き起こし、様々な支配政策から詳細に論じるなかで得られたものである。(32)

以上のように、法や種々の政策、その極致である検地論から導き出された、近世大名にきわめて近い戦国大名権力の姿や、あるいはそこまでいかなくとも専制的かつ一枚岩の戦国大名権力像の延長上に、「国民」に対峙する公儀が構想されたといえる。公儀論は編成論からではなく、政策論から現れたのである。その意味で、政策論として最も著名なものは前述したように検地論だが、行きついた姿は公議論であったとすることもできよう。
前節でも述べたように検地論の衰退（個別の政策論は衰退したのではないのだが）とともに「戦国大名」への疑念が噴出してきたわけだが、これはまた、その構造を内向きに追究する姿勢にもつながっていった。その最も顕著であるのが家中論である。(33)

政策論から導かれた勝俣・石母田・永原氏らによる戦国大名権力は、大名を頂点とする専制的なイエ権力であり、いわば一枚岩の強力な権力像であるが、家中論が示した成果は、それに大きな見直しを迫った。すなわち、戦国大名のイエ権力は譜代を中心とした「家中」として編成されたものであり、本来大名と同格であった国衆は、その「家中」には包摂されず、自らは独自の「家中」を編成していた。従属のあり方からいえば、国衆は大名に対して軍事的に従属しているに過ぎず、従来一つの巨大なイエとみなされていた戦国大名権力は、実は大名「家中」による国衆「家中」の支配という複合的な構造から成り立っていたことが指摘されたのである。

もちろん、国衆あるいは戦国領主が戦国大名に対する従属度が低いものであることは、すでに認識されていたことであったが、それは将来戦国大名の家臣化する方向性にあると理解されていた。しかし、家中論によって、そもそも戦国大名権力は、家臣化しない国衆・戦国領主を必然的に抱え込んでいるものであるとされたのである。

これ以降、「一枚岩でない」戦国大名権力の構造が、譜代家臣、さらには「家中」と国衆、「家中」相互の関係等の研究を軸に一定程度深められていくこととなった。公議論も、否、近世史研究との接点を考えれば（後述）、公議論こそ、構造的に追究されるべきだったが、政策論の発展上に現れたものであったゆえか、編成論のなかで位置づけられることはなかった。(34)これは、近世の公議論が、豊臣・徳川などについて、政権の構造分析とともに深められていることなどからみても、大きな問題であろう。

ただ、その方向性が、まったくなかったわけではない。たとえば、池享氏は、毛利氏を素材に、「家中」を超えた領国全体にわたる大名と家臣との関係・権力構造の解明の必要を述べ、次のように論じた。[35] 毛利氏は、軍事指揮権とともに、「公儀」が領国に対して権限を行使して階層的にも「家中」を超えた権限領域を有し、これらを槓杆に「家中」への支配権を強めた。しかしながら毛利領国は「公儀」権力による一元的支配の貫徹には至らず、私的・人格的結合関係に依存する面が強かったのであり、戦国大名と近世大名との間には権力編成原理に転換があったと結論づけたのである。

ここには、「公儀」と「家中」の対立・対抗、「公儀」と私的・人格的結合関係との二律背反、などが示されていた。この検討結果自体には議論すべき余地があると考えるが、それよりも重大なのは、のちに池氏は戦国大名のイエ権力を「公儀権力」とすることにより、ここで提出していた公儀と家中との追求を、事実上棚上げにしてしまったことである。[36] 公儀と家中との関係がどのように説明、位置づけられて、「公儀権力」になったといえるのか、この点は置き去りにされてしまったのである。[37]

また、この間、北条氏の公儀について、「大途」「公方」「公儀」や「御国」「国家」等の文言に注目して検討した筆者の仕事がある。[38] これは、当時はとくに意識していなかったが、編成論に属するものだったといえる。しかし、家中論との接合等はまったく試みておらず、その意味で「孤立」した議論の側面があったことは否めない。

そもそも、イエ権力とされるものの内実は、前述したように、一定程度深められ進展をみたが、いまだ明らかになっていないところが多い。たとえばイエ権力における一族や隠居の位置づけ、似たようなことだが当主と隠居との関係などについては、立ちおくれているといってよい状況である（池氏は人格的結合を重視するが、これらについては検討していない）。家中論においても、権力構造に関して積み残している問題は少なからず存在するのである。[39]

郵便はがき

料金受取人払郵便

麹町支店承認

8124

差出有効期限
平成31年２月
15日まで

102-8790

104

東京都千代田区飯田橋4-4-8
東京中央ビル406

株式会社 同成社

読者カード係 行

ご購読ありがとうございます。このハガキをお送りくださった方には今後小社の出版案内を差し上げます。また、出版案内の送付を希望されない場合は右記口欄にチェックを入れてご返送ください。 □

お名前《ふりがな》　歳　男・女

〒　TEL

ご住所

ご職業

お読みになっている新聞・雑誌名

〔新聞名〕　〔雑誌名〕

お買上げ書店名

〔市町村〕　〔書店名〕

愛読者カード

お買上の
タイトル

本書の出版を何でお知りになりましたか？

イ．書店で　　ロ．新聞・雑誌の広告で（誌名　　　　）
ハ．人に勧められて　　ニ．書評・紹介記事をみて（誌名　　　　）
ホ．その他（　　　　）

この本についてのご感想・ご意見をお書き下さい。

注文書　　年　月　日

書　名	税込価格	冊　数

★お支払いは代金引き替えの着払いでお願いいたします。また、注文書籍の合計金額（税込価格）が10,000円未満のときは荷造送料として410円をご負担いただき、10,000円を越える場合は無料です。

ところで、政策論にしても編成論にしても、戦国大名の権力構造を見通そうとしているわけだが、両者を、もしくは両者から、統一的な見解が導かれるには至っていないと思われる。前者の行き詰まりに伴い後者が現れたことからすれば、後者の側から前者を統一的に、とはなりづらいだろうと想像はつく。それでは前者からはどうだろうか。則竹雄一氏は、第一節で述べたように、二〇〇〇年代はじめまでの戦国大名、大名領国制に関わる研究史を整理しているが、そのなかに家中論の位置づけはない。氏自身がこれに続けてまとめた研究も、政策や他大名・他領国との関係（外交政策といってもよい）から追求されている。氏は筆者の公議論を批判するなかで、「問題は支配理念ではなく国家としての内実を示す具体的な領国支配構造解明」であるとし、それに続いて「むしろ、久保氏が著書で示す裁判制度・検地・諸役賦課などの考察が重要」としている。[40] 前述したように、筆者の公議論は編成論に属するものだが、則竹氏はそれを批判して「具体的な領国支配構造解明」にあたり、（裁判制度・検地・諸役賦課などの）政策論が重要であると主張しているわけである。これによれば、政策論から編成論との統一をはかるのもなかなか容易でないといえるであろう。

しかし、前述したイエ権力の内実に関する諸問題は、政策論のみでは解明できないものであることもまた自明ではないだろうか。

ここまで、政策論と編成論という視点から、具体的には公議論・家中論をあげて、戦国大名の権力構造研究に関する課題を考えてきた。それは、まさに戦国大名権力に即した検討だったが、では、この権力はいかにして成立し、また解体・変質していくのか。この点、公議論・家中論は何を示すであろうか。

もちろん、成立にしても解体・変質にしても、それぞれ多くの論点を抱えているが、研究史からいえば、後者の方により深刻な問題があるといえる。すなわち、とくに公議論については、中世史研究での注目とほぼ時期を同じくして、近世史研究でも検討が進展していた。それは、幕藩制国家論の視点からであり、大きくみれば、日本史研究全体における国家史への関心という背景があったと思われるが、中世史の側では戦国大名権力の先進性、近世史の側では幕藩制国家確立の前提といった具合に大きく視点が異なっていた。

それでも、近世史の側からは、一定程度積極的に戦国大名権力の公儀に関する発言があり(41)、そこから幕藩制国家の公儀へと議論を進めることがあったのだが、中世史の側からは、全体として近世史研究へ「対話」を求めることが少なかった。よくいわれる中近世史研究の「断絶」状況は、遺憾ながらここでもみられるのである。しかも、この点、近年の近世史研究でも言及がなくなってきており、より深刻化しているといえよう。

戦国大名のイエ権力とともにある公儀が、豊臣や徳川などの政権にある公儀へどのようにつながるのか、あるいはつながらないのかといった点、いいかえればイエの公儀から政権の公儀へという道筋の説明は、十分にされているとはいえないのである。

公儀論と比べれば、家中論については、近世に至ると大名家中が一元化するということで、一応の共通理解ができているかにみえる。ただし、前述したように、戦国大名の家中論に残された課題があること、公儀が家中論との関わりで捉え直される必要があることはそれ自体が家中論の見直しにもつながる可能性が高いこと等に鑑みれば、家中論もあらためて中近世移行期に即して再検証する必要があるのではないか。

以上、贅言を費やしたが、戦国大名の権力構造研究について、問題点を考えてきた。改めてまとめると、政策論から現れた公儀論は編成論としても追求される必要があること、政策論の行き詰まりから現れた家中論に代表される編成論にもイエ権力の内実など積み残された課題があること、以上の点をふまえて政策論・編成論を統一した公儀論・家中論が構想される必要があること、公儀論・家中論の視点からも中近世移行期を見通した議論がされるべきである

こと、となろう。(42)

第三節　本書の構成

第一節・第二節の検討をふまえ、本書は次のように構成する。まず、本編は九章から成る。第一章「中近世移行期権力における『正当性』について」は、武田氏研究会からの依頼で、二〇一四年六月同研究会で行った記念講演の講演録である。(43)戦国大名公儀、関連して「国家」「御国」「国法」や正統性の問題などを論じて、公儀論を考える場合の核としてきた権力の正当性標榜について、包括的に私見を示したものである。講演録であるゆえに、関連する研究への言及や史料の引用も十分とはいいがたいが、これもまた講演録であるゆえに、直近での私見を率直に示してもいるので、あえて最初に掲げ、コメントを付した。なお、参考文献や史料の出典は本書全体の体裁と統一するため、注とした。

第二章「移行期公儀論の前提」は、中近世移行期の公儀論について述べるように、との『歴史評論』編集委員会からの依頼により執筆したものである。(44)当時、移行期公儀論について述べる材料や考えはあまりもちあわせていなかったが、折角いただいた機会なので、「前提」とした上で、移行期公儀論を考えるための留意点を述べた。そのなかで、公儀論における王権論的方法の必要性などにも言及したが、現在もほとんど手つかずであり、大きな課題である。

第三章「天下と公儀」は、堀新氏からの依頼で、同氏編著収録の一文として執筆したものである。(45)信長が用いた「天下」の意味・意義を戦国大名の「公儀」と比較しながら論じている。信長の「天下」については、「新しさ」をみて高く評価するか否かにかかわらず、戦国大名との関連で考える研究はなかなかみられないので、一定の意味があると考えている。なお、第一章同様、参考文献や史料の出典は注とした。

第四章「公儀と地域権力」は、戦国大名の公儀と、国衆・戦国領主などといわれる地域権力とがどのような関係にあったかを論じたものである。[46] 大名領国について、「『御国』『国家』世界と公儀世界の二重構造」という考え方を持ち込み、その後十分な展開をみるには至っていないが、公儀論と家中論や国衆論との接点になりうる論点と考えている。

第五章「『境目』の領主と『公儀』」[47]、第六章「『境目』の領主・再論」[48]も地域権力について論じたものであるが、視点については通じるところと異なるところがある。

通じるところは、戦国時代の軍事的境界領域である「境目」に存在した地域権力を検討対象とした点である。異なるところは、まず、その地域権力の規模である。第五章の宇喜多氏は、周知のごとく直家の代に急成長して国持大名化するほどの権力であるが、第六章の岡見氏は、常陸南部にあって郡規模に至るか否か程度の勢力である。また、第五章では宇喜多氏自体の「公儀」化を一つの主題として考えたが、第六章では岡見氏が強力な大名である北条氏の傘下でどのような存在であったかを検討しており、扱う問題の質も大きく異なっていた。

「境目の領主」の規定が曖昧なのではないか、との批判もありそうなところだが、このように様々な規模・形態の領主が「境目」に規定されつつ存在していることが重要であるという認識に基づいており、「境目の領主」という括り方には一定の有効性があると考えている。

なお、第五章では「半公儀」の問題に触れたが、現在に至るもあまり展開していない。この点、章末のコメントを参照。また、同章は注の一部を拙稿「後北条氏における公儀と国家」に使用している。[49]

補論一は、岡見氏をとりまく状況について、自治体史で一般向けに叙述したものである。[50] 第六章を理解する一助になればと考え、一部岡見氏と直接関わらない箇所を除き、参考文献や史料の出典は注とした上で、新たに「岡見氏の動向」と題目を付して収録した。

補論二「北条氏照と常陸・下総・下野」は、北条氏の有力一家衆氏照に関するモノグラフである。[51]発表誌が『牛久市史研究』ということもあって、氏照の本拠である武蔵西部ではなく、題目の示す常陸・下総・下野との関係を主題としたが、重要な論点も含んでいると考え、収録した。この点、論末に付したコメントを参照。

第七章「戦国大名権力と逃亡」は、戦国大名権力が「公儀」として、民衆の逃亡問題にどのように対処したかを論じたものである。[52]ほぼ三十年近く前の、筆者のはじめての活字化論文であって、至らないところも甚だしく、その上、一部はすでに拙稿「戦国大名領国における訴訟と裁許」で再編して使用しているので今さらの感はあるが、[53]それなりに重要な論点も含んでいると考え、収録に踏み切った。この点、章末に付したコメントを参照。

第八章「支城制と領国支配体制」は、北条氏所領役帳と支城制について論ぜよという依頼を受け、執筆した。[54]役帳については、独自の論点をあまり展開することができないと判断し支城制を中心とした議論となったが、研究史を整理するなかで、氏照や氏邦などかなり独立的な支城領を形成しつつ、一方では当主を強力に支えた有力一家衆について考え、大山喬平氏の議論に学んで、[55]当主と有力一家衆の関係を「アヒヤケ」とみられないかとの提起をした。この点、今に至るもとくに反応はないが、戦国大名権力を一族関係からみていく際には、重要な論点と考えている。

第九章「戦国大名隠居・当主論序説」は新稿である。戦国大名のイエをあらためて考えて家中論と接合していくためには、当主と隠居、一族などの関係を位置づけていくことが不可欠なのは、第二節で述べたとおりである。これをふまえて、この章でも一族論を広く展開するつもりであったが、課題は膨大であり、隠居・当主について基礎的確認を行うにとどまった。ただ、「当主権力」などから隠居・当主論の手がかりは得たとも考えるので、今後の一族論につなげ、家中論との関わりを見通していきたい。

以上、戦国大名権力の構造を考える時に、公儀論・家中論の双方に目を配りながら、中近世移行期を見通す意図でまとめたが、家中論についてはいまだ独自の仕事を展開するに至っておらず、一族についてのいくつかの見通しから接近・接合をはかるにとどまっている。

一方、公儀論に関しても、織豊期の公儀や「天下」について少しばかり論じ、「王権論的方法」「公儀世界」「半公儀」「アヒヤケ」など新たな論点に触れたが、文字通り「触れた」ばかりの段階である。

いずれにせよ、意図に内容がついていっていない観が強いが、一応、意図を重視し、また、家中論に比べれば、まだしも公儀論に関わる言及はしばしばあるところから、さらには、わずかながら戦国大名権力以外の武家権力についても扱っているため、書名を『中近世移行期の公儀と武家権力』として今後を期することにした。大方の批判を願う次第である。

注

（1） こうした手続きは、拙著『戦国大名と公儀』（校倉書房、二〇〇一年）の序章の注でも行っているが、そこでは後述するような「戦国大名」概念への疑問についてごく簡単に触れ、「『戦国大名』概念の曖昧さについては首肯される点もあるが、それに代わりうる説得性のある説もいまだない」とするのみであった。それから一五年以上経つわけだが、状況に大きな変化はない。このこと自体問題であると考えるので、ここではもう少し詳しく述べておきたい。

（2） 吉川弘文館刊。同項目は峰岸純夫氏執筆。

（3） 『歴史学研究』（一六三・一六四号、一九五三年）。のち安良城『日本封建社会成立史論　上』（岩波書店、一九八四年、所収）。

（4） 矢田『日本中世戦国期権力構造の研究』（塙書房、一九九八年）の「序章」「あとがき」を参照。ただ、矢田氏は「安良城氏の日本中世社会についての歴史認識については同意できなくなった。よって、安良城氏の用語である『戦国大名』という用語を使用することはしないことにした」（三一二頁）とするが、その論法については同意できない。この点、後述。

（5）村田「戦国大名研究の問題点」（『新しい歴史学のために』九四号、一九六四年）。

（6）このように、戦国時代についての研究が盛んになるなかで、「戦国大名」の存在も重きをなしてきたわけであり、そのことは矢田氏も「安良城理論に従う研究者、従わない研究者を問わず、戦国大名という用語を使い始めた」としているように、安良城説への賛否とは別なのである。安良城氏のネガティブな意図とは異なる発展を遂げてきたのであるから、安良城説に賛成できないことをもって「戦国大名」を否定する必要はないのではないか（もちろんそれはそれで一つの考え方であるから、絶対に必要はないということでもないが）。なお、いうまでもなく、矢田氏の「戦国大名」概念否定は、用語不使用の後、独自の研究によってなされているわけで、このこととは別の議論である。

（7）その要因自体をみきわめることは、なかなか現在の筆者にとって難しいことだが、たとえば、「歴史ブーム」のなかで、企画上大成功を収めたと考えられる中央公論社版『日本の歴史』シリーズ（一九六五～六七年）のなかで、「戦国大名」の巻があったことなども一因ではないだろうか。なお、この巻はシリーズ第十一巻として、杉山博氏の執筆であるが、その成立事情については、二〇〇五年に中央公論新社から刊行された文庫版の解説で稲葉継陽氏が言及している。

（8）有光友學「戦国大名今川氏の歴史的性格—とくに『公事検地』と小領主支配について—」（『日本史研究』一三八号、一九七四年）、勝俣鎮夫①「遠州浜名神戸大福寺領注進状案について—戦国大名今川氏検地の一事例—」（『日本歴史』三二〇号、一九七五年）②「戦国大名検地に関する一考察—恵林寺領『検地帳』の分析—」（永原慶二編『戦国期の権力と社会』東京大学出版会、一九七六年、所収）。勝俣①②はそれぞれ「戦国大名今川氏検地の一事例」「戦国大名検地の施行原則」と改題の上、勝俣『戦国法成立史論』（東京大学出版会、一九七九年）所収。

（9）石母田正「解説」（『岩波日本思想大系二一　中世政治社会思想　上』岩波書店、一九七二年、所収）。

（10）安良城「戦国大名検地と『名主加地子得分』・『名田ノ内徳』—勝俣鎮夫『戦国法成立史論』によせて—」（『史学雑誌』九〇編八号、一九八一年、のち安良城前掲注（3）著書、所収）、勝俣「戦国大名検地について—安良城盛昭氏の批判に答える

―」(『史学雑誌』九二編二号、一九八三年)、安良城盛昭氏による口頭報告「戦国大名検地の分析方法とその具体化―大山喬平・勝俣鎮夫氏の大福寺領分析の再検討と勝俣『反論』についての再批判をあわせて行う―」。安良城氏の報告は一九八三年六月一一日歴史学研究会中世史部会、同一四日日本史研究会中世史部会での口頭報告。なお、周知のように検地論についての研究史整理は多くの研究者によって行われており、筆者も「戦国大名検地の構造」(久保前掲注(1)著書、所収)等で試みている。

(11) 「スター」が求められ、また―言葉は悪いが―引きずり下ろされる研究状況について、高度成長の展開から終焉という社会状況との二重写しでみるのは、安易に過ぎるかもしれない。しかし、この研究状況と社会状況との関連は、追求すべき論点であると思われる。

(12) 今岡典和・川岡勉・矢田俊文「戦国期研究の課題と展望」(『日本史研究』二七八号、一九八五年)。

(13) 市村高男「戦国期東国における在地領主の結合形態」(『歴史学研究』四九九号、一九八一年、のち「戦国期における東国領主の結合形態」と改題して、市村『戦国期東国の都市と権力』思文閣出版、一九九四年、所収)「戦国期下総国結城氏の存在形態」(『茨城県の思想・文化の歴史的基盤』雄山閣出版、一九七八年、所収、のち市村前掲書、所収)。なお、「地域的統一権力」の語は、すでに藤木久志「豊臣期大名論序説」(『歴史学研究』二八七号、一九六四年)で使用されていたこと、しかしながら同論文が藤木『戦国大名の権力構造』(吉川弘文館、一九八七年)に収録されるにあたり「東国統一権力」と書き替えられていたことが、市村氏によって指摘されている(市村前掲書、一一四頁)。

(14) 勝俣鎮夫「戦国時代の村落」(『社会史研究』六号、一九八五年、のち勝俣『戦国時代論』岩波書店、一九九六年、所収)、藤木久志『戦国の作法』(平凡社、一九八七年)。

(15) なお、後述するように家中論も一枚岩の戦国大名権力像への疑問から現れたと考えられるが、もともとは「戦国大名」概念自体を積極的に云々するものではなかったので、ひとまずここでは考察の外におく。家中論の系統に属するなかでも、矢田俊文氏の研究(「戦国期毛利権力における家来の成立」『ヒストリア』九五号、一九八二年、のち「戦国領主の成立」と改題、再編の上、矢田前掲注(4)著書、所収)は「戦国大名」を明確に否定しているが、後掲する黒田基樹氏は「戦国大名」

使用を堅持しているなど、理解は区々である。
(16) 国衆の自立性・自律性への注目自体はすでに家中論が行っていたところであるが、黒田氏は国衆の存在をとくにクローズアップし、「国衆論」として発展させた。氏の国衆に関わる論考は数多く出されているが、最初のまとまった議論は、『戦国大名と外様国衆』(文献出版、一九九七年、増補改訂版、戎光祥出版、二〇一五年)でなされた。なお、黒田氏の国衆論に関しては、久保「書評・黒田基樹著『戦国期東国の大名と国衆』」(『史学雑誌』一一一編一一号、二〇〇二年)を参照。
(17) 黒田同右著書、黒田『戦国期東国の大名と国衆』(岩田書院、二〇〇一年)等々。
(18) 矢田「戦国期甲斐国の権力構造」(『日本史研究』二〇一号、一九七九年、のち「戦国期の権力構造」と改題して矢田前掲注(4)著書、所収)。もっとも、黒田氏が直接前提としているのは峰岸純夫氏の議論(峰岸「戦国時代の『領』と領国」、慶應義塾志木高等学校『研究紀要』第一輯、一九六九年、のち峰岸『中世の東国　地域と権力』東京大学出版会、一九八九年、所収)だが、それでも問題点は変わらないと思う。
(19) 長谷川『戦国大名尼子氏の研究』(吉川弘文館、二〇〇〇年)。直接の引用部分は一、二六五、二七二頁。
(20) 則竹『戦国大名領国の権力構造』(吉川弘文館、二〇〇五年)。直接の引用部分は二三頁。
(21) 村井『戦国大名権力構造の研究』(思文閣出版、二〇一二年)。直接の引用部分は八、一五頁。
(22) 村井同右著書の「終章　戦国期の特質を考えるための権力試論」を参照。和洋を問わない思想家・研究者の成果を駆使した展開は圧巻である。なお、久保「書評・村井良介著『戦国大名権力構造の研究』」(『日本史研究』六〇九号、二〇一三年)も参照。
(23) ただし、戦国大名概念の有効性を主張するに至るまでの、則竹・村井両氏の主張は、本文で引いた部分からわかるとおり、対照的である。すなわち、則竹氏は個性をもちながらも共通性を有する点を重視するのに対し、村井氏は特質の事実上の無視や多くの例外を含み込む点については問題視して方法・視角から限定的な有効性を述べているのである。則竹氏のいう「個性」は、村井氏によれば「例外」であり、共通性と個性・例外のどちらに注目するかは、「戦国大名」に限らず多くの研究テーマにつきまとう難題であろう。ここでは、とてもどちらかに軍配を上げることはできず、それが目的でもないが、ただ、村井氏の方法によれば、極端な言い方をすれば、「戦国大名」は村井氏のみにとって有効な概念となってしまうのではとの危惧を感じないでもない（取り越し苦労かとは思うが）。

(24) 現在、戦国大名を正面から分析するというよりは、少なくとも東国に関していえば、国衆を通して考える、あるいは国衆論そのものの方が盛んである。これは、黒田氏の業績はもちろんのこと、様々な要因があるところだろうが、戦国大名を正面から論ずることに対する「手詰まり感」があることは確かであろう。

(25) 以上は行論の便宜上の措置であり、たとえば法については、以下では政策論として扱うが、家中統制法などはどうなるかといった問題はあるわけである

(26) 勝俣「一五―一六世紀の日本」（『岩波講座日本通史10　中世4』岩波書店、一九九四年、所収、のち「戦国大名『国家』の成立」と改題して勝俣『戦国時代論』岩波書店、一九九六年、所収）。

(27) 勝俣「戦国法」（『岩波講座日本歴史8　中世4』岩波書店、一九七六年、所収、のち補訂して勝俣前掲注（8）著書、所収）。

(28) 勝俣同右論文。

(29) 石母田前掲注（9）論文。

(30) 永原「大名領国制の構造」（『岩波講座日本歴史8　中世4』岩波書店、一九七六年、所収、のち永原『戦国期の政治経済構造』岩波書店、一九九七年、所収）。

(31) 永原『日本中世の社会と国家』（日本放送出版協会、一九八二年、増補改訂版、青木書店、一九九一年）。

(32) 永原前掲注（30）論文。

(33) 松浦義則「戦国期毛利氏『家中』の成立」（『史学研究五十周年記念論叢』福武書店、一九八〇年、所収）。

(34) 朝尾直弘①「『将軍権力』の創出」（『歴史評論』二四一・二六六・二九三号、一九七一・七二・七四年）②「将軍政治の権力構造」（『岩波講座日本歴史10　近世2』岩波書店、一九七五年、所収）③「『公儀』と幕藩領主制」（歴史学研究会・日本史研究会編『講座日本歴史5　近世1』一九八五年、所収、のち①〜③いずれも朝尾『将軍権力の創出』岩波書店、一九九

四年、所収）、深谷克己「公儀と身分制」（佐々木潤之介編『大系日本国家史3　近世』東京大学出版会、一九七五年、所収、のち深谷『近世の国家・社会と天皇』校倉書房、一九九一年、所収）、佐々木潤之介「幕藩制の成立」（永原慶二他編『戦国時代』吉川弘文館、一九七八年、所収、のち佐々木『幕藩制国家論　下』東京大学出版会、一九八四年、所収）、高木昭作「『公儀』権力の確立」（『講座日本近世史1　幕藩制国家の成立』有斐閣、一九八一年、所収、のち高木『日本近世国家史の研究』岩波書店、一九九〇年、所収）、藤井讓治①「一七世紀の日本」の一「『公儀』国家の形成」（『岩波講座日本通史12　近世2』岩波書店、一九九四年、所収）②「近世『公方』論」（朝尾直弘教授退官記念会編『日本国家の史的特質　近世・近代』思文閣出版、一九九五年、所収、のち①②いずれも藤井『幕藩領主の権力構造』岩波書店、二〇〇二年、所収）、矢部健太郎『豊臣政権の支配秩序と朝廷』（吉川弘文館、二〇一一年）。

(35)　池「戦国大名権力構造論の問題点」（『大月短大論集』一四号、一九八三年、のち池『大名領国制の研究』校倉書房、一九九五年、所収）。

(36)　池「戦国期の地域権力」（歴史学研究会・日本史研究会編『日本史講座5　近世の形成』東京大学出版会、二〇〇四年、所収、のち池『戦国期の地域社会と権力』吉川弘文館、二〇一〇年、所収）。

(37)　たとえば、則竹雄一氏は池氏の研究について、「人的結合関係＝主従制関係を基礎とすることを強調し」「統治権的支配の側面は副次的な機能としてしか位置づけられていないのは問題ではないか」と批判している（則竹前掲注（20）著書九頁）。なお、池氏の「公儀権力」論については、本書第四章の旧稿でも別の点から批判を試みた。

(38)　久保前掲注（1）著書。

(39)　この点、家中論はそもそもイエの問題であったはずで、在地領主のイエの問題については、石井進氏の研究（『日本の歴史12　中世武士団』小学館、一九七四年、「中世社会論」『岩波講座日本歴史8　中世4』岩波書店、一九七六年、所収）など多くの蓄積があったわけだが、家中論自体はこうしたイエ研究を十分に受け継ぐかたちでは提起されなかったということも関連しているであろう。たとえば、ややもすれば家中論は家臣団編成の問題と同一視されかねないような状況にあるのである（則竹雄一氏のご教示）。なお、村井良介「総論　安芸毛利氏をめぐる研究について」では、毛利氏を主対象として家中論

について の整理、課題の提示がされている（村井編『論集戦国大名と国衆17　安芸毛利氏』岩田書院、二〇一五年、所収）。

(40) 則竹前掲注(20)著書一二頁。引用部分の「著書」とは、久保前掲注(1)著書のこと。

(41) 朝尾前掲注(34)①論文、佐々木前掲注(34)論文、深谷前掲注(34)論文、藤井前掲注(34)①論文。なお、久保前掲注(1)著書の序章も参照。

(42) 本節は、公儀論・家中論の視点からの整理であるため、言及できなかった問題も多かったが、たとえば、近年丸島和洋氏が精力的に進めている「取次」論は、従来の「取次」論が目的としていた権力による統制の側面だけでなく、「家臣や被取次者（交渉相手）の側から、取次とそれによる意思伝達を位置づける」視角を有しているといい（丸島『戦国大名武田氏の権力構造』思文閣出版、二〇一一年、一六頁）注目される。従来の「取次」論の研究史については、丸島前掲書を参照。

(43) 『武田氏研究』五二号、二〇一五年。なお、正確には「読み原稿」に史料を入れ込んだもので、話したままを起こしているのではないが、もちろん内容の相違はない。

(44) 『歴史評論』六四〇号、二〇〇三年。

(45) 堀新編『信長公記を読む』（吉川弘文館、二〇〇九年）所収。

(46) 『早稲田大学大学院文学研究科紀要』五四輯、二〇〇九年。

(47) 岡山藩研究会編『藩世界の意識と関係』（岩田書院、二〇〇〇年）所収。

(48) 『史観』一五九冊、二〇〇八年。

(49) 久保前掲注(1)著書、所収。

(50) 『牛久市史　原始古代中世』（牛久市、二〇〇四年）第八章第四・五節。ただし、本文に記したように、岡見氏と直接関わらない「その後の小田天庵」「久野土岐氏の地位」の項目は割愛した。

(51) 『牛久市史研究』四号、一九九四年。

(52) 『民衆史研究』三五号、一九八八年。

(53) 久保前掲注(1)著書、所収。

(54)　藤木久志・黒田基樹編『定本　北条氏康』（高志書院、二〇〇四年）所収。
(55)　大山「西楽寺一切経の在地環境」（京都府教育委員会『興聖寺一切経調査報告書』一九九八年、のち大山『ゆるやかなカースト社会・中世日本』校倉書房、二〇〇三年、所収）。

第一章　中近世移行期権力における「正当性」について

はじめに

戦国大名やそのなかを勝ち抜いた織田、豊臣などの権力には、どのような特質がみられるのか、というのは古くて新しい問題であり、また様々な角度から研究が進められてきた。実際、その研究史を整理しようとするだけで、膨大な手間と時間を費やさなければならないことは間違いない。

そこで今回は、当該権力の「正当性」主張や、自己「正当化」について考えてみたい。これは、当該権力を考える場合、公儀が一つのキーワードとなってきたことに鑑みてである。すなわち、公儀をいきなり公権力と置換できるような概念にせず、その史料上の用法から起ち上げるならば、「おおやけ」であることの標榜にほかならず、そこには「正当性」主張、自己「正当化」の目的が常にはらまれているからである。さらに、公儀の問題と関連して、公儀と通じる、あるいは類似する言葉にも、しばしば言及がなされている。それはたとえば、「国」「御国」「国家」「天下」などである。これらの関係を、現段階でいったん整理してみることも、戦国大名や信長・秀吉の権力論としてなにがしかの意味があるであろう。また、公儀の問題と別扱いにされてきた事柄のうちにも、「正当性」「正当化」を切り口にすることによって、まとめて議論できることもあるかもしれない。

以上の問題認識・見通しによって、公儀論、「国家」論（以下、「国」「御国」「国家」「天下」等についての議論をまとめてこのように表記する。「　」を付すのは、日本国全体の議論としての国家論との混同を避けるためである）の順に検討を進め、さらに「正統性」をめぐる問題に言及する。なお、私自身のこれまでの取り組みにより、北条氏を中心とした検討になるが、他の権力にも必要に応じて言及していきたい。

第一節　公儀論をめぐって

まず、公儀論との関係だが、北条氏の場合、かつては「大途」「公儀」「公方」といった言葉が通じ用いられ、「百姓」に対する公権力としての立場を示していたとされていた。これに対し、私は通じ用いられていたとされる点については、主体や機能の点から必ずしもそうとはいいがたいこと、使用する対象も「百姓」に限られないことなどを明らかにした(1)。ここではその詳細には立ち入らないが、一応そうした違いに留意した上で、大枠として「大途」「公儀」「公方」などが北条氏の公儀として、その正当性・正当化に関わって用いられることや、事例としては「大途」が圧倒的に多いことをおさえておく。

こうした言葉について検討する際に取り沙汰されるのは、まずもってそれが何を指すかということである。ただ、ここにはいささか留意しなければならない問題がある。次に示すのは、それに関わり私が前著で言及した部分である。

なお、中世前期の場合、鎌倉時代の「公方」について古澤直人氏が事例を収集し、網羅的に検討している（「『公方』の成立に関する研究」〈古澤『鎌倉幕府と中世国家』校倉書房、一九九一年、所収〉）。ただ、古澤氏は「公方」

が具体的に何を指すかという点にやや固執しすぎたきらいがあり、そのため後述するような新田一郎氏の批判を受けることとなった。(2)

さらに、右の引用であげた「新田一郎氏の批判」に言及した部分を掲げる。

新田一郎氏は法制史の立場から中世社会における「公方」の登場を重視し、その内容については「『公方』として意識されているのは具体的な存在でなく、その背景にある非局所的な『構造』そのものであった」とする（新田『日本中世の社会と法』東京大学出版会、一九九五年、一六七頁）。ここで述べたような公儀における人格性の強調は、新田氏のこうした所論と対立するところがあろう。新田氏は、注（25）で触れた古澤直人氏の所論についても「古澤氏が鎌倉時代の個々の用例について詳細な分析を試みながらも、『公方』が具体的には何を指して用いられているのかを確定しがたい場合が少なからず残された結果となっているが、それは（中略）そもそも『公方』そのものが持つ抽象性に由来」し、「『公方は将軍か得宗か』（或いは『幕府か朝廷か』）式の問題設定が結局は有効でない」と述べ、「公方」を抽象的次元で捉えることの有効性を強調する（新田同右著書一六七頁）。新田氏の立論は中世前期に多くの素材を得て後期へ展開していくので、ここで全体的に論及する用意はないが、公儀における人格性を追究する視点は公権力ないし「公」を歴史的にまた包括的に捉える際に有効である。(3)

いささか長文になってしまったが、まず古澤直人氏による鎌倉時代の「公方」分析について批判している部分に注目してほしい。すなわち、「公方」が具体的には何を指しているのか確定しがたい場合が少なからずあり、それは「公方」の抽象性によるもので、「公方」は将軍か得宗かといった問題設定は有効でない、との点である。

もちろん、古澤氏にしても新田氏にしても鎌倉時代の「公方」について論じているので、これをただちに戦国時代東国の議論に適用するわけにはいかないが、「公方」が中世前期から存在する用語であるからには十分留意しなければならないところであり、私も新田氏の見解に大きな影響を受けた。そのため、先の引用で「古澤氏は『公方』が具体的に何を指すかという点にやや固執しすぎたきらいがあり」と述べたわけである。

ただ、当時は新田氏の見解が「公方」の人格性に関わる問題をやや軽視しているように感じたため、「ここ（前著一七頁の記述……久保注）で述べたような公儀における人格性の強調は、新田氏のこうした所論と対立するところがあろう」とし、「公儀における人格性を追究する視点は公権力ないし『公』を歴史的にまた包括的に捉える際に有効である」と締め括ったため、全体として新田氏の所論を批判するようなかたちになってしまったのである。

しかしながら、「公方」はもちろん「公儀」も「大途」も、もともとは抽象的な事柄を示す言葉であったことには、もっと掘り下げて検討すべき論点があったと考える。前著でも「大途」が抽象的重大性を示していることなどには触れていたが、私自身「大途」や「公儀」「公方」の内容主体を述べたところで「具体的に何を指すかという点にやや固執しすぎたきらいが」なおあったといわざるをえない。

この点、後に述べるような作業で補足・修正も試みてきたが、せっかく機会を頂いたので、あらためて以下ではその「掘り下げて検討すべき論点」の一つをみていきたい。次に、「大途」文言を載せた史料を掲げる。

〔史料1〕

（前略）

右、天下之至于大途者、是非興衰此節迄候間、無疑心、無二可有支度候、記右条々、能々見分、少も無相違様、可為専一候、仍如件、

（天正十七年）十二月十七日　　氏政（北条）（花押）

井田因幡守殿（4）

〔史料2〕

御侘言申上事

早雲寺殿（伊勢宗瑞）様相州御打入之刻より、山角対馬入道殿御奏者ニ而、御大途様御被官ニ候、三田大石御味方不申、当摩（麻）（相模）者境目夜打・強盗、路次不自由時分より、拙者祖父関山ニ者、関東中へ之御計策之御飛脚送迎被仰付ニ付而、無嫌昼夜走廻候、然者商人問屋并道者、従先方拙者先祖持来候、（後略）(5)

〔史料3〕

中納言（融元）へ之判形をは大道寺（盛昌）可渡遣候、

相承院一跡之事、前々中納言ニ被申合候事、様躰無紛聞候、大途不及公事儀候間、大道寺・桑原、其段可申付候、仍三浦郡（相模）大多和郷、前々相承院拘之地之由候、然ニ、近年龍源軒被致代官候、龍源死去候之間、大多和郷相承院江渡置候、彼郷年貢之事、本務五拾余貫文、増分六拾七貫文ニ候、此内、為廻御影供之方、増分六拾七貫文、院家中配当ニ相定候、残而五拾貫文、相承院可為所務候、彼郷重而附置候上者、可然僧をも被御覧立、只今之中納言ニ被相副、相承院無退転様ニ可有御助言候、恐々敬白、

六月十八日（天文十九年）　氏康（花押）

（上書）「（切封墨引）　北条

金剛王院　氏康

御同宿中」(6)

〔史料1・2・3〕とも「大途」という文言が用いられている。〔史料1〕は、秀吉の攻撃が迫るなか、北条氏前当主の氏政が、上総の国人・国衆である井田に充てて発給した判物の一部である。省略箇所では参陣の指示などをして

いるのだが、ここでは掲出した箇所に注目したい。すなわち、天下の「大途」に至ったならば、滅びるかどうかはまさに今この時にかかることになるのだから、疑心をもたず、最上の準備をせよ、と述べているところである。ここは、前後関係から「大途」を重大事と解釈するのが最も適当であるといえる。

ついで、〔史料2〕は、当麻宿で実力をもつ関山隼人という町人（商人）が新興勢力である落合三河守に権益を脅かされたため訴えた（天正十四年）六月廿八日付け訴状の一部である。論点は多岐にわたるのでごく最初の注目したい点のみ引用したが、次のような内容である。早雲寺殿様（伊勢宗瑞）が相州に入られた頃から、山角対馬入道殿を御奏者として「御大途様御被官」でした。三田や大石が御味方しなかったため、当麻は境目として夜打・強盗が横行して路次不自由であったのですが、私の祖父は関東中への御計略のための御飛脚送迎を仰せつけられて、昼夜の別なく奔走いたしました。それにより、商人問屋と道者の権益は以前から私の先祖がもってきたのです、と。関山は自分の権益の正当性を延々と述べているのだが、その第一として掲げられたのが、北条氏初代伊勢宗瑞の頃から「御大途様御被官」として奔走してきたということだった。「御大途様」の「御被官」でしたというのだから、「御大途様」は関山の主人であり、つまりは北条氏を指しているといえる。

「大途」の示すものとして、〔史料1〕と〔史料2〕は両極にある。すなわち、前者は抽象的重大性を示し、後者は北条氏当主という具体的人格を示している。掲げている史料の時系列ではうまくいっていないが、前著では北条氏が本格的に用いる前の段階で、「大途」は「おおよそ」「大概」や「重大事」など、抽象的意味で用いられていたこと、北条氏が当主の人格の意を込めて積極的に用いるようになったことを述べた。つまり抽象性と具体性は前者から後者への展開があると考えたのである。

では、〔史料3〕はどうか。これは鶴岡八幡宮の院家の一つである相承院の相続に関わる問題について、北条氏康が自身で決定することを箱根山別当の融山に伝え、協力を求めたものである。具体的には、相模国三浦郡大多和郷の処置が大半述べられているが、ここで注目したいのは、それに先立ち、「大途不及公事」すなわち「大途」の裁判には及ばないのでとしている点である。「大途」の裁判ではなく氏康の決定によるわけだから、「大途」は氏康ではない。考えられるのは、まずは北条氏、あるいは北条氏としての、といった意で、その場合は氏康個人の決定と北条氏の裁判という対比をみることになろう。

ただ、ここは「正式の筋」「しかるべき筋」のような意でも解釈できる可能性がある。つまり、氏康個人の内々の決定と、北条氏の正式の裁判という対比をみるわけである。このような可能性が生じること自体、「具体的には何を指して用いられているのかを確定しがたい」ことになろうが、北条氏に関わっているのは間違いないといえる。

その上で、そこへやや抽象的な意味が重なってくるところに注意したい。すなわち、〔史料1〕と〔史料2〕とを両極とすれば、これも史料の時系列的にはうまくいっていないけれども、その間の、いわばグレイゾーンに〔史料3〕は位置するのではないかと考えるわけである。つまり、抽象的な重要性をもつ言葉をある時点でドラスティックに北条氏なり北条氏当主なりにすげ替えることはできないだろうから、抽象的な重要性あるいはそれゆえの正当化の論理・根拠と、北条氏や北条氏当主とが二重写しになるように用いていく過程があり、結局それは完全に入れかわることはなく並存したり、二重写しのままであったりしたのでは、ということである。

北条氏の場合、関東に進出してきた時に、古河公方という「公方様」がおり、それとの折り合いをどのようにつけながら、覇権を確立していくかが大きな課題だった。当時の身分観念・秩序観念からいって、いかに実力をつけようとも「公方様」に成り代わることは困難だったため、北条氏は「大途」という言葉を積極的に利用したことを前著では主張した。この点からいえば、「公方」や「公儀」という言葉には、いっそう二重写しがみられるであろう。

ところで、先に述べたように、前著では北条氏が本格的に用いる前の段階で、「大途」は抽象的意味で用いられていたとしたが、そこであげた史料の一例について、峰岸純夫氏が異なる解釈をしているので触れておく。次にあげる〔史料4〕である。

〔史料4〕

公方当庄中大館郷御張陣之上有譏者、申掠条々有之、金山之城衆横瀬為始之、公方御陣下申上子細有之与方○中廻、其巷説五十子陣下満岐、此由金山馳越国繁相対如此密談、当屋形父子於五十子在陣、争可有其儀哉与被申、其覚悟者国繁心底之取置迄也、大途不然、断而可有其験之由頻申、(7)

これは、上野の新田岩松氏の陣僧であった松陰という人物が自身の見聞した十五世紀〜十六世紀初における関東の政治状況を書き留めた『松陰私語』という記録の一部である。上杉方と古河公方方が対陣し、上杉方である新田岩松家中の重鎮である横瀬国繁が金山城に滞在している時に、上杉方の五十子陣中で国繁が古河公方方に通じようとしているという噂が流れたため、松陰が国繁を訪ねて対策を協議した。これに続くところを、私は、国繁が「主人の新田岩松氏当主父子が在陣しているのにどうしてそのようなことがあるだろうか」といい、松陰がそれに対して「その考えはあなたの心づもりに過ぎない。『大途』はそれではいけない。必ずはっきりした証拠を示すべきだ」と何度も意見したと解釈し、「この『大途』は大局的な判断、大所高所からの判断を示しているといえる」と述べた。

これに対し峰岸氏は、私見に触れてはいないが、「大途」を上杉方の総大将山内上杉顕定と解釈し、北条氏が後にそれを引き継いだと評価している。(8)

峰岸氏は必ずしも史料に沿って述べていないので判然としない点もあるが、この解釈の相違は「頻申」の主語を私見が松陰としたのに対し、峰岸氏が「大途」としたことから生じていると思われる。その場合、松陰は国繁の発言には「被申」としているのに、彼よりもかなり身分の高い顕定に対して「被」を用いていないことには疑問を感じる。また、『松陰私語』における他の事例が、抽象的意味とみなされるところも問題である。「山内河越両家牟楯者、非都鄙之大途」という事例では、両上杉氏の抗争が「都鄙之大途」ではないなどといわれたりもしているのである。

もっとも、峰岸氏の解釈が成り立つならば、私見の「大途」に関する理解は微修正は必要になるが、より明快になるとも思う。つまり、北条氏が自らを関東管領に擬して古河公方を推戴しつつ両上杉氏に対抗していったのは明らかだからであり、前著ではそれを認めた上で、市村高男氏らが注目する越相同盟による古河公方の衰退が、北条氏における「大途」の確立につながるとした。してみれば、峰岸説を是とした場合にも、北条氏は従前から「大途」であったが、それは関東管領としての「大途」であり、越相同盟を機として「大途」の意味合いは大きく変わり、いわば関東の主としての「大途」となったということとなろう。それは「大途」の転換と呼んでもよいかもしれないが、前著でも述べたように、越相同盟成立後に「大途」の事例は大きく増加するのであり、「大途」を積極的に活用したのが北条氏であることは動かないと考える。したがって「大途」の確立としても、さしあたり問題はないであろう。

意味内容の二重写しの問題に戻るが、これについては、私自身の作業としては、信長における「天下」に関して述べたところである。すなわち、信長と「天下」が一体化するとの指摘を踏まえ、「天下のため」との言説は「信長のため」とオーバーラップし、正当化の論理・根拠そのものに信長の人格が投影されてくることを指摘した。[9] そこでは北条氏の「大途」にも触れ、「人格と正当化の論理・根拠とがまさに『一体化』していることが重要」であると述べ、それは「信長なり北条氏当主なりの人格自体が、何らかの正当性であるかのごとき様相を呈するからである」としたのである。

北条氏の「大途」と信長の「天下」については、後にも触れるが、ここではこうした抽象的重要性あるいはそれゆえの正当化の論理・根拠と人格との二重写し・オーバーラップは、中近世移行期の権力が、何に、またどのように自己の正当性を求めるか、という問題を考える際、重要になることを指摘しておきたい。

第二節　「国家」論をめぐって（1）―「国家」「御国」―

次に、公儀と比して超越的であるとも評価される「国家」「御国」「国」などの問題を考えてみたい。

まず、勝俣鎮夫氏が注目した次の史料を掲げる。

〔史料5〕

今度御□（分）国中人改有之而、何時も一廉之弓箭之□（刻者）、相当之御用可被仰付間、罷出可走廻候、至于其儀者、相当望之儀被仰付可被□（下候）、并罷出時者、兵粮可被下候、於自今以後、虎御印判を以、御触付而者、其日限一日も無相違可馳参候、抑か様之乱世之時者、去とてハ其国ニ有之者ハ、罷出不走廻而不叶意趣ニ候処、若令難渋付而者、則時ニ可被加御成敗候、是太（大）途之御非分ニ有間敷者也、仍如件、

午（永禄十三年）二月廿七日（虎朱印）

横地助四郎

久保惣左衛門尉

大藤代　横溝太郎右衛門尉

（相模）今泉郷

鑓（ママ）　　名主 小林惣右衛門[10]

これは、永禄十一年末の北条・武田氏の同盟破綻以後、北条氏と武田氏との交戦が続くなか発給された北条氏の虎朱印状である。勝俣氏はこの朱印状の末尾にある「抑か様之……」以下の部分について、「後北条氏は、国家存亡の際にはそれぞれの国家（大名領国）に属するものはすべて、その国家に属するものの役（義務）として戦陣に参加して戦う義務があるという一般原則を主張している」として、理念的には大名権力から超越する国家のあり方を示す論拠とした。[11]

私は勝俣説とその批判について検討し、有効な勝俣批判はないとした上で、「国家」「御国」「国法」文言を載せる文書の発給者・受給者を検討することなどを通じて、勝俣氏のいう「理念的には大名権力から超越する国家」とは、ほぼ領国の危機という緊急時に「御国」で表され、民衆に向けられたものであることを指摘し、使用される局面も対象も限定的であると述べた。[12]

右の私見は、その後勝俣説批判として引用されることがあるが、限定的な局面・対象では勝俣説は成り立つとしている点に留意しておいてほしい。神田千里氏は、最近私見や池享氏の見解について[13]「これらの批判は勝俣氏が提示した『国』理念の内容についてのものではなく、『国』の現実と理念との懸隔を指摘するものである」として、勝俣氏にとって「こうした指摘は織り込み済みではないかと思われる」と述べ、「問題としたいのは、この『国』理念が主張された事情や背景、言い換えれば、この観念に対応する『国』という社会集団の規範や実態である」と自身の課題を提示している。[14]

池氏がどう思われているかはわからないが、私の場合は勝俣説の一定の有効性を認めつつ、それが成り立つ局面・

対象の限定性を指摘したわけで、こうした問題は神田氏が課題とする「『国』理念が主張された事情や背景」と関わらざるをえないのではないか。そこで、さらに史料を見よう。

〔史料6〕

両通昨十日申刻参着、再往再返披見、先以肝要至極候、信州作郡《(佐久)》之面々、弥忠信を存言、重証人進候歟、依之真田《(昌幸)》江集候人衆も、引散由専一候、子細者如何共候へ、是非之弓矢之際候間、未来之不及勘、速可取成所、千言万句ニ候、倉内《(上野)》表・岩ひつ《(上野)》表寄居之事、無余儀分別申候模様を者、始而承届候、是又何分ニ成共、以衆儀能々ニ糺明、当陣之吉事ニさへ成候者、拋未来之徳失、御取成専一候、尤如書面、譜代相伝之地ニ候共、当家滅亡ニ者、争可替候、塩味之前ニ候間、不及申立候、

一、真田模様、是又得心申候、右ニ如申、当陣之無異儀、専ニさへ成候者、未来之儀をハ不及勘候、

一、小幡《(信真)》判形調法、遂出仕、其上能御取成之由、令満足候、此度候間、何分ニも拋名利共ニ、為国家与無内外御走廻尤候、国家無相違候へハ、旁者其ニ随、何程成共名利可立事、勿論之事ニ候、如何ニ当意結構からせ候共、国滅亡候へハ、旁者其ニ不随而不叶候、不及申候、A

一、佐竹《(義重)》出張向館林《(上野)》動候、無衆ニ候宇野磯なと、為懸飛脚以下之事者不及申、由良《(国繁)》・長尾《(顕長)》堅固之防戦候、可御心易候、

一、礼物之儀ニ付而、始中終之書立、能々見届得心申候、我々者不是耳、兄弟之因与云、又為国与云、自余之者ニ者可替候、B 入耳儀をハ何ヶ度も可申候、又由《(油)》断候へ者、下々之者、無届耳ニ候条申事候、始中終心得申候、肝要至極ニ候、恐々謹言、

十月《(天正十年)》十一日　　氏政《(北条)》（花押）

安房守殿《(北条氏邦)》(15)

この史料は「国家」をめぐって多くの論者が注目しており、私も言及している（前著）。無年号であるが、天正十年

に比定され、北条方と徳川方との抗争が上野・信濃方面で続くなか、北条氏前当主の氏政が、弟の氏邦に充てて出した書状である。

神田氏は、傍線Aについて、「『国家』さえ安泰ならば、あなた方の方もうまく行き『名利』も立つが、如何に当座うまくいったようにみえても、『国』が亡んだらあなた方も望みが叶わないのだ、という北条氏政の説得は、たとえ一族である北条氏邦に向けられたものであったとしても、北条氏一族の特権者にのみあてはまる論理と捉えることはできない」とし、併せて「名利」ともに抛《なげう》つべしとの自己犠牲が、「国」の名において要求されている点から一般の領民に対する「御国」のための動員と同様の論理を考え、「国」こそ、いわば「国民」の存立基盤であるとの一般論が展開されているとする。

右の見解と、民衆・寺院充ての史料の検討から、神田氏は「『国』が大名のみならず領民層に至る、いわば「国民」全体から超越した価値であり、『国民』全体の存立基盤と考えられていたことは、明白」とし、「勝俣氏の見解は十分承認できるもの」とする。

前著で私が言及した時には、傍線Bに「兄弟之因与云」とある点に注目し、血縁の論理が「国家」の論理に匹敵するのだ、と述べていた。その際、「旁者」を一般領民と解釈したため、その部分については、「まさに勝俣氏がいう国家と国民との運命共同体的なあり方が示されている」としたのだが、「国家」は民衆には向けられないとの私見において例外となるため、いささか居心地の悪い思いがしていた。しかし、私見の提示からしばらくして、市村高男氏が次のような見解を述べた。

この書状の話題全体が上野の国人に関することが中心であり（中略）、そして氏政が一般民衆を「旁」と呼ぶことはありえないなどの点から、名利を抛って「国家」のために走廻ることを期待されたのは、氏邦ら北条氏の一家・

一族・家臣・国人等であると解すべきであろう。そこには民衆の姿が直接に現れることがない。それは、「国家」文言の使用対象が一族・家臣や国人・寺社であったことに対応する現象である。北条氏の「国家」は、現実の支配領域を基礎にしつつ、そこに居住し北条氏権力を構成する支配者集団の理念上の運命共同体として創出され、彼らの存在を保護すると同時に、支配の主体とも成りうるものであったことを示している(16)。

まさに指摘のとおりであると考え、「旁者」に関する解釈を訂正する。〔史料6〕では「国家」が一家・一族・家臣・国人等に向けられており、「国」一般ではないことがやはり問題になると考える。〔史料6〕には「国家」も「国」も出てくるが、つとに勝俣氏が指摘しているように、「国家」は「国」と省略して表記されることもあったわけで、ここでは明らかに先に出てくる「国家」と後に出てくる「国」は同じものであろう。勝俣氏は「国」と「家」が合体した新たな概念として戦国大名の「国家」を理解しているが、まさにこの大名の「家」を組み込んでいるか否かが問題なのではないか。少なくとも、〔史料6〕における「国家」「国」からは「『国民』全体から超越した価値」といった一般論を見出すのは難しい。

では「御国」についてはどうか。次に史料を掲げる。

〔史料7〕

十人石切衆

右、此度御国之御大事之間、罷出可走廻、依忠信、何様之儀成共、可望申、可被加御褒美、然ハ明日七日足柄峠（相模）へ罷上、肥田・二宮幡磨相談、小屋を懸、御番可勤申者也、仍如件、

（永禄十二年）二月六日（「武栄」朱印）

石切左衛門五郎
同善左衛門(17)

〔史料8〕

定

一、於当郷不撰侍・凡下、自然御国御用之砌、可被召仕者撰出、其名を可記事、但弐人、
一、此道具弓・鑓・鉄炮三様之内、何成共存分次第、但鑓ハ竹柄にても、木柄にても、二間より短ハ無用ニ候、
然者号権門之被官、不致陣役者、或商人、或細工人類、十五・七十を切而可記之事、
一、腰さし類のひら〳〵、武者めくやうニ可致支度事、
一、よき者を撰残し、夫同前之者申付候者、当郷之小代官、何時も聞出次第可切頸事、
一、此走廻を心懸相嗜者ハ、侍にても、凡下にても、随望可有御恩賞事、
已上

右、自然之時之御用也、八月晦日を限而、右諸道具可致支度、郷中之請負、其人交名をハ、来月廿日ニ触口可指上、仍如件、

(天正十五年)丁亥七月晦日（虎朱印）

(相模)栢山　小代官(18)
百姓中

〔史料9〕

年内分国中境目之仕置為可成堅固、豆相武三ヶ国之人足、寺領・社領等迄、悉申付候、苦労ニ存候共、御国為静謐候之間、田名人足四人申付、中十日小田原城普請可走廻候、然者鍬簀を持、来廿九日柳小路へ相集、人足奉行へ可相渡、若一人も令未進、十日之日数至于不足者、可為曲事候、任物国掟、罪科普請一日之未進五日可被召仕、猶入精、堅可申付者也、仍如件、

追而、手代一人、十日之間然与指置、毎朝人足奉行ニ可相渡事肝要候、以上、

（永禄十二年）
巳
十一月廿三日　　　　　　　安藤豊前守
　　　　　　　　　　　　　　　奉
神尾善四郎殿(19)

〔史料7〕〔史料8〕は勝俣氏が国家の超越性を示すために事例としてあげたもので、私も前著で検討した。〔史料7〕は永禄十二年に比定される北条氏康朱印状で、やはり北条・武田の対立抗争に際してのものと考えられる。これを「御国之御大事」として石切職人に奔走を促しているわけである。〔史料8〕は著名な北条氏の人改め令である。秀吉の攻撃が予測されるなか、もしもの場合の「御国御用」に備えて、動員される者の登録を郷村に対して命じたもので、同年月日・同内容のものが多数知られている。これらはそれぞれ「御国之御大事」「御国御用」が動員の根拠となっていることから、前著では勝俣氏の見解がこの限りでは首肯できるものとした。

〔史料9〕は神田氏があげており、「国」の超越性の論拠にしている。これは永禄十二年に比定される北条家朱印状で、やはり北条・武田の対立抗争に関わって発給されたものである。「御国」静謐のために人足を徴発するということで、ここでも「御国」が動員の根拠となっており、〔史料7〕〔史料8〕と同様の構造といえる。

これらの史料からは「御国」の超越性がいえると私も考えたわけだが、ただし、それは領国の緊急危機という限定的な局面で、民衆という限定的な対象に示されたと考えたのである。さらに、市村氏の次に掲げる見解は重要である。

北条氏は自らの領国全体に対し、一律に「御国」を持ち出していたのではない。（中略）北条氏当主は相模・武蔵中南部の直接管轄下に置いた地域に、北条氏照は八王子城周辺の領域に、同じく北条氏勝は玉縄城周辺の領域に、というように、一家衆がそれぞれの直接的な支配領域を対象に「御国」のためという論理を用いていた。これは、北条氏が領国を意識の上では一つの「御国」「国家」と捉えたとしても、現実の領国はそのような均質の構造を有しておらず、領域支配を分担する北条氏の一家衆がそれぞれの支配領域レベルで「御国」の論理を執行せざるを得なかったことを示す。[20]

この市村氏の見解によるならば、「御国」は超越的な存在といっても、領国内のそれぞれの支配領域において超越的である、変な言葉だが「限定的な超越的存在」ということになる。私も含め、「御国」というと、ただちに大名の領国・分国レヴェルで考えられる傾向があったが、人々が現実に暮らす郷土の防衛意識に訴えかける説得であることを考えれば、市村氏の見解に従うべきであろう。

また、前著でも触れたが次のような事例もある。

〔史料10〕

御書出

一、今度大途之依御弓箭、当根小屋八王子（武蔵）御仕置被仰付候、当郷ニ有之侍・百姓共ニ、為男程之者ハ罷出、可走廻事、

一、普請之事肝要ニ候、奉行衆如申可走廻事、

一、此時候間、於何事も、如御下知可走廻事、
右、御大途御弓箭之儀候条、御国ニ有之程《為》男程之者、此時候、為不走廻不叶候、存其旨、可抽忠信旨、被仰出者也、仍如件、

子（天正十六年）正月十一日（印文未詳朱印）
三沢（武蔵）(21)

これは、やはり秀吉の攻撃が予測されるなか、北条氏照が支配領域内の三沢郷に対して様々な指示をしているものであるが、これらの指示の根拠となっているのは、「御大途御弓箭」なのだから、「御国」にある男は、こういう時こそ奔走しないではすまない、という論理であった。少なくともここでの論理では、「御国」が超越的とはいえず、「御大途」がより超越的存在となっているのである。

さらにいえば、北条氏当主や北条氏宗家が主体となる「御大途」が「御国」より超越的だとすれば、それはここでの「御国」が、市村氏のいうように氏照の支配領域レヴェルの「御国」だからと考えられるわけである。これに対し、〔史料5〕で「国」が「太途」を超越しているのは、北条氏当主ないし宗家レヴェルの「国」だからといえよう。

こうしてみると、「御国」の事例からも『国民』全体から超越した価値」をストレートに導くことはできない。市村氏は先の引用に続けて北条領国内周縁部の国人たちが「御国」文言を使用せず、北条氏が「国家」文言を彼らに向けていない事実への注意を喚起している。これは私も前著で注目したところであり、「御国」にせよ「国家」にせよ、もちろん「国」にせよ、その超越性と限定性をみきわめつつ、また池氏が指摘した「国」の多義性に注意しながら、追究されなければならない。それは、具体的には、先に述べたように、使用される局面・対象の検討を通じて果たさ

れることになると考えるのである。

第三節　「国家」論をめぐって（2）―「国法」―

「国」をめぐる議論では、関連して「国法」の問題もしばしば取り上げられる。勝俣氏は、先に触れたように超越的な国家の意思であるとし、神田氏も超越的な「国」を前提として、「国民」の義務・資格に関わる重要な法と位置づけている。

一方、私自身は前著での「国法」の検討により、それを載せる文書の発給者・受給者や発給時期からいって、「御国」「国家」とは随分異なる傾向があることなどから、「国法」を「御国」「国家」に直接繋属させるような議論をすることには懐疑的である。そこで、ここでは「御国」「国家」とは一応別扱いで「国法」に関する問題をみていきたい。

東国の戦国大名についてみわたすと、「国法」文言をしばしば用いているのは、北条氏と武田氏であることがわかる。この北条・武田の「国法」について、近年菅原正子氏は、「国家」の法令ではなく、地域社会の慣習・決まりごと・常識だったとし、「国法」に任せとは、その地域社会の慣習に従ってということで、戦国大名は上から法という権力を振りかざして領国民を支配していたのではなく、その地域社会の慣行を重視しながら支配・統制を行っていたと主張した[22]。

「国法」が法令か否かとの点には、必ずしも重点がおかれてきたとは考えないが、結果的に菅原氏は「国法」が法令でなく地域社会の慣習・決まりごと・常識だったと振り切ることによって、「国家」との関わりを断ち切ることとなった。この点、勝俣氏や神田氏とは対立する見解といえよう。

私は前著で「北条氏はとくに強制したい案件、あるいは説得するうえで緊迫した状況や危機的状況下にある案件があった場合、強制のための法原（ママ）・切り札として『国法』文言を用いている。すなわち、「国法」と称することそれ自体が重要なのである」と述べている。どういうことなのか。以下、北条・武田の事例についてみていこう。

〔史料11〕

多賀郷代官・百姓ニ其方借シ置候兵粮、何も難渋不済之由申上候、厳致催促可請取候、於此上も不済候ハヽ、急度可遂披露候、得上意其科可申懸候、人之物借済間敷御国法無之候、如証文鐺責候て可請取者也、仍如件、

（永禄十二年）
己巳
卯月廿四日（「真実」朱印）　朝比奈兵衛尉
奉之

岡本善左衛門尉殿(23)

〔史料12〕

此度御検知之高辻事

（中略）

一、此度御検知大途次之事、
一、大途御検地之儀者、夫銭以下さへ、被為引候へハ、十貫文之郷百貫文ニ成候共、御許無之御国法ニ候、近辺之郷中候ニ候間、可承候事、
一、作毛相違之事者、何時も御国法ニ候、大途可為如御領所候事、
右、免許之辻者、毎年田畠無不作致作、御年貢可走廻者也、仍如件、

（天正十四年）戌十月十九日（「翕邦挹福」朱印）

（上野）北谷之郷

代官

百性（姓）中[24]

〔史料11〕は北条氏四代当主氏政の弟氏規の朱印状で、岡本善左衛門尉という人物が、伊豆多賀郷の代官・百姓に貸し付けた兵粮の未返済を訴え出たことに対する裁許である。厳しく催促して請け取るようにと命じた上で、それでも返済しなければ披露せよ、上意を得て処罰するであろう、としている。この限りではごくまっとうな裁許といえるが、注目したいのはそれに続いて、「人之物借済間敷御国法無之候」という部分である。人の物を借りて返済しないなどという御国法はないのだ、という。これもまたこの限りではごくあたりまえのことが、なにゆえあえていわれるのか。

全体をとおして考えれば、「人之物借済間敷御国法無之候」との部分は、氏規の裁許の効力を強化する役割を果たしている。その背景には、詳細は省くが、貸借をめぐる紛争が大名領国で激化していたことがあると思われる。ともあれ、これこれの「御国法」はない、とすることによって、「これこれ」を強く否定しようとする逆説的な論法だといえる。「国法」を持ち出してはいるけれども、ここではこうした逆説的な「論法」こそが重要であることは、明らかであろう。

〔史料12〕は氏政の弟である氏邦の朱印状で、検地で確定した貫高を北谷郷の代官・百姓中に通達したものである。一箇条目には、このたびの検地が「大途なみ」、すなわち北条氏宗家ないしは当主のレヴェルで行われたことを示している。二箇条目には、「大途」の検地は、夫銭などを控除すれば、十貫文の貫高であった郷村が百貫文になったとしてもお許しのない「御国法」であり、近辺の郷村もそのようにしているのだから承知するようにということを示している。三箇条目には、作物の出来に問題があった場合は、常に「御国法」に従い、「大途」の直轄領のように処置することを示している。

「御国法」が二箇条目と三箇条目にみられるが、ここでは二箇条目に注目したい。すなわち、「十貫文の貫高であった郷村が百貫文になったとしても、お許しのない『御国法』である」とする点である。少し考えればわかるが、どれほど強力な検地であっても、施行前の十倍の高を打ち出すことなどはありえない。ならば、なにゆえこのような無茶を述べるかといえば、あえてありえないほど極端な例を持ち出すことによって、ねらいを通そうとしているわけである。つまり、十倍の増分が出ても許容しない「御国法」なのだから、多少の増分は我慢するしかあるまい、という論法で、ここでもありえない「御国法」を持ち出すその「論法」こそが重要であることは明らかなのである。

私の関心はここにあるので、「国法」が成文法か慣習法かという点は、そもそも問題にしていない。しいていえば、いずれもありうるし、いずれともいいがたいものもあるだろうと考えている。

〔史料13〕

（龍朱印）　定　　小野

於彼郷中、重科之人并犯国法之輩、経三日至于隠置者、注文之人可為同罪、惣而為甲州悪子細承届、高島へ令注進者、可加褒美者也、仍如件、

永禄三庚申

三月十一日

新三（以下六名略）(25)

〔史料14〕

定

於西上州、其方年行事職支配内、或背国法、或乱山伏之法度、至自由之輩者、早可有言上、随事之体可被処罪過之由、所被仰出也、仍如件、

天正五年

七月三日（龍朱印）　跡部大炊助

奉之

工藤長門守

不動院(26)

〔史料15〕

定

（中略）

一、従信州本善光寺集来之僧俗、或守罪科人、或出罰銭等之役儀、一切停止之畢、但有佞人隠置盗賊、又者背国法者、可行厳科之事、

右条々、以法性院殿御直判、被定置之上者、自今以後も、弥不可有相違者也、仍如件、

天正九年辛巳

七月四日　（花押）（武田勝頼）

栗田永寿殿
其外善光寺衆(27)

〔史料13〜15〕は、いずれも武田の「国法」の事例だが、〔史料13〕では、重科の人や「国法」を犯した者を三日以上隠し置いたならば「注文之人」と同罪であるとし、〔史料14・15〕では「国法」に背いたならば、罪過・厳科に処すとしている。共通するのは今後「国法」を犯したり、背いたりした場合の想定であり、「国法」の内容はこの時点でまったく示されていないということである。これは、今後武田氏にとって看過できない何らかの行為がはたらかれた場合、それを「国法」を犯し背いたものと、その時点で言い立てうるということである。

つまり、「国法」を持ち出している時には、「国法」の内容は武田氏自身ですら想定していない可能性が大いにあるだろう。問題は、何らかの行為が「国法」を持ち出してまで否定すべきものかどうかにかかっていると考えるわけで、先に成文法か慣習法か「いずれともいいがたいものもあるだろう」としたのは、こういう事例によったのである。

もちろん、「国法」の示しているものが明らかな場合もある。

〔史料16〕

定

累年拘来田畠、於為名田者、雖有増分、被任御国法、可被成御赦免、至土貢并諸役・夫役等者、地頭へ速可致弁償之由、被　仰出者也、仍如件、

天正八年庚辰　曽祢河内守
　　　　　　　　　奉之
十二月廿一日（龍朱印）

追而、有申掠旨者、可被悔還者也、

　　三井右近丞殿(28)

〔史料17〕

拘置名田大樹寺分三百文之事、右之増分、任御国法、令赦免候者也、仍如件、

天正九年辛巳

　十二月十九日　（穴山不白）（花押）

　　小林孫兵衛尉

　　　とのへ(29)

〔史料18〕

別而可抽忠功之由候、殊今度言上之旨趣、雖不成就、存寄所神妙也、依之松野・内房名田先地令五拾貫文充行候、如国法、軍役等可勤仕者也、仍如件、

元亀三年壬申

　三月十日　信君（花押）

　　望月与三兵衛殿(30)

〔史料16〕は武田氏が三井右近丞に対して、名田の増分があっても、「御国法」に任せて「御赦免」＝全額没収免除し、年貢や諸役・夫役等は領主に対して勤めることを命じたものである。〔史料17〕は穴山不白（信君）が小林孫兵衛尉に対して、名田増分を「御国法」に任せて実際に「赦免」しているものである。

これらは、勝俣鎮夫氏によって戦国大名の検地政策として、検地増分を全額没収免除して軍役衆を確定したことが

指摘されているものであり、たいへん有名である。(31) 勝俣氏の所論については議論もされているが、右に指摘した点については、大方の同意を得ていると考える。したがって、これらにみえる「御国法」が、武田氏による検地政策そのものを示していることも承認できるといえる。

また、〔史料18〕は穴山信君が望月与三兵衛に対し、忠功等により五十貫文の知行を充行った上で、「国法」のごとく軍役等を勤仕するように念押ししたものである。ここにいう「国法」は少なくとも軍役の勤仕についての規定を含んでいるものといえるわけで、そのような規定にあたるものとしては、多く残されている軍役定書が考えられるのである。

以上、あらためて繰り返すと、私は前著で述べたように、大名が自分のとくに強制したい案件などについて、強制のための法源・切り札として「国法」文言を用いており、「国法」と称することそれ自体が重要なのであると考える。それゆえ、「国法」にあたる成文法があるのか、それとも慣習法なのかにはあまり関心を払わない。いずれもありえるし、いずれともいいがたいものもあるだろうが、重要なのは大名が「国法」を持ち出す論法、いいかえれば「国法」という言説であろう。

私は前著では大名側から国家と「国法」が異なる次元で考えられていた、と述べていたが、これはやや誤解を招く表現で、「国法」を国家とつなげてその意志とみることに疑問を呈したわけである。むしろ、戦国大名による「正当性」や「正当化」という問題のレヴェルでは、「御国」「国家」「国」などと「国法」は、同列に論じられるのではないか、と現段階では考えている。また、私は前著では「国法」が眼前の年貢・公事の確保をはかる局面に用いられているとか、領国内部の基底にある経済問題およびその現実的危機に関わる局面で強制力・権原として用いられているといえるなどとしたが、これらはあまりに性急だったと現在では考えており、「国法」がどのような局面に用いられるかは、あらためて検討する必要があろう。

第四節　「正統性」をめぐって

次に、戦国大名が自らを正当化している事例として、多くの検討材料を提供してくれる史料を掲げよう。

〔史料19〕

先日者、御懇札再三披見本望候、一、年来国家御祈念頼入候之処、此度北狄出張、国中山野之躰、被失御面目之由、更不及分別候、去春恐景虎威勢、為始正木、八州之弓取不残雖寄来候、武相城之内、江戸・河越七八ヶ所之地、無相違、結句度々戦得勝利、凶徒無程破〔敗〕北候、於所々往覆之敵侍凡下討取事千余人、是偏非御祈念之力哉、一旦之忿劇不苦候、畢竟此上励信心極候歟、普天之下無不王土上、御修理可走廻由、尤任御意見候、然者豆州仁科之郷禁裏就御領所、先年勧修寺殿為　勅使御下向之時、氏綱三ヶ年進納、其後遠境故中絶候、任彼御由緒、仁科之郷可致進上之由、覚悟仕候、一、万民哀憐、百姓可尽礼御意見、令得其意候、去年分国中諸郷へ下徳政、妻子下人券捨、為年経迄遂糺明、悉取帰遣候、当年者諸一揆相之徳政、就中、公方銭本利四千貫文、為諸人捨之、蔵本押置、現銭番所集、昨今諸一揆相ニ致配当候、家之事、慈悲心深信仰専順路存詰候間、国中之聞立邪民百姓之上迄、無非分為可致沙汰、十年已来置目安箱、諸人之訴お聞届、探求道理候事、一点毛頭心中ニ会乎〔依怙〕偏頗無之候、天道明白歟、八州不残渡当方ニ来候、徐廿年存国家ニ候間、一代之内、無横合時身退者、聖人之教与存、去年息氏政譲渡位、隠遁之進退候得共、大敵蜂起、氏政若輩之間、無了簡、国家之成意見候、然ニ氏康無善根間、如此与候、此貴意、乍恐御相違候、縦善根有之共、心中之邪ニ而、諸寺諸社領令没倒様なる国主ニ付而者、如何様之大社之御修理、何ヶ度致之候共、神者不可受非礼、縦不向経論聖教、常ニ不信之様ニ候共、心中之実、即可叶天道候歟、於氏康、或不足之出家沙門お憐愍、或伽藍零癈之所歎ヶ敷間、先年午歳（永禄元年）、鎌倉在馬之砌、諸寺・諸山周寄附田畠候キ、其外国中之神社・仏閣へ少充之料所お雖寄進仕候、一歩之地も押領之事者、一代不覚候、何之驕ニ歟、可背天道候哉、天運不尽者、一戦勝利無疑候、併人者不可如和ニ歟、一、於諸寺・諸社、此度本意之御祈念尤ニ候、然□〔者〕豆相武之内、何之地如何様之祈念を可申付候哉、不可依霊地候、唯行人ニ可有之候間、有御分別、委細被遊立候而可給候、并供物員数等可預御計事、一、不動護摩供、一、大聖金剛法、一、観音経三百三十巻、以上何之地ニ而、如何様之人ニ可申付候、

一、大嶺採灯護摩之事、於京都何之方可憑入候、供物等員数之事、如何程可入候、如何様之行ニ候、一、聖天供之事、御請取之上、無別儀候、一、鶴岡宿願之事、可有願書歟、願力如何様之儀、可為何ヶ条候、一、於伊勢・熊野、如何様之行可然候、右、何も委可注給候、得御意、急度可申付候、

一、関宿様御返事、飛脚能々可申付候、義堯御警固深旨被申候、哀々成就候得かしの念願候、近日半途へ罷出、此首尾可承届候、恐々敬白、

（永禄四年）五月廿八日　氏康

金剛王院御同宿中（32）

〔史料20〕

（前欠）中候上、聊失本意候間、憚見除絶音問候、就其関東中御恩之面々、逆心之至、誠ニ無是非次第候、然ニ来秋御一戦ニ落着、其勝利御祈念之趣、預御尋候、先敵出張之儀、偏御無念ニ思召、短気之御一戦如何ニ存候、其故者、上杉先祖ニ天子被下御幡、被置東八州副将軍ニ候キ、仮令従顕定以来不敬王法、依不崇仏神、国家乱、

万民不安為躰ニ候、物而我身子孫繁栄之立願候事、諸人之習ニ候歟、就中北条御家、前代日本之備副将軍給候条、被続御名字、為御身御覚悟無一廉者如何ニ候、其上我妻鏡〔吾〕歴然ニ候、北条之家無善根者、唯危様ニ被書置候与見得候、就之乍恐申入候、一、禁中御修理之事、普天之下皆王土ニ候之上、〇尤崇敬万条歟、可被仰勅儀太守ニ似合之御事ニ候、奉始天照太神、三十番神之守護現前ニ候、

一、御分国之大社明仏等大破之時者、速御修理可然候、大永〔貞〕之式目ニも、神者依人之敬増威、人者依神之徳添運与候歟、今時者、無神も無仏無信無善而万法空之入邪見、不儀之働与俗出共見得候、誠失家可亡国基、無勿躰候、

一、万民御哀憐之事、百姓ニ有礼者、国家自治与候歟、　一、御家風大小人中ニも不肖之者、可被加御心操事、

一、諸出家不足之身躰ニ候共、国家無為之御祈念可被仰付事、　一、毎月大般若経并供養法之事、無退転、是平生可為御意得候、今度被御祈念之事、

一、不動護摩供、　一、大勝金剛法、　一、観音経三百三十巻、以上何時も御動之時分者、御帰陣迄可被遊事、　一、鶴岡御立願等之事、

一、大嶺〔峯〕採灯護摩之事、　一、聖天供之事、是者愚老可致執行候間、無別条候、　一、至御当代、八州如形属御手候事者、早雲寺殿箱根・三嶋御建立、将又春松院殿八幡宮御造営、此信力慥御酬候与存候、其故者建久五年足利上総介殿義兼、号鑁阿寺殿与、八幡宮東之廻廊四間両界経所有御建立、紺紙金泥之被納一切経、同年十一月十三日、社務円暁之御房三条院為導師被遊供養、義兼参詣之砌、十三才青侍踏虚空三尺、八幡太神詫〔託〕宣云、両界経所建立、依一切経書写之功、子孫可成将軍云云、其後五世之孫高氏朝臣、都鄙統領之由申伝候、此旨去年関宿様へも諸事御油断有間敷候、善悪之因果、能々御分別肝要申上候キ、自何関宿様之御事、無恙御輿江城へ入候様、御祈念不可存疎意候、此由御披露憑入候、恐々謹言、

（永禄四年）五月廿五日　　　　僧正融山

小田原

人々御中(33)

〔史料19〕は北条氏康が箱根別当の融山に充てた書状で、無年号だが、上杉謙信が関東に攻め入り、小田原城を包囲したが攻略には至らず引き上げた後のもので、永禄四年に比定される。氏康の徳政や天道思想を示すものとして周知の史料だが、これはそもそも氏康が謙信との抗争における戦勝祈念を融山に依頼したのに対し、融山が氏康に対して意見して氏康がそれに応えたものである。〔史料20〕は、その融山が意見した書状であり、したがって〔史料19〕と〔史料20〕とは様々対応関係にある。

これらについては、徳政との関わりで詳細に検討したことがあり(34)、以下それにもよりながら話を進めたい。ただし、徳政は「正当性」「正統性」と大きく関わるが、本格的に立ち入るとこれだけで膨大に論じることがあるので、ひとまずここでの議論からは外すことをおことわりしておく。

そこで、まず次のことを確認する。〔史料20〕での融山の意見とは、短期の決戦を戒め、その前にこれらのことを行うべきだ、ということを示したものであること。つまり、当時の社会にあって為政者が行うべきことや求められることを、融山の立場からという限定はあるものの、示しているといえることである。それにどう応えるか、というのは氏康にとって自身の関東支配や戦争遂行の「正当性」を示す上で、たいへん重要であったと考えられる。

では、その内容はどうか。融山はまず「短気之御一戦」を戒めて上杉氏や前代の北条氏を引き合いに出し、その上で具体的意見に移っている。それは大きく分けて、禁中の修理、分国大寺社の修理、万民への哀憐、家中への心配り、諸種祈念の実施であった。続けて、現在北条氏が関八州を手中にできたのは、初代宗瑞が箱根・三島を建立し、二代氏綱が鶴岡八幡宮を造営した「信力」によるのだ、としている。ここは具体的意見にはつながっていないが、暗にそうした大造営事業を促したものであろうか。

これらに対し、ほぼひととおり氏康は応えているわけだが、なかでも万民への哀憐について、たいへん具体的に成果を誇っていることが印象的であり、これは「天道に明白でしょう」として、これゆえに「関八州が残らず当方の手中に入ったのです」との自負を示している。融山は宗瑞・氏綱の大造営事業により関八州が北条氏に属したとしたのだが、氏康はみずからが万民のために施した具体的な政策によって関八州を得たというのである。

それに続けて氏康は、「たとえ善根があっても心中の邪な考えで諸寺社領をつぶしてしまうような国主では、どのような大社の修理を何度したところで、神はそのような非礼を受け入れるわけがありません」として諸寺社への寄進の実績を強調しているように、融山の大寺社修理・造営意見については否定的である。

これは氏康自身が大寺社の造営事業をしていないというネガティブな理由にもよったのかもしれないが、それ以上に万民への具体的な政策が氏康の「正当性」を支えていることに注目しておきたい。

なぜならば、宗瑞・氏綱の代における大寺社造営事業、とくに氏綱による大々的な鶴岡八幡宮造営は、氏綱が関東の主たることを内外に示す目的があったとされており、これは鶴岡が伝統的に武士たちの尊崇を集めていたことからすると、いわば支配「正統性」の問題であったと考えられるが、氏康はこうした「正統性」によって「正当性」を打ち出すことよりも、万民への具体的な政策によって「正当性」を示しているからである。

戦国大名にせよ、信長・秀吉にせよ、新たな支配体制をつくるには、既存のそれとどのように折り合いをつけていくかが、重大な課題とならざるをえなかった。そのために旧来の「正統性」をどのように受けついでいるかを示す必要があったわけで、北条氏においては、宗瑞の箱根・三島、氏綱の鶴岡八幡宮造営がそれにあたるわけである。

氏綱についていえば、家督相続後「相州太守」の立場を強く打ち出しながら諸寺社の修造を行い、北条改姓も行った。それからしばらくして自らを関東管領に擬して古河公方を補佐するかたちをとり、鶴岡八幡宮造営を行った。領国拡大に伴い、いわば「身の丈」に合わせて「正統性」のかたちを変えていったのである。

氏康にしてもこうした「正統性」は何らかのかたちで取り込まなければならなかった。それゆえ、大寺社修理については、諸寺社領への寄進などを強調し、捻《ひね》った見解を持ち出して弁明しているわけである。同様に、「正当性」の標榜、自己正当化にあたっても、まったく新しい概念やそれに基づく言葉を編み出すことは困難であり、以前からある概念・言葉に寄りかかりながら、行っていくことになる。たとえば、次の著名な史料をみよう。

〔史料21〕

一、不入之地之事、代々判形を戴し、各露顕之在所の事ハ沙汰に不及、新儀之不入、自今以後停止之、惣別不入之事ハ、時に至て申付諸役免許、又悪党に付ての儀也、諸役之判形申かすめ、棟別段銭さたせさるハ私曲也、棟別たんせん等の事、前々より子細有て相定所の役也、雖然載判形、別而以忠節扶助するにをいてハ、是非に不及也、不入とあるとて、分国中守護使不入なと申事、甚曲事也、当職の綺、其外内々の役等こそ、不入之判形出す上ハ、免許する所なれ、他国のことく、国の制法にかゝらす、うへなしの申事、不及沙汰曲事也、自旧規守護使不入と云事ハ、将軍家天下一同御下知を以、諸国守護職被仰付時之事也、守護使不入とありとて、可背御下知哉、只今ハをしなへて、自分の以力量、国の法度を申付、静謐する事なれは、しゆこの手入間敷事、かつてあるへからす、兎角之儀あるにをいてハ、かたく可申付也、[35]

この今川義元が制定した「今川仮名目録追加」第二〇条は、「不入之地」について、こまごまと規定しているものであるが、最も注目されてきたのは、末尾近くの「只今ハをしなへて、自分の以力量、国の法度を申付、静謐する事なれは、しゅこの手入間敷事、かつてあるへからす」とある部分で、戦国大名権力の画期性を評価する立場からは、現在は「自分の力量」で領国の法を発令し、平和を実現しているのだから、守護の手が入らないところなどあってはならないということで、大名がみずからその自立・自律を宣言していると解釈される。一方、そうでない立場からは、ここで大名は自らを「守護」として自己規定しており、その意味で旧来の体制内にとどまるものであると位置づけられるのである。

しかし、ここで「守護」という言葉を使っているからといって、それが旧来の体制とか、幕府―守護体制とかのなかに大名がとどまっているといえるのか。義元の主張の重点はやはり「自分の力量」でやっていくのだということであるから自分たちの手が入らないところなどあってはならないということであり、「守護」という言葉はあくまで以前からある呼称をそのまま用いているもので、「自分の力量」でやっていくのを阻害するのでない限り、義元としてはそれを否定する利点もないし、発想もなかったと考える。

いささか極端な例にはなるかもしれないが、〔史料22〕をみていただきたい。

〔史料22〕

武蔵国足立郡芝郷之内四拾石事、

任去天正拾九年十一月先判之旨、弥全寺納永不可有相違、并寺中可為守護使不入者也、仍如件、

慶長十八年五月廿一日　（秀忠朱印）

長徳寺

(36)

〔史料22〕は、徳川秀忠の朱印状である。内容は寺領安堵だが、注目すべきは寺中の「守護使不入」を認めている部分である。慶長十八年（一六一三）に至ってもなお、しかも将軍である秀忠が、「守護使不入」を認めているわけだが、

これをもって秀忠が幕府―守護体制内の存在であるとする向きはないであろう。

また、先に触れた信長の「天下」も、足利義昭が「公儀」であり、信長が自ら「公儀」となることが困難であったため積極的に用いることになったものである。秀吉になると、再び「公儀」を用いていくことになるが、自ら関白となることにより、天皇を積極的に推戴していくことになった。信長にしても秀吉にしても、それぞれ将軍や天皇という前代からの「正統性」を、あるいは否定しきれず、あるいは依存しているが、だからといって前代とまったく同じ体制のもとにあったのではないことは明らかである。

以上、要するに大きな変動の途上にある中近世移行期権力にとって、旧来からの「正統性」とどのように折り合いをつけ、あるいは取り込んでいくかは大きな課題であり、多くはそれらに依存したり妥協しながら支配を進めていくことにならざるをえなかったが、氏康の例でみたように、最も重視していたのは、やはり現実の具体的な政策だった。「正当性」にとって、「正統性」はその一部ではあったが、決して逆ではない。また、そうした「正統性」に代表される古いものと新しいものとの葛藤、そのいわば「すったもんだ」の過程こそが、戦国時代といわれる一〇〇年間、あるいは下剋上の胎動から戦国状況の払拭まで考えれば二〇〇年間にも及ぶ時代であったといえるのではないか。

おわりに

以上、中近世移行期権力―といってもほとんど戦国大名だったが―について、公儀論・「国家」論・「正統性」など、その「正当性」に関わる問題を考えてみた。はなはだ雑駁な話に終始したが、当該権力が「正当性」を標榜する時によって立つのは、様々な言説であり、どのような言説を用いるかは、その権力を成り立たせた歴史的条件・環境や当面する課題に規定されていた。こうした中近世移行期権力の特質に関わる問題はあれかこれかで性急に割り切らず、右の点をふまえて、具体的に用いられる局面や対象から検討していくことが必要であることを、あらためて述べておきたい。

注

(1) 久保『戦国大名と公儀』(校倉書房、二〇〇一年)。以下、前著とする。
(2) 前著二四頁。
(3) 前著二四～二五頁。
(4) 「浅草文庫本古文書」(『小』一九九一)。
(5) 「関山文書」(『戦北』二九六四)。
(6) 「相承院文書」(『小』二六八)。
(7) 史料纂集『松陰私語』五三頁。
(8) 峰岸「享徳の乱における城郭と陣所」(千葉城郭研究会編『城郭と中世の東国』高志書院、二〇〇五年、所収、のち峰岸『中世の合戦と城郭』高志書院、二〇〇九年、所収)。
(9) 本書第三章。
(10) 「清水望弘氏所蔵文書」(『小』九三九)。
(11) 勝俣「戦国法」(『岩波講座日本歴史8　中世4』岩波書店、一九七六年、所収、のち勝俣『戦国法成立史論』東京大学出版会、一九七九年、所収)。
(12) 久保「後北条氏における公儀と国家」(前著、所収)。
(13) 池「戦国期の『国』について」(『戦国史研究』四九号、二〇〇五年)、「戦国大名領国における『国』について」(『武田氏研究』三二号、二〇〇五年)、ともにのち池『戦国期の地域社会と権力』(吉川弘文館、二〇一〇年)所収。

（14）神田「戦国期の『国』観念」（同『戦国時代の自力と秩序』吉川弘文館、二〇一三年、所収）。
（15）「金室一夫氏所蔵文書」（『小』一四七二）。
（16）市村「戦国期の地域権力と『国家』・『日本国』」（『日本史研究』五一九号、二〇〇五年）。
（17）「片平信弘氏所蔵青木文書」（『小』七七七）。
（18）「小沢敬氏所蔵文書」（『小』一八二六）。
（19）「陶山春乃氏所蔵江成文書」（『小』九一四）。
（20）市村前掲注（16）論文。
（21）「土方文書」（『戦北』三三六七）。
（22）菅原「戦国大名と『国法』―武田・北条氏領国の場合―」（『武田氏研究』三六号、二〇〇七年）。
（23）「岡本善明氏所蔵文書」（『戦北』一二〇一）。
（24）「飯塚文書」（『戦北』三〇一一）。
（25）「小野家文書」（『戦国遺文武田氏編』六九〇号文書、以下、『戦武』六九〇のように略）。
（26）「大聖院文書」（『戦武』二八二五）。
（27）「栗田家文書」（『戦武』三五七七）。
（28）「三井家文書」（『戦武』三四六七）。
（29）「諸州古文書所収甲斐国巨摩郡落居村与一右衛門所蔵文書」（『戦武』三六三八）。
（30）「望月家文書」（『戦武』一八〇三）。
（31）勝俣「戦国大名検地に関する一考察―恵林寺領『検地帳』の分析―」（永原慶二編『戦国期の権力と社会』東京大学出版会、一九七六年、所収、のち「戦国大名検地の施行原則」と改題し、勝俣前掲注（11）著書、所収）。
（32）「妙本寺所蔵文書」（『小』四八九）。
（33）「妙本寺所蔵文書」（『小』四八九関連文書）。

（34）久保「戦国時代の徳政と大名」（『早稲田大学大学院文学研究科紀要』五三輯、二〇〇八年、のち大幅に加筆訂正し、「戦国大名の徳政と徳政観」と改題して久保『戦国時代戦争経済論』校倉書房、二〇一五年、所収）。

（35）「今川仮名目録追加」第二〇条（『中世法制史料集』第三巻武家家法Ⅰ、一三〇頁）。

（36）「長徳寺文書」（『新編武州古文書』下、一二九九頁）。

〔コメント〕本章は、序章でも触れたように基本的に講演録であり、説明不足等をあげればきりがないので、ここでは以下の点のみ述べておきたい。それは、第二節で〔史料6〕に関する市村高男氏の見解に全面的に賛意を表したことについての補足である。すなわち、市村氏が「『国家』文言の使用対象が一族・家臣や国人・寺社であった」としている点だが、筆者の収集した限りでは、北条氏が国人・国衆に充てた文書で「国家」文言を使用している事例はない（久保前掲注（12）論文）。この点、市村氏が筆者の管見に入らない事例を知っていてのことか、あるいは直接国人・国衆に充てた文書ではないが内容的に対象としているといえる事例が〔史料6〕以外にもあるからなのかはわからないが、いずれにせよ、筆者なりの見解を示しておく必要があろう。そこでまず、〔史料6〕の「旁者」の解釈は、やはり市村氏の指摘通りであると思う。その意味では、〔史料6〕において「国家」文言の使用対象は国人・国衆を含んでいる。では、このことと国人・国衆に充てた文書で「国家」文言を使用している事例がないこととは、どのように関わるのか。これは、市村氏の言葉を借りれば、北条氏の「国家」が「北条氏権力を構成する支配者集団の理念上の運命共同体」であったことによると考える。すなわち、北条氏としては理念的には「国家」を国人・国衆をも含んでいるものと位置づけているのだが、現実にはそれを彼らに対する説得の論理としては用いることができず、人格的関係によらざるをえないために、国人・国衆充ての文書では現れないわけである。人格的関係の問題については、前掲注（12）論文で論じたが、当時はそこで理解がとどまっていた。市村氏の見解を受けて、北条氏の理念としての「国家」と、現実の説得レヴェルでの「国家」とのズレを見出すことができたのである。こうして、北条氏は国人・国衆に対しては人格的関係における「大途」で説得し、つなぎとめるわけだが、これは北条氏の「国家」というよりは、北条氏公儀の影響が及ぶ領域下にあるという意味で、「公儀世界」とでもいうものではないか、というのが今のところの考えである（本書第四章、参照）。

第二章　移行期公儀論の前提

はじめに

　今さら移行期公儀論の「前提」でもあるまい、と思われる向きもあるかもしれないが、これはあくまで筆者にとってのそれである。すなわち、先に筆者は、戦国時代の公儀を検討した著書をまとめたが[1]、もとより残された問題は多く、なかでも近世へのつながりについては、近世＝幕藩制公儀の前提ではない、戦国時代固有の公儀追究が必要という問題意識があったからとはいえ、ごく粗い見通しにとどまった。筆者の怠慢ゆえに積み残したままになっている宿題であるが、このたび、中近世移行期の公儀、あるいは中世からみた近世の公儀に関わる問題を述べる課題を与えられたので、筆者自身の移行期公儀論の「前提」として、いくつかの論点を提示したいと考えたのである。

　ところで、中近世移行期の政治史、あるいは権力論については近年詳細な研究が進められ、量的にも質的にも盛行をきわめているが、公儀を正面から論じたもの、専論となると、ほとんど管見に入っていない。しかし、権力ないしは政権がその行為または存在の正当性を標榜していくあり方は、「公」の歴史的段階においても重要であるし[2]、また移行期の権力を規定する包括的な問題とも密接に関わる。実際、部分的であれば、公儀に言及する研究は枚挙に遑ないわけである。言及せざるを得ないのだ、ともいえよう。したがって、今なお公儀論は一定の有効性・重要性があることを確認しておく。

なお、本章では便宜上、戦国大名における公儀を戦国大名公儀、信長・秀吉における公儀を織豊政権公儀、幕藩制国家における公儀を幕藩制公儀、戦国大名公儀・織豊政権公儀と十七世紀半ば頃までの幕藩制公儀をまとめて移行期公儀と表記する。また、原則として、前著のように史料用語としての公儀には「　」を付し、概念(的用語)としてのそれには「　」を付さない。(3)

第一節　用語と概念のあいだ

まず本章の全体に関わる問題意識から述べていきたい。藤井譲治氏は右に述べたような研究状況のなかで、「公儀」を正面から論じ、それを重要な柱として著書をまとめた、近年では稀有な存在である。(4) そのなかで、藤井氏は拙論に対して、「戦国期の公儀を公権としてとらえ、中世後期における公儀の多様な意味内容への配慮がなされていないように思われる。また「公儀」「大途」「公方」の三者を区別する視点の必要性を指摘しながら、論述においては、三者を同様のものとしている」と批判を加えた。(5)

筆者は戦国時代の公儀研究の問題点として、具体的に用例から機能を検討していないことを挙げ、藤井氏の方法にむしろ励まされつつ、論を展開したつもりであったが、同じく用例の収集・分析を行いながらも筆者と藤井氏との間には大きな違いがあることに気づかされた。

とくに、ここで問題としたい違いは方法である。藤井氏はあくまで「公儀」の用例を検討し、それに即して法的主体としての「公儀」の形成を論じる。これに対し、筆者は戦国大名公儀を自らの存在ないし行為の正当性を標榜する公権力の歴史的一段階として措定し、その戦国時代における具体的なあり方を追究した。したがって存在ないし行為の正当性標榜が前提、鍵であり、それが行われていれば「公儀」のみならず「大途」「公方」等も公儀の問題として考えた。これは、用語としての「公儀」に即しきるか、検討の枠組み、いわば「構え」としての公儀を措定するか、という違いである。

朝尾直弘氏がかつて「公儀は、べんりではあるが、それだけにあいまいな歴史的名辞である」と喝破した問題[6]は、用語と概念（的用語）の混用・混同に最も直接的に表れているといえようが、藤井氏の方法は、この点を明快に克服はしている。実際に、公儀を概念として明確に規定した上で論じた仕事は、筆者も含めて管見の限りほとんどない。筆者が概念（的用語）といい、またやや曖昧に、枠組み・「構え」といわなければならなかった所以である。[7]

しかし、公儀論は何を論じるか、という点を少し掘り下げてみたい。近世史研究では、幕藩制国家の権力編成・構造・特質が多かれ少なかれ―この「多かれ少なかれ」のあり方によって「べんりではあるが、それだけにあいまい」に結果することになりがちなわけだが―念頭に置かれていた。藤井氏はこれを幕藩領主の権力編成・構造・特質に限定する。用語・用法に即しきるかぎり「公儀」が幕藩領主レヴェルの問題に限定され、結果公儀論も同様になるのはある程度必然といえる。だが、たとえば深谷克己氏は天皇・朝廷を公儀の構造的一環＝「金冠」として組み込み、公儀論もそのようなものとして展開する。[8]深谷氏の場合、幕藩制国家論に連なる公儀を考える場合、天皇・朝廷を排除して考えることはできないという確固たる問題意識があるのである。してみれば、重要なのは用語か概念（的用語）かの二者択一ではなく、それで論じた場合、いかなる問題が明らかにでき、その問題についてはいずれが有効な公儀論の方法であるか、といういわば「戦略配置」であろう。

「公儀」の用語内容・用法をまず確定する作業の重要性はもちろんであって、これを閑却した公儀論は「べんりではあるが、それだけにあいまい」な状況に陥ったままである。その上でなお用語に即して検討するか、用語に基づいた概念あるいは公儀論を措定するかは、論者各々の「戦略配置」によると考える。これの明確化があってこそ公儀そのもののみとは限らず、公儀に関して追究する公儀論が生きるといえるのである。(9)

このようにおさえた上で、筆者の戦国大名公儀論における「戦略配置」を敷衍しよう。筆者が追究したのは正当性を標榜する公権力として措定した戦国大名公儀であり、用語としての「公儀」一般ではない。その意味で、藤井氏が「戦国期の公儀を公権としてとらえ」とするのはそのとおりであり、「中世後期における公儀の多様な意味内容への配慮がなされていない」とするのは筆者の議論においてはそもそも「配慮」する「戦略配置」がなかったという点で必ずしも正確ではない。ただ、前者の点についても筆者はその「公」の内容こそが重要であると考えてはいた。(10)こうした立場から、「『公儀』『大途』『公方』の三者を区別する視点の必要性」に賛意を表したわけであり、「……区別する視点の必要性を指摘しながら、論述においては、三者を同様の……」のごとく、「大途」「公方」「公儀」を区別していることと、三者を公儀論のなかで扱うことが矛盾しているかのような批判は、残念ながら筆者の意図とはかけ離れている。

もっとも、氏の文脈では、中世の「公儀」は多様だが法的主体としてのそれはほぼ将軍であるとし、それに関わり、事例を挙げて戦国大名の「公儀」を法的主体とするのに留保を加えている。(11)そこで北条氏における「『公儀』『大途』『公方』の三者を区別する視点の必要性」も述べられているわけで、そもそも戦国大名公儀自体を評価していないのであるから、筆者の意図と異なるのも当然であった。本章では藤井氏の「公儀」事例の解釈に立ち入る余裕はないが、かりに「公儀」を法的主体とするのに留保が必要でも、右に述べたところから、戦国大名公儀、そして戦国大名公儀

論は十分独自の意義をもつと考える。(12)

前著における戦国大名公儀論の立場からは以上のごとくだが、さらに本章の眼目である移行期公儀論の立場からはどのような「戦略配置」がありうるか。前著では、幕藩制公儀の前提ではない、戦国大名公儀独自のあり方を追究しようとしたが、本章でも同様の視角から、移行期公儀における移行という点に注目したい。すなわち、後の時期の前提として各時期の公儀をみるとか、各時期固有の公儀を位置づけるのではなく、移行期における公儀自体の移行、いわば継承や系譜に注目するということである。もちろん、前提や固有をみる方法が誤っているというのではない。また、継承のみを強調するというのでもない。あくまで、移行期公儀・移行期公儀論の独自性を見出すためであり、これが筆者の移行期公儀論における「戦略配置」である。

第二節　公儀の系譜あるいは展開

公儀の系譜を問題にする場合、藤井氏が幕藩領主の結合として幕藩制国家の「公儀」を論じるのには、一定の賛意を表する。しかし、それはやはり藤井氏とは異なる筆者の立場から生ずるものである。この点は行論上後述するとして、まず戦国大名公儀から織豊政権公儀への移行をみる。ここには継承の視点からいって重要な問題があるからである。

藤井氏は、信長や秀吉と「公儀」との関わりについて、信長は中世における法的主体としての「公儀」を否定してその上位の理念である「天下」と一体化し、秀吉はあらたに近世の法的主体としての「公儀」を「創出」したとする。(13)慶長期に中世的な「公儀」が再び多用されることに意は用いているが、(14)結果的に「公儀」が信長の前後で断絶した点が強調されることになるわけである。しかし、第一節で触れたように、藤井氏がいう中世における法的主体としての「公儀」とは、室町将軍である。用語・用法からはそうである、という藤井氏の主張が可としても、実態は戦国大名のなかから台頭してきた信長が室町将軍を倒し、その統一事業を継承した秀吉へと続くわけである。権力のあり方としては明らかに継承されている。そして、この権力とは自らの存在ないし行為の正当性を標榜するそれである。筆者の措定する公儀としても継承されている。してみれば、用語としての「公儀」の断絶を強調する有効性がいかほどであるか、疑わしく思われるのである。

もう少し詳しく検討しよう。右に述べたように、藤井氏は信長が「公儀」を否定して「天下」と一体化した、とする。この信長における「天下」理念重視自体はつとに朝尾氏等が述べていることだが[15]、藤井氏はただに将軍＝「公儀」のみならず、中世における法的主体としての「公儀」否定をとくに強調するところに特徴がある。「信長自身が『公儀』と呼ばれる客観的条件はなかった」と藤井氏はいう[16]。筆者もそう考える。だが、筆者は北条氏と古河公方との場合について、古河公方になりかわって「公方様」となりえなかった北条氏は、しかし「大途」という別の頂点をいただく公儀の構造をつくり出した、と述べた。この「大途」は、少なくとも東国の人びとには周知の公的重要性・重大性を示す語で、北条氏にとって好適な新たなる公儀の頂点だった、と推定した[17]。もちろん単純な比較はできないであろうが、信長の場合も同様にみることができる蓋然性は高いと考える。

当時の身分秩序・身分観念からしていきなり「公儀」である室町将軍足利氏になりかわることができなかった信長は、しかしながら、正当性を標榜しうる権力としては成熟していたがゆえに、「公儀」ではない語によってそれを表現した。その語はまた、まったくの造語等ではなく、当時の人びとが普遍性を示すものとして認知している語でなくてはならなかった。そこで、「天下」が選択されたわけである[18]。つまり、正当性を標榜する権力としての公儀の枠組みは戦国大名公儀から継承されているのであり、室町将軍の「公儀」を否定して「天下」を用いたからといってそれも否定され、改変されたわけではないのである。

では、天皇との関係はどうか。第一節で触れた深谷氏の見解では、天皇・朝廷は公儀の権威部分＝「金冠」として不可欠の構造的一環であった。これに対して、藤井氏はとくに説明をしていない。幕藩領主による権力編成のあり方である「公儀」とは別物ということなのであろうか[19]。いずれにせよ、この問題は、筆者にとってもいまだほとんど手つかずである。

ただ、現実に、天皇・朝廷との関係（取り込んでいくか隔絶するかは別として）なしに統一権力の編成が進むことはありえなかったが、公儀の系譜を問題にする場合、明らかに戦国大名→織豊政権→幕藩制と継承される系譜とは、天皇・朝廷は別物である。もちろん歴史上かつて「公儀」と称されたことがあったとしても、である。天皇・朝廷を幕藩制と別物として切り離さず幕藩制国家論の延長上にある公儀論として議論する理論的要請はあり、それは確かに重要であった。しかし、公儀は公儀論と同義ではない。公儀の系譜として問題にする場合、天皇・朝廷は別レヴェルで捉えた方がよいと考える。こうした点から、藤井氏の「公儀」理解には一定の賛意を表する。ただし、それは別物として切り離すことではない。移行期公儀論を展開していくにあたっては、国家論的視角から関連を問う議論をする必要もまたあるのである。移行期公儀は統一の過程で将軍や天皇・朝廷との関係を明確化していかざるを得なかったのであり、その関係が完成して公儀を中心とする幕藩制国家が成立するからである。そこでの問題は、次節でさらに言及しよう[20]。

次に、移行期公儀自体の展開から生じる問題を考える。前著では、朝尾・深谷・藤井氏等の見解に学びながら[21]、「公儀が統一政権段階で極度に個別人格に収斂される方向に進み、それを経たのちに人格性の払拭に至るという大きな振幅を見せ」ること、これは「『平和』の創出が、現実には軍事的カリスマの人格による公儀の掌握、そこへの『公』の収斂という過程を歩まざるをえなかったことの表れ」であることを展望した。[22] しかし、これはごく粗い見通しであり、たとえば湯浅治久氏から「大途」の「人格性がその後の権力においていかに処理されるのか」、この点、「大途」は問題とされていないようだが「後北条氏の公儀＝『大途』とは畢竟何であったのか」との疑問を呈されたように、[23] 前著で大きく取り上げた「大途」との関連にも十分触れえていない。

これは、戦国大名公儀の到達点を「大途」における人格性・公権性の使い分けにみたにもかかわらず、それが織豊政権公儀から幕藩制公儀へといかに展開するかという問題が積み残されていることを意味する。とくに人格性とこれに関連する軍事的カリスマとは、粗い見通しにしてももう少し深めなければならない重要な問題である。

石井紫郎氏は、法制史・国制史の立場から、中近世の移行を検討し、戦国大名の「国」における機関化を述べ、北条氏は例外的にみえるけれども、同様に「国」の最高機関として「国」に君臨し、自己の「公儀」性、支配の正当性を根拠づけることとなった、とした。このなかで、「百姓に対して、まず非人格的な「太途」があらわれ……」とも述べている。[24] 戦国大名公儀の機関化＝非人格化が主張されているといえ、幕藩制公儀の先取りともいいうる。

しかし、前著で検討したところからいえば、このように明快な図式とはならない。戦国大名公儀の到達点は、人格性と公権性を使い分けるところにある。公権性の究極は緊急時・非常時に民衆に向けられる国家＝「御国」だが、人格性と公権性を二つながら体現するのは「大途」である。しかも、「大途」は人格性を濃厚に示すのである。[25]

これが極限化されるのが信長・秀吉・家康ら「天下人」の場合である。天下統一が現実の可能性を帯びてきた段階に至ると、軍事的諸権限がいっそう集中・強化されることが必要になる。残存している強大な大名との戦争になるからである。これにより、軍事的公儀たることを特質としていた公儀の人格性が極限まで肥大化し、前面に押し出され、カリスマが求められたと考える。(26)したがって、人格性の点で「大途」にみえる特徴は、むしろ織豊政権公儀に強く受け継がれているのである。

ではそれが幕藩制において、「公儀」が幕府・幕閣に、「公方」が将軍に、というかたちで定着するのはなぜか。ウェーバーのいう「カリスマの日常化」(27)を持ち出すまでもなく、公儀がカリスマに収斂されている状況は早晩改変される必要がある。カリスマに依存する支配は一般に不安定だからである。つまり、人格から機構へというシェーマは、方向性としては予定されていたものである。だが、実際は「公儀」「公方」のかたちを取っているし、なぜ再び「大途」のようなかたちにならなかったのか、との疑問は残るのである。

具体的な政治史との関わりでの評価は種々ありうるであろうが、ここでは軍事的公儀、軍事的カリスマと、戦争のなかを進んできた公儀のあり方が戦争から平和への転換のなかでいかなる影響を受けるか、との視点から考える。元和偃武を経ても島原・天草一揆あたりまではいまだ顕著であった臨戦態勢が漸く解除され、幕藩制官僚の組織的整備・法度支配の進展等、支配機構が充実・安定してくると、軍事の重要性は、少なくとも目の前の現実においては薄れてくる。こうしたなかで支配正当性をもっぱら担って前面に出るのは、実質を幕府・幕閣とするところの「公儀」となる。公儀における人格性の後退である。ただし、一方でその支配は原理としては将軍を頂点とする主従制、またその軍事権限に支えられているわけで、これを消滅させるわけにはいかない。むしろ要所要所でこの原理を確認していかなければならない。こうして「公儀」とは区別されたかたちで、将軍の人格を表す「公方」が君臨することとなったのである。(28)

以上、移行期公儀の系譜に関わって、将軍・天皇との関係、移行期公儀自体の展開における問題を検討したが、系譜・展開を考える場合の留意点をもう一つ述べておきたい。筆者は軍事的公儀を考えるについて、戦国大名公儀がいわゆる公共的側面において未熟である段階を「半公儀」と措定した。[29]また、戦国大名公儀の到達点としては、従来から「国家」が注目されている[30]（筆者の理解には留保があるが）。すなわち、戦国大名公儀に限っても、その展開の前後に用語としての「公儀」におさまらず、しかも決して公儀とは切り離せない重要な段階・論点がある。藤井氏の用語・用法に即しきる方法は、こうした問題を切り捨ててしまわないか懸念されるということである。[31]

なお、軍事的公儀に関連して、最近黒田基樹氏に批判を受けたが、[32]一方的な決めつけであり、従えないことを付記しておく。[33]

第三節　正当性の言説・構造と王権論

移行期において自身の存在や行為の正当性を標榜する公儀が成立・展開し、継承されていく事実からすれば、その正当性がいかなるものであり、いかなるかたちで主張されていくか、この正当性の言説、もしくはその構造・構造化は重要な問題である。幕藩制公儀論には、「百姓」支配の問題と関わってこうした視点は存在していたが、具体的な機構・組織のあり方の精密化の方向へ進み、必ずしも深められなくなった。ここでは、公儀の系譜という「戦略配置」に基づいて、戦国大名公儀の特質から論を展開させたい。

前著では、戦国大名公儀の特質は軍事的公儀にあると総括したわけだが、これは前述した前著の方法からいって、戦国大名公儀における正当性の言説は戦争そのものにあることを意味する。さらにまた、軍事的カリスマによってようやく戦国争乱が収束し、このことが後の時代にも刻印を残した、と展望したところからすれば、戦国大名公儀のみならず移行期公儀論としても、軍事の問題は正当性の言説との関わりで重要であるといえる。

では、軍事的カリスマはいかなるかたち、さらには意味で正当性と関わるのか。まず、黒田智氏の研究[34]に注目したい。氏は『多聞院日記』にみえる信長の夢の記事を手がかりとし、信長が武家の「武威」正統性を継承するために様々な方策を用いたことを明らかにした。これにはまた、天皇は徹頭徹尾非介在であるという。

前者については、戦争のなかから成立した戦国大名公儀＝軍事的公儀の系譜を引く信長にとって、兎も角も「武威」を示すことこそがその存在・行為の正当性の証明であったことを物語る。そしてそれは、もはや「武威」を示し得ない室町将軍が「公儀」呼称こそ失わなくとも、軍事的公儀を統括するに足りない存在であることをも示すわけである。こうして軍事的公儀の正当性は、「武威」を通じて、武家政権との関わりでいえば、正統性と重なりあうのである。

後者については、「武威」が天皇との関わりにおいては、独自の正当性言説であったことを示す。いいかえれば、戦国大名公儀＝軍事的公儀の系譜を引く信長が独自の正当性を主張する時には、「武威」がますます重要であったということである。

もっとも、黒田氏と同じく『多聞院日記』を用いながら、そこに示されているのは「朝家の御まもり」としての信長であるとする堀新氏の説[35]もある。いずれが妥当であるか判断する力は現在の筆者にはないが、さしあたり、堀氏の「朝家の御まもり」としての位置づけも、それは武をもっての奉仕であり、前者の「武威」正当性・正統性の妨げにはならないことはいえよう。天皇・朝廷との関わりを具体化する以前か、あるいはそれを具体的に演出する過程か、いずれにせよ、軍事的公儀の系譜を引く信長にとっての「武威」の意味、重みは、彼自身を軍事的カリスマとして現出・荘厳せしめる必然性を有したのである。

この軍事的カリスマ、「武威」にまつわる正当性・正統性の言説は公儀論にとっての新たな可能性を示す。すなわち、これらに関しての黒田・堀氏等の議論は、いわゆる王権論に連なって構想されたものである[36]。象徴論・記号論や黒田氏のいう「物語的構造」等と関わる王権論は、制度・機構から詰められてきた従来の天皇・天皇制論とは馴染まなかった。[37]これは具体的な機構・組織のあり方から詰められてきた幕藩制公儀論と類似する。[38]いわば「王権論」的研究とのリンクが拒まれてきたわけである。これは、正当性の内実に意を用いて戦国大名公儀を追究した筆者にしても、なお同様である。しかし、先に述べた公儀論にとっての正当性の言説、その構造・構造化の重要性からすれば、この現状は改められなければならない。

正当性の言説を考える上では、様々な象徴・記号等、堀氏がかつて王権に関わって述べた言葉を借りれば、[39]「おどろおどろ」しさにまで対象を広げて考察する必要がある。公儀が「おどろおどろ」しさまで含めたどのようなわざを駆使して正当性の言説をつくりあげ、構造化しようとしたかをみきわめることにより、公儀論は王権論を媒介として、天皇・朝廷に関わる議論を展開することもできよう。これは国家論についても同様である。

念のため付言するが、これは公儀と王権を関わらせるとか一体化して考えるとかいうことと、いきなり一致するのではない。実際、黒田氏の場合、王権論的方法を用いているが、先に述べたようにそこで明らかにした信長の「武威」には、天皇は徹頭徹尾非介在であるとしているのであり、王権は論じていない。筆者もここでは、あくまで、公儀論と王権論との「論」としてのリンク、公儀論における王権論的方法の必要性・可能性を述べたのである。

戦国大名公儀論の場合、この視点は最も希薄である。もちろん、「おどろおどろ」しさに連なる仕事がなかったわけではない。卜占や神籤や霊夢等への言及・注目は、一定程度されてきている。しかし、それらはともすれば、合理的になりきれていない大名の呪術性を示すか、まったく逆に合理的・先進的な大名が社会に根強い呪術性を「利用」した等のレヴェルで捉えられていた。また、「おどろおどろ」しさ自体が興味本位に受けとめられる傾向すらあったと考える。戦国大名公儀論における王権論的方法、「おどろおどろ」しさの追究は、いまだ端緒以前の段階であって、大きな課題である。

織豊期以降の公儀論と王権論については、堀氏・黒田氏の「武威」に関わる成果、また堀氏の包括的な王権の検討等によってかなりの道が開けてきたと考える。筆者自身には、残念ながら今のところ何かしらの見通しがあるわけではない。ただ、戦争のなかから成立した戦国大名公儀の正当性は、「日本国」を統一する段階に至り、先行する正統性と関わり、切り結ばざるを得なくなる。本来有していない正統性を獲得するための一大演出の一つが「武威」であったのである。

幕藩制公儀は、正統性をもかなりの程度獲得するに至った。しかし、先行する天皇・朝廷の正統性を奪取することはできなかった。それは公儀が引き継いできた正当性の系譜とは、異質のものだったからである。しかも皮肉なことに、戦争の収束は彼ら自前の正当性・正統性を相対的に弱化させた。こうして、幕藩制公儀は、異質の正統性の存在を容認しつつ自らの正統性の比重を大きくする努力を続けていかなければならなかった。家康の神格化や堀氏が指摘する諸事例などに鑑みるに、この正統性はもっぱら「公方」が担っていく。深谷氏は公儀における「公方」の実質的権力としての強力さを強調するが、このあり方からは、ある意味で「公方」も公儀の「金冠」として存在した、というることを示しているであろう(40)。

はなはだ雑駁であるが、移行期公儀論としては、こうした道筋における正当性の言説、その構造・構造化、そこでの正統性との関わりなどを、「おどろおどろ」しさにまで視野を広げて具体的に検証し、位置づけていくことが重要な論点となりうると考える。

おわりに

本章では、公儀論における用語と概念に対する「構え」をあらためて見直し、その上で移行期公儀論としていかなる「戦略配置」がありうるかを考え、公儀の系譜に注目して論じたが、きわめて限られた問題について、またしても粗い見通しを述べるにとどまった。すでに与えられた紙数をかなり超過しているので、あらためてまとめることはしないが、「前提」としても残された課題は多い。とくに、継承のみを強調するのではないとしながら、非継承ないしは断絶等についてほとんど述べることができなかった点は、「戦略配置」上も問題であった。他日を期したい。

注

（1）久保『戦国大名と公儀』（校倉書房、二〇〇一年）。以下、前著と表記。
（2）前著一五〜一六頁。
（3）後述する藤井譲治氏の仕事の場合、その方法との関連で「　」を付すことになる。
（4）藤井①「一七世紀の日本」の一「『公儀』国家の形成」（『岩波講座日本通史12　近世2』岩波書店、一九九四年、所収、のち改稿の上、藤井『幕藩領主の権力構造』岩波書店、二〇〇二年、所収、本章では後者による）②「近世『公方』論」（『日本国家の史的特質　近世・近代』思文閣出版、一九九五年、所収、のち藤井前掲著書、所収）。
（5）同右①論文四九八頁。これは藤井前掲注（4）著書、所収にあたって注に加筆された部分である。
（6）朝尾「前近代国家史研究の到達点と課題」（歴史学研究会編『現代歴史学の成果と課題Ⅱ　前近代の社会と国家』青木書店、一九八二年、所収、のち朝尾『日本近世史の自立』校倉書房、一九八八年、所収）。

（7）筆者は、かつて本書第五章旧稿の注（4）において、公儀の概念規定をしているが、論集編集委員会の要請により補筆したもので、不十分かつ不満足である。筆者にとって公儀の概念規定は今なお発展途上である。

（8）深谷「公儀と身分制」（『大系日本国家史3　近世』東京大学出版会、一九七五年、所収、のち深谷『近世の国家・社会と天皇』校倉書房、一九九一年、所収）。

（9）朝尾氏は前掲注（6）論文の先の引用部分に続き、公儀の使用にあたっては「実体と内容を明確にしておかねばならない」と述べている。筆者が本文で述べたことは、この朝尾氏の言を筆者なりに捉え直したものともいえよう。

（10）前著一二頁。

（11）藤井前掲注（4）①論文四六九～四七二頁、四九八頁。

（12）なお、この藤井氏の考え方は信長・秀吉と「公儀」との関わり方において重要な位置を占める。この点、後述。

（13）藤井前掲注（4）①論文四七二～四八〇頁。

（14）同右論文四八一～四八二頁。

（15）朝尾「『将軍権力』の創出」（『歴史評論』二四一・二六六・二九三号、一九七一・七二・七四年、のち朝尾『将軍権力の創出』岩波書店、一九九四年、所収）。

（16）藤井前掲注（4）①論文四七四頁。

（17）前著一〇七～一一二頁。

（18）日本における「天下」の用例、その展開については、最近朝尾氏が簡にして要を得た整理をし（「天下人と京都」、朝尾・田端泰子編『天下人の時代』平凡社、二〇〇三年、所収）、堀新氏も中世の用例に触れつつ信長の用いる「天下」について詳細に論じており（「信長・秀吉の国家構想と天皇」、池享編『日本の時代史13　天下統一と朝鮮侵略』吉川弘文館、二〇〇三年、所収）、ここではこれらに従う。

（19）藤井前掲注（4）著書の序では、「分析の基軸を幕藩関係としたことで、中核的なものではないが、幕藩領主権力の全体像を描くに不可欠ないくつかの側面が取り上げられていない」と述べ、このうち幕藩領主と天皇・朝廷との関係については「江戸幕府の成立と天皇」（『講座前近代の天皇2』青木書店、一九九三年、所収）があるとするが、これもまた公儀と天皇・朝廷との関係は論じていない。
(20) 以上の点は、筆者自身の自戒でもある。前著ではもちろん、筆者は戦国大名公儀・戦国大名権力と将軍や天皇・朝廷との関係をかつて論じたことがないからである。ただ、戦国大名公儀や戦国大名の領国国家がそれらを構造的に必要としたとは考えていない。もちろん、だからといって論じなくてよいことにはならないが。
(21) 朝尾前掲注（15）、深谷前掲注（8）、藤井前掲注（4）①論文。
(22) 前著三九三～三九四頁。
(23) 湯浅氏による前著の「書評と紹介」（『日本歴史』六五〇号、二〇〇二年）。
(24) 石井「中世と近世のあいだ」（同『日本人の国家生活』東京大学出版会、一九八六年、所収）。前著においてこの説に触れ得なかったのは、筆者のまったくの手落ちである。
(25) 前著第一部第二章。
(26) 軍事的公儀については前著終章、公儀の人格性と軍事との関係については同第一部第二章および終章、参照。
(27) M・ウェーバー『支配の社会学』（世良晃志郎訳・創文社版によった）。
(28) 近世の「公方」成立については、藤井前掲注（4）②論文を参照。
(29) 前著三九〇頁。なお、本書第五章も参照。
(30) 勝俣鎮夫「戦国法」（『岩波講座日本歴史8　中世4』岩波書店、一九七六年、所収、のち補訂して勝俣『戦国法成立史論』東京大学出版会、一九七九年、所収）「一五―一六世紀の日本」（『岩波講座日本通史10　中世4』岩波書店、一九九四年、所収、のち「戦国大名『国家』の成立」と改題して勝俣『戦国時代論』岩波書店、一九九六年、所収）等に代表される。石井前掲注（24）論文も勝俣説の影響を受けているとみなせる。
(31) なお、公儀について直接論じていないので言及できなかったが、信長と「天下」、また織豊政権のあり方について、新田一郎「中世から近世へ」（『新体系日本史2　法社会史』山川出版社、二〇〇一年、所収）に留意したい。

（32）黒田（基）『中近世移行期の大名権力と村落』（校倉書房、二〇〇三年）三〇頁。

（33）紙数もないので、ごく限定的にコメントする。氏は、筆者が「戦国大名の公権の本質について、領主層の結集を果たす軍事的性格にあることを強調している」とし、これは鎌倉幕府などにもみられること、あくまで領主層にとっての問題であることを述べて、「問題の核心は、戦国大名という歴史的段階に即した性格にあり、それを民衆の視座から把握することにあると考えられる」とする。これについては、氏が他の研究に対して発した言葉を借りれば「印象批判」（黒田前掲注（32）著書二〇頁）というよりないが、前著では、あくまで見通しにすぎないけれども、領主層の結集について、「自力救済」に関わって、領民や被官の人身または財産を保護することを重視して述べている（三八八〜三九〇頁）。もっとも、筆者は「問題の核心」が「民衆の視座から把握することにある」などとことさらにいうつもりはない。現在ではやや平板な理解にすぎたかとも考えている。次に氏は、筆者が「目安制」の意義を低くみているとして、①「目安制による裁許状の残存数の増加」時期について「事実把握に問題がある」、②「在地紛争を対象とした目安制の展開と、軍事的領国危機との構造的連関性についての論理的説明はみられない」と述べ、「いずれも、戦国大名の公権を軍事的性格を中心に把握しようとすることによる論理的矛盾といっていい」と断ずる。これは前著第三章第一節を主に批判したものだが、①については、管見の限りであるが「目安」文言と裁許朱印状の事例・推移を表とグラフで示し（一八〇〜一八五頁）、さらに永禄三年以降の増加は期を画すといい切れるか微妙として内容の点から画期性を考え（一八五〜一八六頁）、また天正期後半には文書総数の増加に比してむしろ減少傾向であることを指摘している（二〇〇頁）。これらを無視した「事実把握に問題がある」との批判は公正でない。②については、筆者が「在地紛争を対象とした目安制の展開」なるものを論じているのか、それこそ「事実把握に問題」がある。筆者が論じたのは、「徳政」としての裁判制度と軍事的領国危機の問題であり、そのなかで「目安」や裁許朱印状の問題に触れたのである。この点も氏は無視している。以上「一方的な決めつけ」という所以である。なお、ついでにいえば、「事実把握に問題」があり、「論理的説明」がみられないというのならば、それらは「論理的矛盾」ではあるまい。不用意な断定である。

（34）黒田（智）「信長夢合わせ譚と武威の系譜」（『史学雑誌』一一一編六号、二〇〇二年）。

（35）堀「『平家物語』と織田信長」（『文学』隔月刊三巻四号、二〇〇二年）。ただし、全体の論旨としては信長の実力を重視する。

（36）堀氏には織豊期を中心に中・近世の王権を見通した「織豊期王権論」（『人民の歴史学』一四五号、二〇〇〇年、のち堀『織豊期王権論』校倉書房、二〇一一年、所収）〔補注〕もある。

（37）黒田（智）前掲注（34）論考および同論考も引用する久留島典子「中世天皇制研究史」（『講座前近代の天皇5』青木書店、一九九五年、所収）を参照。

（38）堀前掲注（36）論文で、「本報告が……王権論である以上、政権機構や制度といった公儀論・国家論とは異なり……」とある点に注意。研究の現状を示すものといえよう。

（39）同右論文。

（40）深谷前掲注（8）論文。もちろん、深谷氏は権力なき権威として天皇・朝廷を「金冠」と称しているのであり、これとは大きく意味を異にする。ただ、「公方」が正統性を担う部分も見逃せず、「金冠」と呼ぶにふさわしい。この点を「ある意味」と表現した。

〔補注〕以降の堀氏の王権論に関わる仕事も堀前掲注（36）著書を参照。

第三章　天下と公儀

はじめに

信長の用いた印章は、その印文「天下布武」によって、つとに有名である。これは、「天下に武を布く」つまり「天下」に武力をもって号令するということを示しているので、信長が明確に天下統一を志し、それを表明して他にも広く認識させたのだ、と一般的に理解されてきたのである。

また、信長は印章のみならず、発給文書それ自体のなかでも「天下」という文言を多用した。それもまた、信長が「天下」を大いに意識したことの表れであると受け取られ、その内容が注目されてきた。すなわち、信長が多用した「天下」文言を検討することは、信長が抱いた、天下統一へ向けての政治構想・政権構想を知る手がかりと考えられたのである。

一方、信長が政治的に向かい合わねばならない存在として「公儀」があったことも周知である。詳しくは後述するが、信長が擁立した室町幕府第十五代将軍足利義昭は「公儀」と呼ばれ、信長もそう呼んでいた。この「公儀」に正面から向かい合い、克服しなければ、信長による天下統一は不可能であった。これはいいかえれば、信長が直面した旧来からの—あるいは「中世的」ともいえるかもしれない—政治秩序への取り組みの問題といえる。

こうして、信長の政治をめぐって、「天下」や「公儀」という文言を信長や彼のまわりの人間がどのように用い、認識していたかを考えることは非常に重要な問題と位置づけられるのであるが、まずこの前提として、信長以前に「天下」「公儀」がどのように用いられていたか、その歴史を確認しておきたい。詳細に検討する紙幅はないので、ごく大まかな共通認識やとくに注意しておきたい説の指摘にとどまることをあらかじめお断りしておく。

第一節　「天下」「公儀」の歴史と信長

1　古代・中世の「天下」「公儀」

「天下」は、もともとは古代中国で生まれた言葉である。その内容については、①中国を指し、それはまた強力な統治権下にある「国民国家」であるとする説、②民族・地域を越えた同心円状に広がる世界、世界秩序、帝国概念だとする説、③王朝による限定的な実効的支配領域でありながらも、拡大していき夷狄をも含んでいくものとする説等がある。①③は明確に画された領域であり、②は無制限・無際限に広がる領域である。いずれにせよ、この「天下」は、「天」の生んだものであり、「天」によって委任を受けた皇帝（天子）が統治・支配するべきものと考えられたとされる(1)。

これが遅くとも五世紀には倭＝日本に伝来し、用いられるようになった。たとえば、埼玉県稲荷山古墳出土の鉄剣銘に、オワケノオミがワカタケル大王の「天下」支配を助けた旨がしるされており、これが日本における「天下」の最初期の事例である。はじめは大王の支配領域、ついで律令国家の支配領域を指したものとみられる。これが、源頼朝によって鎌倉幕府が開かれると、「天下草創」との宣言がなされ、(2)「天下」は武家政権の支配領域を指すようになるのである。(3)しかも、この「天下」は、しばしば天道思想とも相まって、施政の評価主体、行為正当化の論理・根拠として用いられるようになったことに注意しておきたい。それは、たとえば承久の乱に当たって北条泰時が「天下の人の歎きに代わ」(4)って後鳥羽と戦ったとし、南北朝内乱には足利尊氏が「天下の御為」(5)と称して南朝と戦っているところなどにみえる。(6)

「公儀」は「天下」に比べると、新しい言葉である。しかも、基本的には日本で生まれた言葉とみられる。管見では南北朝頃から散見されるようになるが、その内容ははじめは朝廷や、朝廷に関わる公的行事を指した。これが、武家政治が展開するにつれ、幕府、さらには将軍を指すようになっていく。多用されるようになるのは十五世紀半ば以降であり、多くは武家領主の用語として、「私」に対する「公」、「公」の意向・決定、法的主体等を意味するという。(7)法的主体としての「公儀」はまた中世では室町将軍を指すともされるが、(8)この点はなお検討すべき点もあると考える（後述）。ただ、将軍を指す場合が多かったことは確かで、信長が克服しなければならなかった「公儀」とは、まさしくこの「公儀」であった。

2　戦国大名と「天下」「公儀」

信長も、少なくとも義昭を奉じて上洛するまでは戦国大名と考えてよいと思われるが（それどころか信長は死に至るまで本質的には戦国大名と変わらないという見方もあるのだが、ここではその点には立ち入らない）、では戦国大名と「天下」「公儀」との関連はいかなるものであったのか。それまでの中世の用例と同様のものに過ぎなかったのか、否か。

戦国大名が「公儀」と称したことについては、かつて大きな注目が集まった。それは戦国大名の公権力としてのあり方、ひいてはその歴史的評価にも関わるものと考えられたからである。つまり、戦国大名が公権力であることを自ら主張し、自己の存在や行為を正当化するとの問題である。(9)この点、戦国大名の「公儀」について法的主体とするのを留保する見解もあるが、(10)そうみなしてよい場合も少なからずあると思われる。ということは、戦国期には室町将軍の「公儀」に加え、戦国大名の「公儀」が成立していたことになる。ただし、これらが競合した形跡はない。たとえば、将軍を「公儀」と称するのと同じ場で戦国大名が「公儀」とされることはない、ということである。この点も注意しておかなければならない。

では、「天下」はどうか。これは、管見の限り、戦国大名にとって自己の支配領域や正当化の論理・根拠と関わって認識されていたとは考えにくい。戦国大名の支配領域は「国家」「御国」「分国」等と認識されており、正当化の論理・根拠としては、関東の北条氏は、とくに「御国」を用いていた。それは、領国の危機に当たって非戦闘員を含む領国民を戦争動員する時に、「御国」のためを標榜するごときものであった。(11)正当性の論理・根拠としての「国家」は大名自身をも超越する存在であるとの評価もあり、(12)この点では戦国大名の「国家」は戦国大名「公儀」の発展したあり方を示すともいえる。

「天下」が将軍の管轄領域、「国」が大名の管轄領域という一種の棲み分けがされていたという説もある。(13)「天下」についての事柄は「国」についての事柄に優先するともいう。(14)戦国大名については用例が多いとはいえないが、ある程度首肯できるところである。将軍の「公儀」と戦国大名の「公儀」が競合しないことをふまえれば、むしろ自然に受け止められることともいえよう。

ただ、そうすると戦国大名の「公儀」や「国家」は将軍の「公儀」や「天下」とまったく変わらない、一歩も出ないものか、というとそれは別問題である。この点、後に述べる信長の問題とも関わるが、現に存在する権力・権威とどのように、いわば折り合いをつけていくかは、新たに登場する権力が公権力として成熟していく時に直面する大きな問題なのである。

3　信長と「天下」「公儀」

信長は、「天下」「公儀」をどのように用いたと考えられてきたであろうか。最初に述べたように、信長が多用した「天下」文言を検討することは、信長が抱いた、天下統一へ向けての政治構想を知る手がかりと考えられたから、今に至るまで多くの検討がされてきている。

積極的な評価としては、信長が天正三年（一五七五、具体的には越前国掟）を画期に、「天下」を一つの地域、また階級を超越した普遍的道理として自ら体現しようとした、すなわち「天下」と一体化することによって、戦国大名あるいは中世的「公儀」とは異なる段階に至ったとするもの[15]や、中世社会の「天下」に基づきつつそれを発展させ、「天下の為」という名目で民衆世界を含む「天下」の声を代弁したとするものなどがある[16]。すなわち、信長の政権構想は中世的なものを越えた革新性があり、それを如実に示すのが「天下」の用例である、ということである。

一方、信長的「天下」は武者道に結びつけられて転化・矮小化したものであるとする説もある[17]。武者道＝武篇による軍事動員が分国支配と矛盾し、信長的「天下」は主従関係に関わる武者道と結びつけられ、分国支配の論理を切りすてたために、農民をはじめとする人々に受け入れられるものではなかったという。こうした信長的「天下」は、次の時代には否定されるべき「遺産」であったとするのである。積極的評価の説は、信長と「天下」が一体化したことの一つの結果として武者道の提示をあげており、信長と「天下」、武者道との関わりについては、両説でまったく正反対の評価がされているのである。

さらに、「天下」の用例の網羅的な検討から、「天下」は京都を中心とするある種の伝統的な秩序構造を内包した社会領域であり、信長の「天下のため」という主張は、京都を中心とする伝統的な秩序のなかに、自らを位置づけるものであって、伝統的な「天下」観と対立する新しい観念ではないとする説がある。(18) 同様の検討から「天下」の語義を、①将軍が体現し維持すべき秩序、②京都、③大名の管轄する「国」と棲分けられた領域、④広く注目を集め「輿論」を形成する公的な場とし、こうした将軍により秩序維持がはかられている領域である「天下」を任された信長は、将軍の権限を継承した政策を行ったのだ、とする説も登場した。(19) これらは信長の「天下」には革新的なところはなく、伝統的な秩序の継承に過ぎないとするものといえる。そのことが端的に表れているのが冒頭に触れた「天下布武」印の理解である。これらの説では、この「天下」は将軍が実効的に支配していた京都を指すとする。つまり、「天下布武」印使用開始時に、信長が武を布くことを表明したのは、せいぜい京都近辺に過ぎなかった、というのである。信長の「天下」についての理解は深められてきてはいるが、諸説紛々で決め手に欠けるのが現状である。

では、「公儀」はどうか。「天下」とは異なり、信長の用法については将軍を指すものとして、ほぼ見解が一致しているといえる(信長の、というところに注意。この点、後述)。つまり、信長においては「天下」と「公儀」が競合していないというのが大方の見方である。のみならず、「天下」を積極的に評価する説では、「天下」を「公儀」の上に位置づけることにもなるのである。ただ、「天下」をあまり評価しない説では、「公儀」を取り上げるところは少ない。考えてみればそれはある意味当然で、「天下」自体が将軍の体現する秩序なのであるから、あえて「公儀」を持ち出して突きあわせ、検討することはない、ということなのであろう。

しかし、この点は問題で、「天下」を検討する場合には、先行する「公儀」の規定性をみないわけにはいかないと考える。そしてそれは、当面将軍と戦国大名における二つの「公儀」との関連のなかで、行われる必要があろう。

第二節　「天下」と二つの「公儀」

1　信長と将軍の「公儀」

信長が「天下」「公儀」とどのように関わったか、ここまで確認した諸説をふまえつつ検討をしてあらためて位置づけをはかり、見通しを得たいが、検討の主たる対象は、同時代の古文書となる。『信長公記』はもちろん史料的価値は高いが、用語の検討をする場合、後の時期の感覚・慣用や、著者である太田牛一の見方がいくらかでも投影されていては、不都合であるので、基本的に検討から外す。

表　信長文書にみる「天下」「公儀」文言収載回数

	「天下」	「公儀」
永禄11年	1	1
12年	0	1
元亀元年	4	1
2年	2	3
3年	4	1
天正元年	5	8
2年	0	0
3年	7	0
4年	0	0
5年	0	0
6年	2	0
7年	3	0
8年	5	0
9年	1	0
10年	1	0

先に述べたように、信長の用いた「天下」や「公儀」については従来も詳細な検討がされてきたが、まず筆者なりの検討のための表を掲げる。これは、信長発給文書で使用されている「天下」「公儀」文言の回数を年ごとに示したものである。

一見して何がいえるであろうか。まず、「天下」が「公儀」を圧倒する回数を示している点である。倍以上の数値は、筆者の見落とし等をあらかじめ割り引いたとしても、大きな差である（なお、この「天下」が「公儀」を圧倒している点は『信長公記』でも同様である）。次に「天下」の現れ方は時期的にばらつきがあって傾向を指摘し難いのに対し、「公儀」は天正元年（一五七三）に事例が一挙に増加し、翌年からまったくなくなっている点である。

天正元年は、改めていうまでもなく、信長と義昭が決定的に対立し、義昭の挙兵から追放に至った年である。先に述べたように、信長の用法としては、「公儀」は義昭であることで衆目が一致しているわけだから、義昭追放前後に事例が増え、その後まったくなくなるのは、ある程度無理なく理解できるところである。すなわち、義昭や他大名に対して義昭との敵対・追放についての説明をしなければならなかったこと、ある程度それが済み、事態が収まれば、もはや触れる必要性がなくなる、ということである。

実際に天正元年の事例をみてみると、義昭側近である細川藤孝に対し、義昭の反抗について「公儀御逆心に就いて」[20]、「今度公儀不慮の趣」[21]等と述べ、上杉・毛利等の大名に対しても、義昭の行動について「公儀京都御退座有り」[22]、「公儀真木嶋江御移り」「公儀御造意」[23]等と表現している。いずれも明らかに「公儀」は義昭を指しており、信長にとって「公儀」は義昭であり、それは義昭との関係が悪化・断絶しても変わらないものであったことが理解される。

この点、信長の「天下」使用との関わりで、信長が「公儀」と呼ばれる客観的条件はなかったとする見解もあり[24]、筆者も同意を示したことがあるが[25]、あらためて若干補足しつつ述べておきたい。

まず前提として、信長は、いずこを彷徨しているにせよ義昭が健在である限りは、自ら進んで「公儀」とは称せなかったであろうことを確認しておきたい。なぜならば、将軍であることによって「公儀」と呼ばれていた義昭は、将軍位を正式・正当な手続きによって喪失したのではないわけだから、信長が「公儀」を自称することは却って実力で義昭を追放したことを印象づけかねない危険性をはらんでいたからである。したがって、信長が「公儀」たるためには、他者から「公儀」と認められ、そう呼ばれなければならない。それが当然のように広まった時、信長自身も「公儀」を自称することが可能となるであろう。

では、他者は信長を「公儀」と呼ぶことはありえたか。ここに問題がある。「他者」といっても、茫洋としているので、少し具体的に想定してみると、他大名や信長の傘下にない領主は信長を「公儀」とは呼ばなかったであろうし、また公家、寺社権門も容易にはそうしなかったであろうと考えられる。なぜならば、一般に「公儀」が明確にある人格を指す場合、正当にそのような関係であると互いが認識していた支配—被支配者間または上位—下位者間で、支配者または上位者を指して用いられるか、被支配者または下位者間で支配者または上位者を指して用いられるものだからである。

他大名などの場合信長とは同格であるから、従属に至るまではまずありえない。公家や寺社権門の場合は微妙である。義昭追放後は事実上信長の支配下に入っていくわけであり、しだいに信長を「公儀」と呼んでもおかしくない状況になっていったであろうが、やはり義昭の存在が大きかったと考えられる。つまり、彼らがつくりあげていた政治秩序（中世国家といってよいかどうかはここでは措く）は、「公儀」＝室町将軍を不可欠の構成要素としていたのであり、信長を「公儀」と呼ぶことは一種の自己否定になりかねないからである。こうしたところから、信長が「公儀」と呼ばれる客観的条件はなかったとの説には一定の妥当性があると考えるのである。

ただし、これは信長では絶対克服できなかった問題かというとそうではない。大名や領主は信長に従属すれば「公儀」と呼ぶようになるであろうし、信長が事実として政治秩序の頂点にあり続ければ、公家や寺社権門もやがては「公儀」と呼ばざるを得なくなるであろう。しかし、いずれにしてもそうなるには多大な時間を要したであろうと考えられるのである。

これに対し、信長の家中では事情が異なる。当然のことながら、家中の諸侍にとって信長は正当な支配者であるからである。それどころか、信長を「公儀」と呼ぶ条件にはないような者に向けても、信長を「公儀」と呼ぶようになる。たとえば、天正八年閏三月には、佐久間盛政・中村宗教・山中長俊が上杉景勝の部将河田長親を誘引するために山田修理亮・若林宗右衛門に充てて送った書状で「御身上之儀、公儀修理亮丈夫ニ請乞い申され候」と述べている。(26)長親の身上は公儀と修理亮（柴田勝家）にしっかりとお願いしています、というのであろう。勝家とともに長親の身上が託されるのは信長以外には考えられない。敵対する勢力に対し、盛政らはあえて信長のことを「公儀」と称したわけである。信長の権力が伸張するなか、信長家中から信長を「公儀」と呼ぶ場を拡大する動きが出てきているのである。

ただ、これは義昭の「公儀」を否定・消去しようとする線上でのみ生じたことではない。信長家中には信長を「公儀」と呼ぶに足る条件がすでにあったと考えられる。前述したように、戦国大名は公権力としての自己主張、また正当性の主張のために「公儀」を称した。もちろんすべての戦国大名がそうしたわけではなく、少し子細に考えなければならない。すなわち、①実際に「公儀」を称した大名、②「公儀」ではないが同様の目的・機能をもつ言葉を用いた大名、③前二者のいずれでもない大名、である。③はさらに内容的には、a「公儀」もしくはそれに類する言葉を用いうる権力の段階に至っていたが史料残存のあり方など何らかの理由で確認ができない大名、bそもそも「公儀」もしくはそれに類する言葉を用いうる権力の段階に至っていない大名、に分かちうる。ただし、aかbかを実際にみきわめるのは困難であろう。信長の場合は「公儀」を称してはいないので、②か③ということになり、③―bならばこれ以上何もいうことはないが、②か③―aであったからこそ、家中によって「公儀」と称されることになったといえるのではないか。そして、ここに「天下」が問題となるのである。

2　信長の「天下」と戦国大名の「公儀」

信長が家中によって「公儀」と称されつつあった事実は、長い目でみれば義昭の「公儀」に取って代わる道を進んでいたことを示すといえる。しかし、現実の過程は緩慢なものとならざるをえなかった。信長は辛抱強くその流れに任せていたのか。あるいは何らかの方策を用いたのか。

ここで、前述の②について考えたい。すなわち、「公儀」ではないが同様の目的・機能をもつ言葉を用いる、ということである。偶然「公儀」ではない言葉を用いたのならばともかく、何らかの理由によって「公儀」を用いることができず、否、できなかったからこそ別の言葉を用いたとすれば、それはまさに「方策」であり、権力としての実質は「公儀」を称するものと変わりないといえよう。

結論を先に述べてしまえば、信長にとっての「別の言葉」であり、「方策」であったのが、「天下」ではなかったか、ということである。なるほど、確かに「天下」には明らかに京都を指す場合などもあるが、ここで注目したいのは次のような事例である。元亀三年（一五七二）正月に幕府申次飯河肥後守と幕府詰衆曽我兵庫頭に対する朱印状で「天下のため」なのだから各々が軽々と出陣するのがよいのだと述べ[27]、同年九月に著名な義昭充ての異見書では改元のための「雑用」を拠出しないことについて、「天下の御為」であるのに「御油断」しているのはよろしくないと糾弾し[28]、天正三年十一月には、常陸の佐竹義重に対して武田勝頼「退治」の際に味方するのが「天下のため自他のため」よろしいことであると呼びかけた[29]、等々である。

これらは、「天下」が京都を中心とした伝統的秩序・領域かといった問題をひとまず措き、機能としては――早くから指摘されていたことではあるが――信長にまつわる様々な事柄・行為を正当化する論理・根拠として用いられていたといえるのではないだろうか。では、これは信長が中世的「公儀」を否定して「天下」を提示した、といえるのか。
ここで、戦国大名北条氏の例を考えてみたい。[31] 北条氏は前述の②に近い大名であるが、少し事情が込み入っている。すなわち、「公儀」は用いるが、「公方」の用法に特徴がある。明らかに特定の人格を指す場合、それはほぼ古河公方であり、北条氏当主に用いることがないのである。これは、関東に覇を唱えた北条氏であっても前代の関東の主であった古河公方になり代わることは容易ではなかったことを示している。論証の詳細は割愛せざるをえないが、北条氏は「大途」という言葉を積極的に活用することにより、この限界を乗り越えようとした。「大途」は北条氏当主を指し、また正当化の論理・根拠として用いられたのである。「御大途様御被官」の由緒が語られる場合など、[32]「御大途様」は明らかに北条氏当主を指しており、「御大途の御弓箭」だからという理由で領国全体に対する軍事動員が語られる場合など、[33]「御大途」は正当化の論理・根拠として用いられているといえる。北条氏における「大途」は、まさに信長における「天下」に相当する言葉なのである。

さらに注意すべきことがある。「大途」は北条氏が創り出した言葉ではない。東国においては、公的重要性・重大性を示す言葉として通用しているものだったのである。北条氏は「公方」に代わる言葉を選択する際、東国では周知の言葉をいわば換骨奪胎して自らのものとしたわけである。支配をできるだけスムーズに浸透させていくための、これは巧妙な「戦略」といえよう。信長もまた、人びとにとって周知の「天下」を用いた。したがって、伝統的な秩序を継承する面があるのはむしろ当然であった。そこに正当化の論理・根拠が持ち込まれていくことが重要なのである。

また、先に触れた信長と「天下」の一体化について再び考えたい。高く評価するか矮小化とみるかはさしあたり措くとしても、信長と「天下」の一体化がみられるとするならば、「天下のため」との言説は「信長のため」とオーバーラップしてくる。すなわち、正当化の論理・根拠そのものに信長の人格が投影されてくるわけである。北条氏の「大途」と異なり、「天下」が明らかに信長の人格を指す事例は今のところ見出せないが、北条氏の「大途」の場合も当主の人格か正当化の論理・根拠か分かち難い事例もあり、むしろ人格と正当化の論理・根拠とがまさに「一体化」していることが重要といえる。信長なり北条氏当主なりの人格自体が、何らかの正当性であるかのごとき様相を呈するからである。

もっとも、正当化の論理・根拠としての「天下」は、前述のように、泰時や尊氏も用いたという。この点、信長の「天下」の新しさは、「不思儀の土民・百姓にいたる迄」(34)を含み、下からの視点があることとする説がある。(35)現在のところ基本的に異議がないところである。ただ、いま少し掘り下げてみるべき問題もあると思われる。

北条氏の場合、すでに多少述べたが、領国の危機に当たって本来非戦闘員である百姓等を動員する必要が生ずると、直接文書によって呼びかけ、説得した。たとえば、武田信玄との抗争が起きた際には「か様の乱世の時」は「その国にこれある者」は出陣して奔走しないわけにはいかないのだと述べたり、(36)豊臣秀吉の攻撃が惣無事令によって現実化した際に、領国内の郷村に向けて、侍・凡下の区別なく「御国御用」の時に出陣できる者を選出するように命じたりしたごとくである。(37)

これに比して信長には「天下」を百姓等に直接向けた事例はない。ただ、信長の場合、桶狭間の戦い以降は、領国の大きな危機にほぼ直面しなかった（周知のように、自身が危機に陥ったことはある）。急速に強大な権力として成長を遂げたために、「天下」を持ち出して百姓等を説得する機会がなかったとも考えられる。それにしても、信長の「天下」は大半が武士に向けて用いられているのは顕著な特徴であり、信長が様々な身分・階層に対し、どのような言説を発しているのかは、改めて考えられるべき課題であろう。

おわりに

以上、信長における「公儀」「天下」について述べてきた。信長の「天下」は将軍「公儀」に容易にはなり代われなかったために用いられた言葉ではあったが、そこには正当化の論理・根拠が持ち込まれ、しかも信長自身の人格が投影された。これはたんなる将軍権限の継承とはいいがたい。前代までの秩序・体制に乗りながらも新たな道を切り開きつつあったといえるのではないか。(38)

ただし、その信長の「新しさ」は彼一人のものではなかったと考える。信長の「天下」と北条氏の「大途」との符合からは、いくつかの戦国大名権力が到達していたところであったと想定することが可能である。もちろん「天下」「公儀」のわずかな検討から信長権力全体を云々することはできないが、信長権力は突然天から降ってきて将軍の権限を継承したものではないわけで、戦国大名権力や戦国大名「公儀」から継承した面を今少し考慮する必要があるのではないか。その上で、中近世移行期権力は総体的に、また長い射程で捉え返されなければならないと考えるのである。

注

（1）渡辺信一郎『中国古代の王権と天下秩序』（校倉書房、二〇〇三年）。
（2）『吾妻鏡』文治元年十二月六日条、『玉葉』文治元年十二月二十七日条。
（3）朝尾直弘「天下人と京都」（朝尾・田端泰子編『天下人の時代』平凡社、二〇〇三年、所収）。
（4）『明恵上人伝記』。

（5）『梅松論』。
（6）川合康「武家の天皇観」（『講座前近代の天皇4』青木書店、一九九五年、所収、のち川合『鎌倉幕府成立史の研究』校倉書房、二〇〇四年、所収）、池享「天下統一と朝鮮侵略」（『日本の時代史13　天下統一と朝鮮侵略』吉川弘文館、二〇〇三年、所収）、堀新「信長・秀吉の国家構想と天皇」（『日本の時代史13　天下統一と朝鮮侵略』吉川弘文館、二〇〇三年、所収）。
（7）藤井讓治「一七世紀の日本」の一「『公儀』国家の形成」（『岩波講座日本通史12　近世2』岩波書店、一九九四年、所収、のち藤井『幕藩領主の権力構造』岩波書店、二〇〇二年、所収）。
（8）藤井同右論文。
（9）久保『戦国大名と公儀』（校倉書房、二〇〇一年）。
（10）藤井前掲注（7）論文。
（11）稲葉継陽「中世後期における平和の負担」（『歴史学研究』七四二号、二〇〇〇年、のち稲葉『日本近世社会形成史論』校倉書房、二〇〇九年、所収）、久保「後北条氏における公儀と国家」（久保前掲注（9）著書、所収）。
（12）勝俣鎮夫「戦国法」（『岩波講座日本歴史8　中世4』岩波書店、一九七六年、所収、のち補訂して勝俣『戦国法成立史論』東京大学出版会、一九七九年、所収）。
（13）神田千里「織田政権の支配の論理に関する一考察」（『東洋大学文学部紀要』五五集・史学科篇二七号、二〇〇二年、のち「織田政権の支配の論理」と改題して神田『戦国時代の自力と秩序』吉川弘文館、二〇一三年、所収）。この点、後述。
（14）高木傭太郎「織田政権期における『天下』について」（『院生論集』〈名古屋大学大学院文学研究科〉九号、一九八〇年）、神田前掲注（13）論文。
（15）朝尾直弘「『将軍権力』の創出」（『歴史評論』二四一・二六六・二九三号、一九七一・七二・七四年、のち朝尾『将軍権力の創出』岩波書店、一九九四年、所収）、藤井前掲注（7）論文。
（16）堀前掲注（6）論文。
（17）佐々木潤之介「信長における『外聞』と『天下』について」（『新潟史学』八号、一九七五年、のち佐々木『幕藩制国家論

上』東京大学出版会、一九八四年、所収)。
(18) 高木前掲注(14)論文。
(19) 神田前掲注(13)論文。
(20) 「細川家文書」(奥野高廣『増訂織田信長文書の研究』上巻三六〇号文書、吉川弘文館、一九八八年、以下『信長文書』上三六〇のように略)。
(21) 「古文書纂」(『信長文書』上三六七)。
(22) 「本願寺文書」(『信長文書』上三八五)。
(23) 「武家事紀」(『信長文書』上四〇一)。
(24) 藤井前掲注(7)論文。
(25) 本書第二章。
(26) 「上杉家記」(『信長文書』補遺二〇九)。
(27) 「尊経閣文庫所蔵文書」(『信長文書』上三〇八)。
(28) 「尋憲記」元亀四年二月廿二日条(『信長文書』上三四〇)。
(29) 「飯野盛男氏所蔵文書」(『信長文書』下六〇七)。
(30) 藤井前掲注(7)論文。
(31) 久保前掲注(9)著書、本書第二章。
(32) 「関山文書」(『戦北』二九六四)。
(33) 「土方文書」(『戦北』三三六七)。
(34) 前掲注(28)文書。
(35) 堀前掲注(6)論文。
(36) 「高岸五郎氏所蔵文書」(『小』九四〇、等)。

（37）「小澤敬氏所蔵文書」（『小』一八二六、等）。

（38）新田一郎「中世から近世へ」（『新体系日本史2　法社会史』山川出版社、二〇〇一年、所収）、堀前掲注（6）論文。

第四章　公儀と地域権力

はじめに

戦国時代の地域権力をめぐる研究は多岐・多彩をきわめている。これは、戦国大名概念への疑義や、地域社会論の展開など多くの問題と密接に関わっているものと考えられ[1]、大名レヴェルの権力論や、国衆論、惣国一揆論、一向一揆論などの成果が次々と出されてきている[2]。ただ、これらは各々の分野における議論は深めたが、必ずしも相互に交わる議論ではなかった。

近年、池享氏はこうした、やや百家争鳴的な研究状況を克服して次の段階への見通しを得るため、様々なレヴェルの地域権力を総括的に捉えることを試みた[3]。それに際し、池氏がキーワードとして用いたのが「公儀権力」という概念であった[4]。詳しくは後述するが、池氏は「主人が『公儀』に関する権限を基本的に掌握する段階に到達した家権力」を「公儀権力」と概念規定する[5]。すなわち、「公儀権力」とは地域権力のうちでも、家権力を構成する領主権力の問題であり、池氏は領主権力を軸として、その「公儀権力」化に注目することによって、戦国時代の地域権力を総括しようと試みたのである。

筆者はかつて戦国大名公儀の検討を行ったが、(6)地域権力との関わりではほとんど未考のままに終わってしまった。(7)いまだ地域権力論そのものの検討はわずかなものにとどまっているが、(8)戦国時代研究の動向からいっても、筆者自身の公儀論の進展からいっても、深めていく必要がある問題であることは確かである。

そこで本章では池氏の所論に学びながら、公儀と地域権力について、若干の検討を行いたい。ただし、現段階で筆者のなしえるのは、池氏のいうところの広域的「公儀権力」(後述)である戦国大名の公儀と「公儀権力」である領主権力との関わりであることをあらかじめお断りしておく。手順としては、まず池氏が「公儀権力」概念に至った過程および同概念の有効性を検証し、ついで筆者なりの公儀と地域権力との関わりの検討、さらに若干の展望として移行期公儀論における公儀と地域権力の問題に言及したい。

第一節　「公儀権力」論の検討

池氏の提唱した「公儀権力」は、概念ではあるが、もともとは史料用語の「公儀」から出発している。すなわち、池氏は「公儀」が「戦国期の地域権力の歴史的性格を考える上で、重要な鍵の一つ」と認識し、「戦国期の地域権力が使用した『公儀』の語義の検討を通じて、その歴史的位置を探っていくことを課題」とした検討から、「公儀権力」概念に至ったのである。(9)

そこで、まず池氏の検討した「公儀」の事例をみることにする。

〔史料1〕

一、元就儀を不相伺、号隠居、陣立供使以下一円不仕候事、剰給地をは子孫には譲渡候はて、悉皆申付、公儀計

を称隠居、奉公不仕候事、(10)

〔史料2〕

一、於傍輩之間、当座々々何たる雖子細候、於　公儀者、参相、談合等、其外御客来以下之時、可調申之事、(11)

〔史料3〕

一、申出す儀、はねあわず、身に引懸、可執操之事、

付、不惜一命、人のにくみを受て、公儀ために可然様、裁判可仕之事、(12)

〔史料4〕

一、与力一所之者、可随　公儀事、

付、与力一所之者給地明所之儀、寄親手裁判、可為曲事之事、(13)

すべて、毛利氏の事例である。これは、「戦国期の地域権力における『公儀』の性格について、議論が集中しているのは、……毛利氏の場合である」という池氏の理解によるもので、(14)実際、朝尾直弘・石母田正・深谷克己・藤井譲治氏をはじめ、多くの研究者が毛利氏の「公儀」について言及し、議論を展開している。(15)〔史料1～4〕は、いずれもきわめて長文の史料の一部であり、〔史料3〕〔史料4〕は同一史料の一部だが、便宜上独立させた。

一方、筆者はかつて戦国大名公儀の検討をもっぱら北条氏において行ったためとはいえ、「議論が集中している」毛利氏の「公儀」について言及すらしなかったのは問題であった。そこで、筆者なりの見方も提示したいが、背景や概要については池氏の詳細な検討に、現在のところ異議はない。

池氏は、井上一族の粛清後、毛利氏が家臣に対して主導権を強化していくなかで、「公的な事柄」であった「公儀」が、人格化する＝主人である毛利氏の人格として体現されると論じている。天文十九年（一五五〇）の〔史料1〕〔史

料2〕における「公儀」を「公的な事柄」、元亀三年（一五七二）の〔史料3〕〔史料4〕における「公儀」を輝元の人格とする解釈から導かれているところである。そのため、〔史料2〕で先行研究が公の「場」や機関とする解釈を斥けることになっている。[16]〔史料1〕についても、朝尾直弘氏の「実は給地を支配しておりながら、公儀に対してのみ奉公しない」との解釈に異議を唱え、「元就が命令する公的な事柄を悉く奉公しない」との解釈を提示している。[17]「公儀」が奉公の対象としての人格や機関であっては、「公的な事柄」→「人格」とのシェーマに齟齬するからであろう。また、〔史料3〕〔史料4〕の「公儀」についても、朝尾氏の解釈を「上意」と区別された機関とみていると推定してこれを斥け、明確に人格を示すに至ったと述べている。[18]

そこで、〔史料2〕についてであるが、この「公儀」は、確かに池氏の述べるように「公的な事柄」と解釈することは可能であるが、だからといって公の「場」や機関とする解釈を排除することもできないと考える。池氏も積極的にこれらの解釈を排除するというよりは、毛利氏の主導権が強化され「公儀」の人格化が一歩進んでいるとする点や、家臣の主体性が過度に強調されることを問題視する点に重心が移っているかにみえる。[19]

また、〔史料1〕についても、「申付」が同史料の他の部分では元就の命令の意として使用されていること、「悉皆」を誅殺された井上元兼の給地すべてと解釈すると何故わざわざ給地すべてと断らなければならないか不明であること、「計」を「のみ」と解釈するのは、公儀奉公に対置するものは何か不明となる（池氏は「計」を「ばかり」ではなく「はからい」と読む）ことを指摘して自らの解釈の妥当性を主張するが、[20]「悉皆」は強調の修飾語とみても問題なく、「計」を「のみ」としても、強調の「悉皆」に対応する修飾的語句とみる余地は十分にあるであろう。「申付」の事例のみでは決め手に欠けるのではないだろうか。池氏の「悉皆申し付ける公儀のはからいを」という読みの、語順における違和感も―これとても決め手にはならないが―拭い去れない。ここは朝尾氏・池氏の解釈はいずれも成り立ちうるところで、さらには「公的な役」のような解釈もありえるところであろう。

このように、〔史料1〕〔史料2〕の「公儀」については、必ずしも池氏の解釈する「公的な事柄」に限定できないと考える。では、〔史料3〕〔史料4〕についてはどうか。〔史料3〕は「公儀ために」とあるところから、「公的な事柄」や「公の場」等ではなく具体的対象を指す点は、池氏の述べるとおりであろう。(21) 池氏は「機関の意味が完全に排除できるわけではないにせよ」とするが、(22) 一命を惜しまず、人の憎しみを受けても、奉仕するようにと要求している対象が機関としての「公儀」では、自身への忠節をこそ望むはずの輝元がそこまで機関への奉仕を強調するのか、いささか不自然であるとも思われ、この「公儀」は当主の人格とみてよいと考える。

〔史料4〕は池氏が主従関係に関する規定と推定し、与力や一所衆が機関としての「公儀」に随うのは不自然として輝元であるとする。(23) それでもよいかと思われるが、「公儀」即輝元とするのではなく、輝元の決定、あるいは機関の決定と解釈する余地があると思われる。すなわち、主従関係それ自体をあらためて規定するよりは、何らかの問題が生じた時にはどこそこの決定に随うように、と解釈する方が自然のように思われるのである。もしそうだとすれば、輝元の決定ならばともかく、機関の決定ということになると池氏の解釈とは大きく異なることになるが、同じ文書に収められている〔史料3〕の「公儀」が、当主の人格でよいとすれば、〔史料4〕も機関の決定とまではいえず輝元の決定ぐらいまでの振れ幅で考えてよいかもしれない。

以上、池氏の検討した「公儀」の事例について、筆者なりに考え直してみた。その結果、「公的な事柄」→人格という池氏が想定するシェーマは成り立ちうるけれども、それに限定されるものではない、との認識を得た。では、このことは「公儀権力」論とどのように関わるのであろうか。

「はじめに」でみたように、池氏のいう「公儀権力」は、「主人が『公儀』に関する権限を基本的に掌握する段階に到達した家権力」であるが、この「公儀」が「公的な事柄」であり、これを掌握することにより、「公儀」そのものが主人の人格と一体化＝「公儀」の人格化を遂げるということであろう。であるから、当然ではあるが、「公儀」の事例における「公的な事柄」→人格とのシェーマは、「公儀権力」概念にとって重要である。ただ、池氏の議論に則しても、これは画然と進行すべき変化ではないであろう。「公的な事柄」なり「公の場」なりのある程度多様な広がりをもつ「公儀」のなかに、当主の人格が確たる位置を占めていく（＝オーバーラップしていく）ことが認められれば、さしあたり十分なのではないだろうか。「主人が『公儀』に関する権限を基本的に掌握する段階に到達した家権力」が、戦国時代において地域権力として重きをなしていくことは、留意すべき特徴であると認めてよいと思われる。それだけに、これを「公的な事柄」→人格とのシェーマで割り切ろうとしすぎるのは、かえって事実の豊かさ・複雑さを見失うことにならないかとの危惧を抱く。このシェーマの厳密な成立が「公儀権力」概念を左右するのであれば、「公儀権力」概念には、その前提において問題が孕まれていることになろう。

　では、厳密に成立しなくてもよい、ということになれば問題はないのであろうか。そこで、次には、「公儀権力」概念によって主張される「公儀権力」論における問題点をみていきたい。まず、池氏は「公儀権力」にとって「『公儀』を自称したか否かは問題とされない」とする。[24] 古くに永原慶二氏が、戦国大名がみずから「公儀」と称したことを重視して取り上げ、[25] それに触発されて戦国大名公儀と関わり続けてきた筆者としては、にわかに受け入れがたいところである。

　筆者は、かつて前著のごくはじめの部分で、次のように述べた。

> しだいに行為としての「公」を執行する存在が、まさにそのことによって存在としての「公」、また公権力となる。そしてそれがついには「公」であることを自ら称し、標榜して自らの行為を正当化するようになる。これこそが

戦国大名公儀である。したがって、戦国大名公儀は公権力として大きな転換を経て成立している。それゆえに戦国大名が「公儀」と称することそれ自体が重要といえる。[26]

未熟な考察ではあるが、今でも基本的に同様の理解をしている。こうした立場からは、「『公儀』を自称したか否かは」たいへん重要であり、それは権力による正当化の問題と関わっている。「公儀」を「公的な事柄」の意に押し込め、「公儀」の自称を問題にしないゆえ、「公儀権力」論では、正当化の問題もほとんど語られないのである。

ただ、念のためつけ加えれば自称するのは「公儀」のみに限らない。「『公』であることを自ら称し、標榜して自らの行為を正当化する」機能を果たしているものであれば、別の文言でもかまわない。筆者が検討した北条氏では、「大途」「公方」が「公儀」に加えてこれに該当したわけである。この点、池氏は、毛利氏では「特に『公儀』が言葉として頻出するわけではない」とするが、[27]同様の機能を果たす文言がないのか知りたいところである。

次に、池氏が「家臣が自立的在地支配を展開していた毛利氏は、後北条氏のように、民政において『公儀』の立場を主張することもなかった」とする点である。[28]北条氏の家臣は「自立的在地支配」を展開していなかったのか、「自立的」の内容が問題となるところである。もちろん史料の残存状況に規定されるところはあるだろうが、「公儀権力」論は毛利氏に限られる議論ではないのだから、このように淡白に断ぜられるのは問題である。なぜならば、公儀に関する議論は前著でも若干の整理をしたように、[29]朝尾直弘・佐々木潤之介・深谷克己・藤木久志・勝俣鎮夫氏らによって、公儀と百姓との対置、関わりを重要な論点として展開したからである。[30]

今少し子細に考えてみると、公儀論は領主層の結集の問題と、それを必然たらしめる、あるいは結集の過程で向き合わざるをえなくなる百姓層・百姓身分との関わりの問題を大きな柱としてきたといえる。それゆえ、後進の筆者などは、公儀の対象が百姓のみでないことをあえて意識しようとして、「全領民にとっての公儀」との姿勢を打ち出したわけである。[31] だからこそ、あらゆる階層と向かい合う公儀にとって、自己の行為、あるいは自己の存在そのものの正当化が重要な問題になるのである。

一方、「公儀権力」論は、すぐれて領主層の結集の問題であるかにみえる。もちろん、その背後に様々な人びとの動向があることは垣間みられるのだが、[32] あくまで「公儀権力」論としては「背後」である。百姓などの人びとについては、家臣の「自立的在地支配」の問題になってしまうのであるから、これは当然であろう。

以上のところからすれば、「公儀権力」論は、従来の公儀論とは別物として捉えた方が、あるいは池氏の意図にも叶っているのかもしれない。ただ、あくまで出発点が史料用語としての「公儀」であり、研究史的前提も従来の公儀論であるからには、別物と割り切るわけにもいかない。この点、混乱や誤解を招かないためにも、何らかの言及・整理が必要なところではないだろうか。

第二節 「御国」「国家」世界と公儀世界

池氏は、戦国時代の地域権力を「公儀権力」と「一揆権力」の二つに大きく類型化する。これらは戦国時代を通じて併存するものの、広域的「公儀権力」としての戦国大名こそが、地域社会の期待に応えうる公権力であって、織豊政権、幕藩制国家へと展開するとみるのである。[33] だからこそ、「公儀権力」は重要であるということであり、様々なものが一見乱立する地域権力であっても、「公儀権力」を軸とすることにより、位置づけが可能になるということであろう。確かに、「はじめに」で述べたような研究状況で、地域権力を総括するための道筋が提起された意義は大きい。このことを確認した上で、「公儀権力」論が行き着くところの広域的「公儀権力」について考えてみたい。

まず、広域的「公儀権力」はいかにして成立するか、ということである。もちろん、様々な要因は語られているのだが(34)、結果として「公儀権力」のなかから台頭し、あるいは勝ち抜いて広域的「公儀権力」が成立したとしても、たとえば毛利氏が台頭し、勝ち抜けたのはどうしてなのか、といった疑問が残される。これはまったくの偶然なのか、否か。

この点、やはり毛利氏を検討対象として、菊池浩幸・村井良介氏らが毛利氏の「家中」と他の「戦国領主」の「家中」との違いから毛利氏の優越を論じており(35)、興味深い。北条氏などの場合、史料の残存状況等からあまり深められていない問題でもあり、いっそうの進展が望まれる。

次に、成立した広域的「公儀権力」＝戦国大名と、他の「公儀権力」との関連はどのようなものなのか(36)、ということである。これについては必ずしも明確に述べられていないようでもあるが、池氏の従前からの所論と広域的「公儀権力」成立に関わる論調(37)から推測するに、広域的「公儀権力」のもとに包摂されるとみているようである。だとすれば、包摂された「公儀権力」は別のものに変質するのか、それとも基本的にはいまだ「公儀権力」なのか、という問題が生じるであろうが、明言されていないところでもあり、ここでは措く(38)。ただし、公儀論との関わりでは、次の点は重大な問題である。すなわち、広域的「公儀権力」の段階になると、他の「公儀権力」との関わりも含め、とりたてて「公儀権力」といわなくとも、説明できてしまう事柄が多いかにみえることである。池氏が取り上げている流通の問題(39)なども、従来の戦国大名権力論で語られてきたことなのではないだろうか。

そこで、以下、公儀論として、北条領国における大名と国人・国衆との関わりを検討し、若干の論点を提示したい。

戦国大名が国人・国衆をも家臣化して一元的な領国支配を行う(40)（少なくともその方向性にある）(41)との見方は、一九七〇年代の戦国大名論盛行の段階から近年に至るまで存在するが、かつて触れたこともあるとおり、国人・国衆が大名の「家中」に取り込まれることなく自らの「家中」を維持し、自らの領を保持していることは、北条氏などの場合、黒田基樹氏の研究により明らかであり[42]、毛利氏でも示されているところである[43]。

この点、北条氏においても、「御国」「国家」文言の文書上における使用状況から一定度裏づけることができると考える。すなわち、周知のように、勝俣鎮夫氏によって「御国」「国家」は戦国大名が支配の客体として打ち出しながらも、理念的には自らを超える普遍的存在としてすら位置づける概念とされ[44]、稲葉継陽氏や筆者によって（筆者の場合、より留保する点が多いが）基本的に受け継がれているところである[45]。とくに領国の危機に当たって、これらは軍事動員の根拠などとして活用されたわけであるが、北条氏は国人・国衆に向けて「御国」「国家」を活用しようとした形跡はなく、国人・国衆の側も北条氏の「御国」「国家」を意識して受け入れている形跡がない、ということである[46]。

それでは、国人・国衆は限りなく自立に近い状態にあり、その領は、大名領国の枠外にあるものと考えてよいのであろうか。ここで問題となるのが、「大途」等と国人・国衆との関わりである。まず、大名側の用例をみよう。

〔史料5〕

去九日之注進状、今月十四日於小田原披見、仍向其地号八崎地多賀谷取立候哉、従牛久之注進同前ニ候、其地程近敵之寄居、誠苦労無是非候、雖然以御大途可被押払事輙候条、弥手前堅固之防戦肝要候、猶自是可申候、恐々謹言、

（天正十五年）
三月十四日　氏照（花押）

岡見中務太輔殿

参[47]

〔史料6〕

掟

右、於其方領分、自然陣中へ往還之者、聊成共就致狼藉者、則搦捕、陣中へ可令披露、及菟角者、可致打捨、然万乙令思慮、背法度者就指置者、誠不可然、対大途可為不忠候、此所遂分別、領分毛頭無異儀様可被申付、仍状如件、

（天正六年）戊寅七月十二日（虎朱印）　石巻左馬允（康敬）奉

富岡（秀高）殿（48）

〔史料5〕は常陸足高城主岡見宗治充ての北条氏照書状、〔史料6〕は上野小泉城主富岡秀高充ての北条家朱印状である。〔史料5〕は岡見氏が多賀谷氏の攻撃を受けて援軍を北条氏に要請し、取次の地位にあった氏照がそれに応えているものである。氏照としては、岡見氏が多賀谷氏に降伏＝北条氏から離反しないように、まずは激励をしているわけであるが、そこで「御大途」をもって敵を押し払われるのはたやすいこと、と述べている点に注目したい。「御大途」による援軍は岡見氏を北条側につなぎ止めておくための、いわば「切り札」としての機能を期待され、使用されていると考えるからである。

ついで、〔史料6〕は富岡の領内において陣中に出入りする者が狼藉をはたらいた場合の措置で、これを放置するようなことがあっては誠にけしからぬことで、「大途」に対して不忠である、と述べているわけである。国人・国衆である富岡に対して、「大途」への不忠を問題としている点が重要である。「大途」はほとんど富岡の主人に位置づけられているのである。

これらは大名側の言い分に過ぎないのではないかとの見方もあろう。そこで、国人・国衆側の用例をみよう。

〔史料7〕

制札

此度之於陣中、夜はしり夜盗、致□のいか程も所用ニ候、おのこゝを立、すくやかなる者、中谷領ハ不及申、いつれの私領の者成共、領主ニきつかいなく陣中へきたり可走廻候、ふちハ当座ニ可出置候、其上走廻候之者をハ、御大途迄申立、自分之儀ハ一廉可令褒美候、又此儘奉公のそみの者ハ、給分出置可引立候、此以前於当家中、科あるもの成共、又借銭・借米有之者成共、此度之陣へきたり走廻ニ付てハ、相違有間敷候、陣へきたるものハ、河内守方より印形を取可来候、仍如件、

（天正十八年）寅

二月廿八日(49)　憲定（「慶宝」朱印）

（充所欠）

〔史料8〕

津久井城普請人足積リ、

拾人　ミまし

十人　はんはら

十五人　すミた
　　　　川入

以上卅五人

右、てんき次第、明日より三日、道具ハくわ・まさかり、四ツいせんにまいるへし、はんハ七ツほうしあかるへ

し、我々自分之様ニハ無之候、御大とのため城ふしんの儀、致分別可走廻候、若不参者有之ハ、強儀を以、可押立候者也、仍如件、

（天正十八年）
寅
五月廿四日　　大和守［印読カタシ］（印文未詳朱印）

三ヶ村
百姓中[50]

〔史料7〕は武蔵松山城主上田憲定制札、〔史料8〕は相模津久井城主内藤綱秀朱印状写である。これらは、かつても触れたように、秀吉の北条氏攻撃という危機的状況に当たって、〔史料7〕の上田は「御大途」からの褒美によって陣中への動員をはかり、〔史料8〕の内藤は「我々自分之様」ではなく「御大と」のためであるとして、本拠の普請への動員をはかっている。いずれも、自前の正当性・正当化の論理で動員を行いえず、「大途」をもち出さざるをえなくなっているのである。[51]このほか、諸役免許を認める代わりに「大途之伝馬」を厳密に勤めることを念押ししている事例や、[52]「船渡」について「御大途之印判」がなければ一切停止すると述べている事例などがあり、[53]陸上・水上交通にわたる「大途」の影響・支配がうかがわれる。

以上の事例からみる限り、国人・国衆は「大途」等に規定されるところは大きく、北条氏の公儀に依存・従属している側面は否定できない。これはまた、従来指摘されている軍事的統制—従属関係をも超えているといえるのである。

では、「御国」「国家」に包摂されていない点と、公儀へ依存・従属している点はどのように整合的に考えられるであろうか。さしあたり考えやすいのは、「御国」「国家」に包摂されない現実があるにせよ、公儀への依存・従属は一

元的支配の進行過程であるとして、一元的支配への方向性を見出すことであろう。

しかし、事実として国人・国衆の領は、戦国時代が終わるまで存続し続けるのであり、これをいわば理念的に大名による一元的支配に行き着くものであると考えるのは、却って不自然なのではないだろうか。つまり、大名領国とは、そもそも大名の「御国」「国家」と国人・国衆の領が複合的に共存するものであるが、大名の公儀により、それはたんなる軍事的統制―従属関係を超える緊密さをもって統合されている、と考えるのである。

また、国人・国衆が「御国」「国家」を用いないのは、彼らが「御国」「国家」に包摂されていないことだけを意味しない。彼ら自身の側にも支配の客体や理念としての「御国」「国家」がないということである。加えて、彼らが公儀(に類する文言も当然含む)を自称することも自身のこととして述べることもほとんどない。それゆえに危機や緊急時などには、外部から正当性の根拠を持ち込まなければならなくなる。ここに大名の公儀が受け入れられる素地があるのである。

ただ、その持ち込まれる正当性が「御国」「国家」ではなく、公儀にとどまるところは重要である。国人・国衆は領ごとまるまる大名の「御国」「国家」に取り込まれてしまうのではなく、当主の人格性を色濃く表す公儀に依存しているのである。

以上のような大名領国のあり方は、公儀論からいえば、「御国」「国家」世界と公儀世界の二重構造であるともいえると考える。これはまさに「構造」であって、この構造が完全に解消して一元化に至れば、それはもはや戦国大名領国の段階ではないのである。

ただし、それは安定的なものではない。領国の周縁である「境目」には重層的に「境目」の領主が存在し、彼らのうちで上位にあるものは国人・国衆ということになるが、この「境目」の国人・国衆は、敵方から攻撃を受ける危険性が高いため、庇護を受ける大名への従属度は相対的に高くなるが、離反して敵方についてしまう危険性も、より高かった。[54]これもまた、臨戦態勢が臨戦体制とまで化している戦国時代特有のあり方であったのである。

念のため付言すれば、国人・国衆の領がすべて「御国」「国家」世界に包摂されない、というのではない。[55]国人・国衆のイエを大名の一門が相続すれば、多くは「御国」「国家」世界への包摂がなされるであろうし、政治的・軍事的事情で領が解体・没収されることもあった。[56]それでも基本的に国人・国衆の領は戦国の終わりまで存続するのであり、したがって、大名領国は一元的でない、複合的なものとして理解すべきであり、しかも周縁はより不安定なものとしてこの構造を規定し続け、成り立っていたと考えるのである。

戦国時代には、様々な異なる性格をもつ地域権力が併存していた。そのなかで、大名領国は大きな力を得ていたが、その構造は一元的ではなく、不安定なものであった。これが、一元的・安定的なものとなるには、次の段階へと踏み出す必要があった。その不安定さが戦争に由来しているからには、「次の段階」とは戦争の終結を伴うものであり、また、戦争の終結は、その惨禍に疲弊していた社会全体が求めるものだったのである。

むすびにかえて—もうひとつの「公儀と地域権力」—

第二節で見通した戦争の終結は、多くの可能性を含みつつも、実際には織豊政権から幕藩制国家への「統一」として進んだ。その過程は、政治・軍事の面からいえば、かなりの強力を伴うものであった。ここで、もうひとつの「公儀と地域権力」の問題が持ち上がる。すなわち、中央の「公儀」と広域的地域権力である戦国大名公儀との問題である。

この点、すでに別の機会にも述べ(57)、また新稿も発表される予定であるが(58)、筆者自身の作業は漸く緒についたところとの感である。以下では、これらをふまえつつ、若干の論点を述べて見通しとし、むすびにかえたい。

織田信長が足利義昭を奉じて中央の舞台に登場した時、そこで「公儀」と称されていたのは将軍であった。これは、正当化の問題などは一切抜きにして、将軍であるゆえに「公儀」なのであり、「公儀」といえば、即将軍誰それの人格を示すものだったわけである。

こうした状況下、実力的には義昭をしのぐ信長が、いかに政権を握る正当性を得るかが問題になる。これについては、信長が「天下」を将軍である義昭から委任され、その「天下」を前面に打ち出したとする説がある(59)。つまり、「公儀」たりえない信長は、「天下」支配の権限を有する将軍から、「天下」を委任されたことにより、はじめて政権へ向けての正当性を得ることができた、というのである。

筆者は、信長により活用された「天下」は、戦国大名公儀の系譜を引く正当化の論理で捉えられると考えるが(60)、当然、この「天下」委任論との関わりにも触れなければなるまい。

そもそも、この委任論の根拠は、周知の永禄十三年（一五七〇）正月二十三日付の信長条書で、「天下之儀、何様ニも信長ニ被任置之上者、不寄誰々、不及得上意、分別次第可為成敗之事」とあるところによる(61)。これによって、信長が義昭の「上意」にかかわらず「天下之儀」を行えることが表明されている点は、共通認識があろう。ただ、ここで「任せ置かれた」とあるところから、委任の規定性を信長において決定的なものと考えてよいかということである。

委任論に立つ山本博文氏は、「『天下』を朝廷や幕府を超越した普遍的な政権概念だと考えれば、信長は『天下人』として新しい王朝の創始者としての栄誉を与えられることになる。しかし『天下』が足利王朝の『公儀』を簒奪するためのレトリックだったとすれば、いまだ信長は足利王朝の委任を受けて畿内から関東にかけて軍事的な勝利を勝ち取った覇者でしかない。王となるためには、より普遍的な手続きが必要であっただろう」と述べ、朝廷官職の必要性に展開している。[62]山本氏の議論からすれば、「天下」は「普遍的な政権概念」ではなく、「足利王朝の『公儀』を簒奪するためのレトリック」であり、それゆえに「普遍的な手続き」として官職就任が必要だということであろう。[63]

だが、永禄十三年正月の時点でいえば、「天下」委任こそが「公儀」「上意」を上回る手だてであったであろうが、その後信長が着々と政権を固めていくなかで、どこまで「委任」に拘束されることがあっただろうか。むしろ、「普遍的な政権概念」であるゆえに、有効に生かしていくことができたのではないか。永禄十三年正月の時点は、信長にとって、旧来の「公儀」との関係において、それを限定し、対等以上の立場につくための、まさに政治的な正念場だったのであり、そのためにはいかなる言辞をも弄したと考えられる。その特定の政治状況を信長政権の全般にわたって適用するのは、いかにも無理がある。「天下」の意味するところ、それをめぐる政治状況も動態的に把握する必要があろう。〔補注1〕

以上のところから、筆者は、「天下之儀」委任は、永禄十三年正月という特定の政治状況下で、確かに信長の側から持ち出されてきた論理であったが、のちには信長の行為を正当化するための「普遍的な」概念として活用されたと考える。ここでは「天下」を委任されたものとみるよりは、信長が自らのものとして活用している点を重視する方が、実態に近いと考えるのである。

この「天下」は、正当化の根拠とされる点にしても、それが信長自身の人格にオーバーラップしてくる点にしても、北条氏における「大途」に類似する。[64]中央の「公儀」は、戦国大名公儀と衝突するのではなく、実質的に取って代わられることにより、政治の表舞台から姿を消したのだと考える。したがって、秀吉によって持ち出されてくる「公儀」は、かつての中央の「公儀」の再現ではないが、これが戦国大名公儀や信長の「天下」といかに関わるかは、今後の課題である。

ただ、この過程で、戦国大名において二重構造をなしていた「御国」「国家」世界と公儀世界は、「天下人」の公儀世界へと一元化された上で、公儀世界の多重構造化へ向かうと想定される。この内実についても今後の課題であるが、地域権力を抱え込みながら成立していた戦国大名の公儀世界が、中央の「公儀」を押しのけて新たな公儀世界を打ち立てていくと見通しておきたい。もうひとつの「公儀」からみれば地域権力であった戦国大名公儀は、中央で新たな展開を遂げ、逆に地域を包摂していくに至ったのである。(65)

注

（1）戦国大名概念への疑義については、市村高男「戦国期下総国結城氏の存在形態」（『茨城県の思想・文化の歴史的基盤』雄山閣出版、一九七八年、所収、のち市村『戦国期東国の都市と権力』思文閣出版、一九九四年、所収）、矢田俊文「戦国期甲斐国の権力構造」（『日本史研究』二〇一号、一九七九年、のち「戦国期の権力構造」と改題して矢田『日本中世戦国期権力構造の研究』塙書房、一九九八年、所収）、佐藤博信「戦国期における東国国家論の一視点」（『歴史学研究』一九七九年度大会別冊、一九七九年、のち佐藤『古河公方足利氏の研究』校倉書房、一九八九年、所収）、今岡典和・川岡勉・矢田俊文「戦国期研究の課題と展望」（『日本史研究』二七八号、一九八五年）等を参照。地域社会論については、歴史学研究会日本中世史部会運営委員会ワーキンググループ「『地域社会論』の視座と方法」（『歴史学研究』六七四号、一九九五年）参照。

（2）近年における研究史整理として、平出真宣「戦国期政治権力論の展開と課題」（中世後期研究会編『室町・戦国期研究を読みなおす』思文閣出版、二〇〇七年、所収）をあげておく。

（3）池「戦国期の地域権力」（歴史学研究会・日本史研究会編『日本史講座5　近世の形成』東京大学出版会、二〇〇四年、所収、のち池『戦国期の地域社会と権力』吉川弘文館、二〇一〇年、所収）。

（4）池同右論文および同「戦国期地域権力の『公儀』について」（『中央史学』二七号、二〇〇四年、のち池同右著書、所収）。
（5）池前掲注（3）（4）論文。
（6）久保『戦国大名と公儀』（校倉書房、二〇〇一年）。以下、前著とする。
（7）久保「書評・黒田基樹著『戦国期東国の大名と国衆』」（『史学雑誌』一一一編一一号、二〇〇二年）の冒頭で、若干この点に触れている。
（8）本書第五章・第六章・第八章。いずれも従来の地域権力論と十分に切り結ぶには至っていないが、「境目」の領主や、支城制の問題を通じて、戦国大名と地域権力との関わりを考えている。
（9）池前掲注（4）論文一～二頁。
（10）井上衆罪状書（「毛利家文書」『大日本古文書毛利家文書』三九八号文書）。
（11）福原貞俊以下起請文（「毛利家文書」『大日本古文書毛利家文書』四〇一号文書）。
（12）毛利氏掟（「毛利家文書」『大日本古文書毛利家文書』四〇四号文書）。
（13）同右。
（14）池前掲注（4）論文二頁。
（15）朝尾「『将軍権力』の創出」（『歴史評論』二四一・二六六・二九三号、一九七一・七二・七四年、のち朝尾『将軍権力の創出』岩波書店、一九九四年、所収）、石母田「解説」（『岩波日本思想大系二一　中世政治社会思想　上』岩波書店、一九七二年、所収）、深谷「公儀と身分制」（佐々木潤之介編『大系日本国家史3　近世』東京大学出版会、一九七五年、所収、のち深谷『近世の国家・社会と天皇』校倉書房、一九九一年、所収）、藤井「一七世紀の日本」の一「『公儀』国家の形成」（『岩波講座日本通史12　近世2』岩波書店、一九九四年、所収、のち改稿の上、藤井『幕藩領主の権力構造』岩波書店、二〇〇二年、所収）等々、枚挙にいとまない。
（16）池前掲注（4）論文八～九頁。
（17）同右論文七～八頁。

(18) 同右論文九～一〇頁。
(19) 同右論文九頁。
(20) 同右論文一二頁。
(21) 同右論文一〇頁。
(22) 同右論文同頁。
(23) 同右論文同頁。
(24) 同右論文一四頁。
(25) 永原『日本中世の社会と国家』(日本放送出版協会、一九八二年、増補改訂版、青木書店、一九九一年)。
(26) 前著一六頁。
(27) 池前掲注(4)論文一四頁。
(28) 同右論文同頁。
(29) 前著八～一一頁。
(30) 朝尾前掲注(15)論文、佐々木「幕藩制の成立」(永原慶二他編『戦国時代』吉川弘文館、一九七八年、所収、のち佐々木『幕藩制国家論　下』東京大学出版会、一九八四年、所収)、深谷前掲注(15)論文、藤木「大名領国制論」(峰岸純夫編『大系日本国家史2　中世』東京大学出版会、一九七五年、所収、のち藤木『戦国大名の権力構造』吉川弘文館、一九八七年、所収)、勝俣「戦国法」(『岩波講座日本歴史8　中世4』岩波書店、一九七六年、所収、のち勝俣『戦国法成立史論』東京大学出版会、一九七九年、所収)。
(31) 前著一三～一四頁。
(32) 池前掲注(3)論文五～六頁、一三頁、等。
(33) 同右論文。
(34) 同右論文二八～三〇頁。

(35) 菊池「戦国期『家中』の歴史的性格」（『歴史学研究』七四八号、二〇〇一年）、村井「毛利氏の『戦国領主』編成とその『家中』」（『ヒストリア』一九三号、二〇〇五年、のち改稿の上、村井『戦国大名権力構造の研究』思文閣出版、二〇一二年、所収）。「戦国領主」についての詳細は、村井論文を参照していただきたいが、階層としては国人・国衆や「公儀権力」と重なる。「家中」についても菊池・村井論文を参照のこと。簡要にいえば、戦国時代に再編された領主権力のイエである。

(36) 池『大名領国制の研究』（校倉書房、一九九五年）に代表される。

(37) 池前掲注（3）論文二八～三〇頁。

(38) たとえば、北条氏と関わる国衆について、黒田基樹氏は地域における自立的権力として、「地域的公方」との規定をしている（黒田『戦国大名と外様国衆』文献出版、一九九七年、増補改訂版、戎光祥出版、二〇一五年）。黒田氏の場合、「地域的公方」は北条氏に従属しつつも一定の自立性を保ち続けるわけだが、「公儀権力」が広域的「公儀権力」に包摂されてもなお「公儀権力」たりうるならば、「地域的公方」と「公儀権力」の違いが奈辺にあるのか、（名称からしても）いささか理解しにくいことになるのではないか。なお、「地域的公方」概念の問題点については、久保前掲注（7）書評を参照。

(39) 池前掲注（3）論文三〇～三五頁。

(40) 永原慶二「大名領国制の構造」（『岩波講座日本歴史8　中世4』岩波書店、一九七六年、所収、のち永原『戦国期の政治経済構造』岩波書店、一九九七年、所収）、勝俣鎮夫「一五―一六世紀の日本」（『岩波講座日本通史10　中世4』岩波書店、一九九四年、所収、のち「戦国大名『国家』の成立」と改題して勝俣『戦国時代論』岩波書店、一九九六年、所収）等。

(41) 本書第八章。

(42) 黒田前掲注（38）著書、同『戦国期東国の大名と国衆』（岩田書院、二〇〇一年）等。なお、黒田氏の「国衆」論への批判として、市村高男「戦国期の地域権力と『国家』・『日本国』」（『日本史研究』五一九号、二〇〇五年）を参照。〔補注2〕

(43) 松浦義則「戦国期毛利氏『家中』の成立」（『史学研究五十周年記念論叢』福武書店、一九八〇年、所収）、村井前掲注（35）論文、等。

(44) 勝俣前掲注（30）論文。

(45) 稲葉「中世後期における平和の負担」(『歴史学研究』七四二号、二〇〇〇年、のち稲葉『日本近世社会形成史論』校倉書房、二〇〇九年、所収)、久保「後北条氏における公儀と国家」(前著、所収)。

(46) この点、久保同右論文参照。

(47) 「岡見文書」(『牛古』一九九、一部校訂)。この史料については、本書第六章を参照。

(48) 「阿久津富彦氏所蔵文書」(『小』一二八七)。なお、この史料には前著(六八～六九頁)でも言及したが、「不忠」に関わる理解に誤りがあったので訂正する。

(49) 「武州文書所収比企郡要助所蔵文書」(『戦北』三六六一)。

(50) 「相州文書所収愛甲郡彦左衛門所蔵文書」(『戦北』三七三五)。

(51) 本書第八章。

(52) 「鈴木清氏所蔵文書」(『戦北』二五七三)。

(53) 「鈴木幸八氏所蔵長尾文書」(『戦北』二七七一)。

(54) 本書第六章。

(55) 北条氏における氏照・氏邦ら「御一家衆」、毛利氏における吉川元春・小早川隆景ら「毛利両川」を想起されたい。なお、本書第八章を参照。

(56) 本拠を接収された金山由良氏・館林長尾氏や本拠牛久城をなかば接収されて在番衆の常駐を受け入れざるをえなかった岡見氏など。

(57) 本書第二章。

(58) 本書第三章。

(59) 神田千里「織田政権の支配の論理に関する一考察」(『東洋大学文学部紀要』五五集・史学科篇二七号、二〇〇二年、のち「織田政権の支配の論理」と改題して神田『戦国時代の自力と秩序』吉川弘文館、二〇一三年、所収)、山本博文「統一政権の登場と江戸幕府の成立」(歴史学研究会・日本史研究会編『日本史講座5　近世の形成』東京大学出版会、二〇〇四年、所収)。

(60)　本書第二章・第三章。なお、「天下」の内容に関する諸説については、本書第三章参照。

(61)　「成簣堂文庫所蔵文書」(奥野高廣『増訂織田信長文書の研究』二〇九号文書、吉川弘文館、一九八八年)。

(62)　山本前掲注(59)論文七九頁。

(63)　山本氏の説は、新旧王朝の併存という切り口から、織田・豊臣・徳川の政権を読み解こうという、スケールの大きなもので、ここでは「王朝」「王」等の概念を含め、その全体像には言及しえない。この点、他日を期したい。

(64)　本書第三章。

(65)　市村前掲注(42)論文では、前著における「御国」「国家」理解に関わっていくつかのご指摘をいただいた。本章では部分的におこたえしたといえるところもあると考えるが、全体的なおこたえについては、なお他日を期したい。〔補注3〕

〔補注1〕同様の見解は、すでに藤田達生氏が述べており(たとえば藤田『日本近世国家成立史の研究』校倉書房、二〇〇一年、一〇六頁には「信長の『天下』観は、彼の天下統一事業の進展に伴って変容しており」とある)、旧稿発表時には見落としていた。

〔補注2〕近年、市村論文への反批判として、黒田「国衆論批判に答えて」(黒田前掲注(38)著書増補改訂版、所収)が出された。

〔補注3〕この点、本書第一章でも部分的に示している。

第五章　「境目」の領主と「公儀」

はじめに

近年、戦国大名研究は個別の大名に関しては盛んに進められているが、それらを総合した議論については沈滞状況にあるといわざるをえない。

これには実に様々な要因があるといえるが、その一つには戦国大名間の格差、すなわち一国から数国を領するような規模のものと郡規模程度のものとを同じ「戦国大名」という概念で括れるのか、という問題がある。[1] これは、「戦国大名」の概念そのものが漠然と戦国期の国人よりも規模の大きい領域権力のように使用されていたことによる、ある意味では必然的に生じた問題であった。「戦国大名」概念で括ることができないとすれば、戦国大名としての総合的議論はどのようなものであれ成り立ち難くなるのである。こうした問題点は当然中近世移行期、さらには近世における権力論・大名論・国家論などにも影響を及ぼすといえるのである。

したがって、様々な大名のケースから帰納して「戦国大名」概念による総括が可能か否かを再検討し、成り立つのならばそこで抽出された共通項を核として「戦国大名」概念を明確に打ち立てる必要があるし、成り立たないならばどのような形で当該期権力についての総合的議論ができるのかを模索する必要があるのである。

帰納といい、総合的議論といっても茫漠としており、実際きわめて多くの角度からの検討が必要であろうが、戦国期から近世にわたって検討が進められている問題の一つとしては「公儀」論がある。(2)とくに戦国期においては、戦国大名の公権力としての到達点を示す事柄として大名が「公儀」と称したことを重視する見解があり、(3)各「戦国大名」における「公儀」のあり方を検討することは、各々の「戦国大名」としてのあり方を究明するためにも有効な手段となると考える。(4)

これらの点をふまえて本章では戦国期に急速に勢力を拡大した宇喜多氏、とくに直家の時期に焦点を絞って検討を進めたい。それは第一に宇喜多氏の勢力拡大の急速さ自体が、第二に織田・毛利という強大な勢力の「境目」に位置したという宇喜多氏の存在形態が、それぞれ宇喜多氏の「公儀」形成にどのような影響を与えているのか、またいないのかという問題を含んでいること、したがってそれなりに強大な「戦国大名」である後北条・武田・今川氏等々とは異なる「公儀」さらには「戦国大名」論の問題を析出できる可能性があることによる。(5)

検討を進めるに際しては、さらに宇喜多氏固有の問題、すなわち、いわゆる「梟雄」であり「表裏の人」といわれる直家の立場をどのように考えるか、「主家」といわれる浦上氏との関係を中心に、毛利氏も視野に入れながら考えていく必要がある。

また、宇喜多氏に関する史料はとくに直家の段階までは決して多くはなく、専論も多くないが、史料を博捜して宇喜多氏権力の展開を論じたしらが康義氏の仕事は貴重なものであり、本章でもとくに前提とする。(6)

第一節　宇喜多氏と浦上氏

「はじめに」でも触れたが、宇喜多氏の勢力を急速に拡大させた人物である宇喜多直家に対する評価は「梟雄」や「表裏の人」など、好意的でないものが多い。これは直家がその「主家」である浦上氏に反逆し、それに取って代わったという見方が大きく影響しているといえる。(7)

しかし、宇喜多氏が浦上氏のいわゆる「家臣」であったことを示す同時代の確実な史料はないのである。(8)少なくとも「家中」に組み込まれてはいなかったといえよう。(9)では、宇喜多氏と浦上氏との関係はどのようなものであったのか。以下、再検討してみよう。

まず、重要なのは直家が浦上氏の麾下を離れることになった前後の状況の把握である。すると、ただちに次のような重要な史料に行き当たる。

〔史料1〕

一筆申上候、京都之儀如形相調、今日十二、至備前岡山罷着候、尤其表雖可参候、長途之儀候之間、先吉田江罷下候、殊更自信長大事之馬被差下、輝元江被進候之間、片時茂急申候、

（中略）

一、備播作之朱印、宗景江被出候、是も対芸州進之由、事外之口納ニて候、

一、別所宗景間之儀も、当時持候と相定候、別所も自身罷上候、一ツ座敷にて両方江被申渡候、宗景江三ヶ国之朱印之礼、従夕庵過分ニ申懸候、おかしく候、

（中略）

（天正元年）十二月十二日　　　　　恵瓊（花押）

山県越前守殿

井上又右衛門尉殿[10]

これは毛利氏の外交僧・ブレーンとして著名な安国寺恵瓊が吉川元春の家臣山県越前守・小早川隆景の家臣井上春忠に充てた書状で、実質は吉川・小早川両人充てのものである。恵瓊はこの時織田・毛利両勢力の全面衝突を避けるべく上洛したもので、信長に追放された将軍足利義昭の処遇や、領土問題及びそれに関わる諸氏の処遇などについて協議したのである。

注目すべきは「備播作之朱印」「三ヶ国之朱印」が織田信長から浦上宗景に対して与えられているという点である。すなわち、宗景は備前・播磨・美作の三か国の国主であることを信長から公認する旨の朱印状を与えられたのである。そして、まさにこの翌春直家は浦上氏の麾下を離れるのである。恵瓊がこの書状を出したのは京都からの帰途、直家の居城である岡山に立ち寄った時であることからみて、宗景三か国安堵の情報はまさにこの時に直家にもたらされたであろう。すなわち、十二月半ばに情報を得て翌春には浦上氏麾下を離れているのであるから、まったく情報を得た直後の行動といってよい。これは浦上氏の三か国安堵が直家による浦上氏麾下離脱の直接の契機であることを示しているといえるであろう。[11]

しかし、直家が浦上氏の「家臣」であったとするならば、宗景が三か国を安堵されても何の問題もない筈である。直家にとって宗景の三か国安堵が看過できなかったのは、これら三か国について宗景と対等な位置にあり、したがって三か国の領有については「自力次第」であると考えていたからにほかならない。

そこで直家が浦上氏との関係をどのように見ていたかを端的に示す史料をみよう。

〔史料2〕

敬白　起請文

右意趣者、今度宗景存外之依覚悟、立別申候、然者連々以無御等閑旨、此方御一烈之段、殊御頼敷大慶存候、然上者、向後事弥無疎意可申談候、若此旨於偽者、

（中略）

宇喜多和泉守

天正弐年三月十三日　直家（花押）

原田三河守殿

原田三郎左衛門尉殿[12]

これは天正二年（一五七四）、直家が浦上氏との手切れ直後に自らの与党を確保するために美作稲荷山城主原田氏と交わした起請文である。直家は宗景と手切れになった理由について、浦上宗景に「存外」の「覚悟」があったからであるとして、宗景に全責任を押しつけ、さらにそれによって「立別申」したと述べている。この「立別申」したという表現は相互が対等の立場にあることを示しているとみてよいであろう。直家の言い分は対等であるべき宇喜多・浦上両氏の関係であるのに、浦上の側にその関係を損なうけしからぬ行為があったから手を切ったということなのである。

元亀四年（一五七三）織田信長が将軍足利義昭と手切れになる際に、信長は義昭の行為を「公儀御逆心」と非難しながらも[13]、「君臣間之儀候条、深重ニ愁訴」をしている[14]。「逆心」という激しい言葉を用いても、「君臣」の関係につい

て触れざるをえなかったのである。信長と義昭との関係をそのまま直家と宗景との関係に適用するわけにはいかないが、信長の場合でもなおこのような姿勢を崩せなかったことを考えれば、直家が「立別申」したという表現を用いている意味は自ずから大きいと考える。

それでもこれは一方当事者の言い分であるから、これのみを額面通りに受け取るわけにはいかない。宗景は宗景で「宇喜多逆心令露顕」などと述べているのである。(15) そこで第三者はこの前後の宇喜多・浦上関係、さらには直家の立場をどのようにみていたかを検討してみよう。

〔史料3〕

①先浦上已下三和之儀於可入眼者、相調見度候、(16)

②浦上遠江守与宇喜多間之事、永々鉾楯之処、此方見除之儀、外聞如何候条、以使者申候、被遂分別属和与候様ニ御才覚専要候、(17)

③織田弾正忠へ各令同道罷向、(中略)、都鄙貴賤礼申之、三好左京大夫、松永山城守等見舞之、先礼申衆豊後大友使僧、但州小田垣兄弟、備州宇喜多、(18)

〔史料3〕の①は室町幕府十五代将軍足利義昭の御内書の一部で、元亀三年に比定されるものである。この頃は毛利・宇喜多・浦上の三氏が三つ巴の抗争を繰り広げており、その和議が問題とされているのである。ここではこの和議は「三和」と表現されており、まさに三者が同等に扱われている。②は織田信長が浦上・宇喜多両氏の長期の軍事的対立の調停を吉川元春に依頼しているものである。ここでも浦上・宇喜多は全く対等の扱いで、その「鉾楯」自体に上下関係を持ち込んだ価値判断はされていない。さらに、③は永禄十三年(一五七〇)三月十六日に、「都鄙貴賤」が信長のもとへ挨拶に赴いている様子を公家の山科言継が書き留めたものであるが、ここで「備州宇喜多」が独自の立場で信長のもとへ使者を派遣している。いわば独自に外交権を行使しているといえる。そしてそのことを言継も何ら異としていないのである。

以上のことより、天正二年の手切れ以前から宇喜多・浦上の関係はほとんど対等であり、直家は独立的な立場にあったといえるのである。宇喜多氏が一時は浦上氏に軍事的に従属していたのは確かだだが、直家と浦上氏との手切れは少なくとも「主家」への「反逆」という性質のものではないと考える。

それでは軍事的従属下にある存在は「家臣」ではないのか、だとすればどのような存在となるのかということになる。この点、以下若干考えておこう。すなわち、宇喜多氏のような存在はいわゆる「国衆」ということになるが、これは「戦国大名」権力の内部にはほぼ必然的に包摂されているものである。ただし、それは家産的な権力機構には組み込まれてはいない。これ自体、「戦国大名」権力の重層的特質を示すものであるが、ほぼ必然的に「国衆」が包摂されている以上は、「国衆」を「戦国大名」権力の外部にあると見なすことは適当ではない。軍事的従属下にあるものも含めて、「戦国大名」に従属しているものは従属していることを重視する意味で「家臣」と呼んでも差し支えないと考えるが、問題はその従属のあり方である。(19)

先にみた直家のように一般的に対等に見られるようなものと、家産的な権力機構に組み込まれているものは明らかに違う。問題を分かり易くするために、仮に前者を「国衆」型「家臣」、後者を「家中」型「家臣」とすれば、従来の直家が「主家」に「反逆」したという見方は「家中」型「家臣」への見方を適用したものといえ、そこに事の本質を誤認させる要因があったといえるのである。「戦国大名」権力が領内の領主層を従属させているという点を重視しながら、かつ権力の重層的特質を見据えていく必要があるのである。(20)

第二節　宇喜多氏権力の形成と「境目」

前節では宇喜多氏権力のあり方をとくに直家の時期において浦上氏との関係を通じて位置づけたが、ではその権力はどのような条件の下で形成・展開していったのか。本節ではこの問題を検討していこう。

「はじめに」でも述べたように、戦国・織豊期の宇喜多氏関係の史料がたいへん限られているなかで、それを博捜して宇喜多氏権力の展開を論じたしらが康義氏の仕事は貴重なものである。しらが氏はその仕事のなかで、①農民闘争の圧伏、②領主間紛争の調停、③他国大名の侵入への対抗、を個別領主層が期待し、それにより宇喜多氏が大名権力を形成するとしている。これらは、確かに従来戦国大名権力の形成に関わって重視されてきた点であるといえる。もしこれらを可とするならば、宇喜多氏の権力はより一般的な戦国大名権力に近い像を示しているといえるし、また個別領主層の「期待」という点からいえば、公儀の問題とも関わって重要な点となる。そこで、①〜③について以下検討しよう。

〔史料4〕

（追筆、端書）「うきた直家ノ御内物奉行被仕候ツ池田弥左衛門方折かミなり、一宮ノ御社領年貢を寺内正面ノ衆無沙汰ノ時給候、此直家ハ中納言殿御親父ノ御事也、」

当国一宮へ被除置田畠年貢銭之事、寺内村百性衆難渋之由承候、則得御意候之処、早々催促被作、堅固ニ可被仰付之由被仰出候、貴所催促無承引候者、直家御中間衆被差出、被仰付候而可被参之由候、恐々謹言、

池田弥左衛門尉

十一月十日　　　家行（花押）

神主
　大森藤兵衛尉殿
　　御報(21)

（張紙）「一宮御敷地分御検地なしに、先年ノことく其まゝ、御き進とて御のそき丿時、」

〔史料5〕

尚々、有姿真直ニ御返事簡要候、此外不申候、

難波左衛門次郎方家来富田江左衛門尉、給所弘貞名之内、新免壱段之事、従貴所、直ニ被宛置之条、江左衛門子ニ可作進退旨、服部三郎右衛門尉被申候、難左被申事ニ者、正稲之儀者、貴所へ納所申来候、下地之儀ハ久相抱、有限加地子等、有是之由被申候、互存分相紛之間、尋申候、自前々、一色共ニ御進退之下地ニ候而、只今茂、直ニ富田子共ニ貴所御宛候哉、但又、正稲計被仰付、加地子分者、難左被申付、過方茂難左下にて、富田致作候哉、ヶ様之儀ハ、有様簡要之条、服三と御智音も、又難左御智音も不入候、有躰正直ニ御返事、可被仰越候、恐々謹言、

十一月廿日　　　宇三
　　　　　　　　直家（花押）
松田彦次郎殿(22)

〔史料4〕は①、〔史料5〕は②の論拠にされている史料である。さて〔史料4〕では、しらが氏は宇喜多氏の「あ

る程度形成された官僚機構」と「宇喜多氏大名権力の直属強制力の発動」とを想定している。そうした官僚機構・直属強制力の強力によって年貢銭納入を難渋するような農民の闘争を圧伏するというのである。この史料が年貢銭納入を難渋する「百姓衆」に対して大森の催促をうながし、それでも納入がなければ直家が「御中間衆」を派遣して取り立てる、という内容であるのは間違いない。したがって、問題は事実の理解ではなく官僚機構・直属強制力という評価のレヴェルとなる。

まず官僚機構という点についていえば、この史料自体は池田家行が大森藤兵衛尉の訴えを宇喜多直家に取り次いだことを示しているに過ぎない。しらが氏は「御内惣奉行」がみえることを重視しているのだが、これは追筆部分であって、しかも「御内惣奉行」の職掌がいかなるものかも明らかではない。したがって、池田の取り次ぎ行為自体がこの職掌と関わるか否かも定かではないのである。むしろ訴訟が池田と大森との個別的・人格的関係で手続きされ、処理されている印象すら与えるのである。また、直属強制力という点についていえば、確かにしらが氏の述べるとおり「直家御中間衆」をそのように位置づけることは可能であろう。しかし、そうした領主の直属強制力はほぼ中世を通じてみられるものであって、この点を直接に大名権力の形成に結びつけることはできないのではないだろうか。これらの点から〔史料4〕を①の論拠とするにはなお検討の余地があると考える。

次に〔史料5〕では、しらが氏は宇喜多氏権力が「公正さと厳格さを併せもつ公権として自己形成を遂げつつあった」と評価している。難波左衛門次郎の家来の富田江左衛門の給所の進退について難波と服部三郎右衛門尉との間で生じた相論を直家が松田に「陳述」を求めるなど「公正」「厳格」に調停・裁許していることが論拠となっているのである。調停・裁許等の権限が公権と関わりがあるというのはその限りでは通説に沿っているといえる。しかし、領主がある程度の公権を有するのはこれもまた当然のことであり、したがって、問題はその公権の質的レヴェルになる。

すると、以下のような問題がある。

この史料は、右に述べた相論について直家が書状で浦上氏の被官である松田彦次郎に事の実否を問い合わせているものである。そこにはまず直家と松田との個別的関係が示されており、宇喜多氏の裁判機構はみえてこない。また、相手は浦上氏の被官であって直家のそれではないのだから当然「貴所」と呼ぶなど丁重な姿勢であり、これらからはしらが氏のいうように「陳述」を求めているという印象は浮かんでこない。むしろ領内での紛争に手を焼いた直家が助けを求めているといった観さえある。人的関係が錯綜しているため、裁判が直家の下で完結しないのかもしれないが、そのこと自体宇喜多氏による調停をあまり高く評価することには慎重でなければならないことを示すのではないだろうか。これらの点から、宇喜多氏における「公正さと厳格さを併せもつ公権として」の自己形成を高く評価すること、したがって〔史料5〕を②の論拠とすることにはなお検討の余地があると考える。

以上、しらが氏の示した宇喜多氏権力形成のメルクマールのうち、①②についてはなお検討の余地があることを示した。では③についてはどうか。「はじめに」でも触れたが、宇喜多領は織田・毛利という強大な勢力の「境目」に位置していた。「境目」が他国大名の侵入を頻繁に受ける地域であること自体は紛れもない事実である。この「境目」の地域的特性と宇喜多氏権力のあり方との関わりを以下検討しよう。

天正期の備中外郡における合戦の意味を「境目」に着目して検討した山本浩樹氏は郷村の自立的性格や大名権力による地域防衛体制の整備・強化、その矛盾などを指摘している[23]。注目すべき見解といえるが、この場合の「境目」は織田・毛利二大勢力の「境目」であり、宇喜多氏は織田陣営に位置づけられている。しかし、大勢力の狭間で生き抜いていかなければならないのは領主層にとっても同様ではなかったか。すなわち、軍事的にいずれの勢力に従うかという主体性の問題である。

主体性とはいっても当然のことながら「境目」郷村が敵対する両勢力に半分ずつ年貢を納めた「半納」のように軍役を半分ずつ勤めるというわけにはいかない。いずれの勢力に従うかの判断を誤れば所領を失い、家が滅亡する。大勢力の侵入が繰り返される「境目」においては、領主層にとってもそのような緊張した状況が継続している。そうした領主層によって戴かれる主人は、変転する政治状況に的確に対応し、自分たちの所領を守ってくれる者でなければならない。宇喜多氏はまさしくそうした「境目」の領主たちの「期待」を担って急速に権力を形成していったのである。そして宇喜多氏もまた「境目」の領主であったのである。

このように考えれば直家の「表裏」と呼ばれる行動についても、それは「境目」の領主、さらには「境目」の領主たちの主人としての資格に関わる問題であると捉え直すことができる。現実に眼の前にある政治状況に対して最も的確な対応をすることこそが、自らが生き残り、また自らを戴く領主たちを生き残らせることができる道なのであるから、それはともすれば目先の利に走る様相を呈するのである。

大勢力の狭間にある「境目」においては強大な大名権力は成立し難いが、以上のような状況の下、「境目」の領主層の「期待」を担って彼らが結集するところの、「境目」なりの大名権力が形成される条件があったのである。

なお政治状況に対する的確な対応ということに関していえば、こうしたことは程度の差はあるにせよ「戦国大名」が成立する地域では一般化できる事態なのかもしれない。しかしながら、「境目」地域においてはとくに政治状況は流動的であり、戦場になることも多い。また、大勢力の狭間にある。これらの条件は、「境目」の領主にとっては些細な政治的判断の誤りが即滅亡につながるという厳しさを示しているといえる。すなわち、「境目」は「戦国大名」成立の問題、すなわちそれが何よりも絶え間ない戦争状況と密接な関連があるという問題をより先鋭的に示しているとみることができるのである。

したがって、「境目」においては第一に強大ではないが大名権力が成立する条件がそれなりに存在し、第二に「戦国大名」成立の要因をより先鋭的に示しているといえるのである。(24) また、以上の点からみて「境目」の領主とは相対的な概念といえる。すなわち、「境目」の領主は大名権力となり得るが、その場合成立した大名権力が「境目」を挟む勢力と比較して劣らなければその地域における独自の大名権力でもはや「境目」とはいい難いであろうし、「境目」を挟む勢力がはるかに強大であれば大名権力ではあっても「境目」の領主としての本質から脱却しきれてはいないであろう。重要なのは自身と比較して強大でしかも対立する二大勢力に挟まれているという「境目」特有の状況が「境目」の領主にどのような規定を与えたのか、そこから何がみえてくるのかということなのである。

第三節　「境目」の領主と「公儀」

前節では「境目」の領主としての、また「境目」の領主たちの「期待」を担って成立した宇喜多氏権力について述べたが、ここではそうした宇喜多氏が「公儀」たりえたか否かを検討する。

戦国期の「公儀」を考える場合最も重要な点の一つは、その軍事との密接な関連である。「公儀」というとともすれば公権力一般の問題に置き換えられたり、裁判権などの公共機能の問題のみに注目されたりするのだが、戦国期の「公儀」は軍事を「公」と考える領主層の「期待」に応え、彼らが結集することによって成立するのである。したがって、戦国期の「公儀」は軍事と密接な関連を有しているのである。軍事との関わりこそが戦国期固有の「公儀」の指標であるといってもよい。(25)

こうした点からいっても第一節で述べた軍事的従属の問題は重要なのである。また前節で触れた、絶え間ない戦争状況が「戦国大名」成立の問題と密接な関連があるという問題もさらにこの点と関わるのである。すなわち、絶え間ない戦争状況が軍事を「公」と考える意識を醸成するからである。

しかしながら、軍事の「公」に応えるだけでは「公儀」たりえない。「公儀」はその領民すべてに対して「公」であることを示すことによってこそ「公儀」であるからである。したがって軍事の「公」を中核としつつも、いわゆる公共機能に関わる裁判権等をも取り込んでいかなければならないのである。そして、理念上究極的には領民全体に超然とした「公」として君臨することをはかるのである。(26)

問題は概括的には以上のようにおさえられるが、全体的にいって宇喜多氏がいわゆる公共機能を果たしているような史料は著しく少ないといわざるをえない。従来「公儀」論では「公儀」と「百姓」との関係が問題とされてきた。すなわち、「公儀」が個別領主の恣意的支配を抑制ないし排除して直接「百姓」と対峙し、「撫民」的支配を行うというものである。(27)

宇喜多氏関係史料においては、そもそも「百姓」が登場すること自体が決して多くはないが、わずかな事例のうちでも前節の〔史料4〕のように「撫民」どころかむしろ一方的抑圧の姿勢を示しているものが目立つほどである。これはもちろん史料の残存状況に依るのかもしれない。しかし、これを「境目」の領主のなかから生まれた宇喜多氏権力という視点から考えるとどうであろうか。常に臨戦態勢にあって政治的判断を時々刻々迫られる「境目」の領主は「表裏」といわれるような動向をしばしば示す。直家がまさにそうであったわけであるが、これが「境目」の領主の特性である以上、宇喜多氏権力に従っている領主たちにも共通するのである。

したがって、宇喜多氏はこうした「表裏」の領主たちに対してそれを抑制して「百姓」たちに「撫民」を行うことは困難だったのではないか。宇喜多氏に従う領主たちにとって、宇喜多氏は自己の所領を保持してくれ、またそのために彼らが軍事的に戴く限りは「公」であったが、それ以上の「公」を期待されるには至らなかったと考えられるのではないか。領主たちにしてすでにそうであれば、宇喜多氏の「公」は領民すべてに及ぶべくもなかったといえよう。

以上のように考えれば、宇喜多氏は軍事を中心とした「半公儀」であったとはいえるかもしれないが、少なくとも直家段階では「公儀」を形成するには至らなかったと考えられる。(28) 朝尾直弘氏は直家が最終的に織田信長に従った要因として信長の「公儀」化を指摘している。(29) この「公儀」はおそらく国家的規模の「公儀」であろうが、直家がいわゆる地方的「公儀」であるか否かという点にも朝尾氏は言及していない。この点、直家が地方的「公儀」にもなりえなかったために強力な「公儀」の傘下に入る道を選んだということも可能であろう。勝俣鎮夫氏によれば、戦国大名は「国の百姓」という規定に基づいて領主権へ介入していくという。そして「この大名の百姓に対する規定性、およびそれにもとづく領主権への介入の論拠は、論理的に、同じく、統一国家の公儀によって大名権力の国家が包摂される論拠ともなりうるものであった」としている。(30)「国の百姓」という規定は、戦国大名の「公儀」が自らを超越する存在として位置づけた「国家」の構成員としての「百姓」ということである。すなわち、戦国大名の「公儀」は自らが支配のために生み出した論理によって、より強大な統一政権の「公儀」に包摂される筋道に陥っていたと論理的にはいえるということであろう。この点にとくに異論はないが、本章の問題関心に即していえば、「公儀」を形成できない大名こそ「公儀」の傘下に入ってそれを後ろ盾にしようとしたのではないだろうか。

したがって、宇喜多氏は「境目」の領主としての矛盾を抱えたまま統一政権を強力な後ろ盾にして近世大名への転換をはかることになったのである。秀家の段階に至って「公儀」化が進行したか否かは本章で論ずる範囲を超えているが、「境目」の領主としての矛盾を抱えたままそれが強行されようとしたとすれば、後ろ盾であった統一政権に動揺が生ずればその矛盾が激発するのは当然のことであったであろう。しらが氏が詳述している宇喜多氏権力の崩壊の様相の一つである豊臣秀吉死後の家中騒動などは、こうした視点から捉え直すのが可能であると考える。

むすびにかえて

以上、宇喜多氏、とくに直家の時期を検討し、その権力の位置づけの問題、「境目」の領主の問題、「公儀」の問題などを論じてきた。残された課題はあまりにも多いが、それに一、二触れてむすびにかえたい。

まず、本章の検討の結果からすると「公儀」を形成した「戦国大名」がいかばかりであったかと考えざるをえない。「戦国大名」というと即「公儀」と結びつけてしまいがちであるが、「公儀」を形成したものとそうでないものとに分けて考えた方がよいのではないか。ただ、そうするとただちに「はじめに」で触れた問題に立ち返ることになろう。すなわち、そうしたものを「戦国大名」として一括してよいのか、という問題である。

しかし、宇喜多氏にしても軍事を中核とした「公」であり、それに「期待」する領主たちに支えられている。こうした核になる点は「公儀」を形成した「戦国大名」も同様であると考える。現在の「蛸壺」といわれるような研究状況を克服するにはこうした共通点を手がかりとしていわば議論の共通の「土俵」を設けることが必要なのではないだろうか。したがって、「公儀」を形成した「戦国大名」とそうではない「戦国大名」があったと考えておきたい。「戦国大名」における共通点と相違点を様々な論点において精密化していくことが今後の課題である。

「公儀」を形成した「戦国大名」もそうでない「戦国大名」も、ひとしなみに強力によって近世大名に大転換させたのが統一政権である。統一政権以後は「公儀」は国家的規模の「公儀」と領国的規模の「公儀」との二重構造となる。「公儀」論としてより問題とされてきたのは前者もしくは前者を主体とした両者であろう。あくまで見通しであるが、私見では統一政権段階では「公儀」において「天下人」の人格性が極限まで表出する。これは統一政権の成立が、強力な第一人者の登場とその下への領主階級の結集によってはじめて可能だったことによる。それがなければ戦国争乱を終局へ導くことはできなかった。幕藩制国家が相対的に安定することによって、「公儀」は人格性を払拭し、機構化するのである（第一人者たる将軍は「公方」となる）。[31]では、後者はどうか。戦国時代以来の大名と統一過程でいきなり大名として登場する者ではいかなる差異があったのか、また後者の場合もいかなる大名の旧領を支配するかでいかなる差異があったのか。宇喜多、小早川の後に入部する池田氏の場合などはまさにこのようなケースであるが、これらもすべて課題とせざるをえない。

注

（1）こうした立場の代表的な研究として市村高男「戦国期下総国結城氏の存在形態」（地方史研究協議会編『茨城県の思想・文化の歴史的基盤』雄山閣出版、一九七八年、所収、のち市村『戦国期東国の都市と権力』思文閣出版、一九九四年、所収）がある。市村氏は後北条氏のような東国統一を推進する存在と結城氏のような分権的勢力圏に基礎をおく存在を同様に扱うことはできないとして、前者を地域的統一権力、後者を地域権力とした。

（2）「公儀」論に関わる研究史については拙稿①「公儀としての戦国大名」（『歴史評論』五二三号、一九九三年）②「後北条氏における公儀の構造」『日本歴史』五七四号、一九九六年）などで若干の整理と問題点を述べた。〔補注1〕戦国期の「公儀」論については、その内容が具体的に追究されないまま、漠然と公権力に代置するような形で使用されている点、「公儀」と「百姓」との関係のみが重視され領国全階層の問題とされていない点などが指摘できる。〔補注2〕私見については注（4）を参照。

（3）たとえば、永原慶二『日本中世の社会と国家』（日本放送出版協会、一九八二年、増補改訂版、青木書店、一九九一年）。

（4）「公儀」については後にも述べるが、ここでその内容の一般的概略について私見を示しておけば、それは、一定の領域を現実に支配し、支配領域に対する命令または支配そのものの根拠として自己の公権力性を標榜・主張し、それを基礎づける強力を有する権力の支配形態もしくは機構となる〔補注3〕。戦国期と近世との大きな相違としては後に述べる戦国期における軍事との密接な関連の問題と〔補注4〕、やはり戦国期における人格性の問題を想定している。前者については前掲注（2）①論文、後者については同②論文で触れた。

（5）念のため「境目」について付言すると、近年中世史で注目されているそれは境界線ではなく、敵対する二勢力に挟まれて帰属がはっきりしない一定の地域のことである。

（6）しらが康義「戦国豊臣期大名宇喜多氏の成立と崩壊」（『岡山県史研究』六号、一九八四年）。以下とくに断らない限りしらが氏の見解はすべてこの論文による。他の参照した研究については個々の論点に関わる箇所で触れる。なお、本章は拙稿「宇喜多氏権力の形成」（『一九九四・九五年度科学研究費補助金一般研究（B）研究成果報告書　岡山藩の支配方法と社会構造』一九九六年、所収）と内容的に重複する点があることをお断りしておく。

（7）これは江戸時代に成立した「備前軍記」などの軍記物の影響が大きいと思われる。本章とは立場や視点が異なるが同様の疑問を提出している研究として寺尾克成「浦上宗景考」（『國學院雑誌』九二巻三号、一九九一年）がある。なお、以下寺尾氏の見解はすべてこの論文による。

（8）「宇喜多和泉守三宅朝臣能家像賛」（『続群書類従』八上、七七〜七九頁）は大永四年（一五二四）八月吉日付で直家の祖父能家の活動を記した史料であり、そのなかで能家が浦上氏の臣として活躍したことが述べられているが、述べられている限りでは軍事的従属であり（この点後述）、能家の活躍を強調するには臣として浦上氏をおおいに助けて奮戦したとする方が自己の利で戦ったというよりも描きやすかったということもあったと考えられ、そのまま受け止めるわけにはいかないであろう。なお、「家臣」という「　」付きの表記は、後に述べるようにそのあり方について議論があるために、一般的に漠然と使用されている家臣と区別するためのものである。

（9）この点、寺尾氏は永禄十一年（一五六八）六月一日付の延原弾正他五名連署状（「来住家文書」『岡山県古文書集』四、九四頁、なお以下『岡古』四―九四のように略す）に注目し、浦上氏の奉行人である延原らの裁許に直家が加わっていないのは、直家が浦上氏の訴訟制度上、彼らと同一の権限を有していなかったからとする。同感であるが、本章の立場としてはこれを直家の浦上家臣団における地位の高低に結びつけるのではなく、本文に述べたように「家中」に組み込まれていたか否かという視点で考える。「家中」概念についても議論のあるところだが、ここでは松浦義則氏が毛利氏について述べた「『家』の発展したもの」で、内部に「中世武士が歴史的に有したところの族縁的結合、主従制結合、一揆結合が要素として含まれており、それらが素材として止揚され統合化されている」という見解（松浦「戦国期毛利氏『家中』の成立」『史学研究五十周年記念論叢』福武書店、一九八〇年、所収）に従う。

(10)「吉川家文書」（『大日本古文書吉川家文書』六一〇号）。

(11)この点、たとえば朝尾直弘「秀吉と秀家」（『シンポジウム近世の山陽筋（上）』山陽新聞社、一九八三年、所収）、また『岡山県史』六巻近世Ⅰ（朝尾氏執筆分）などでもすでに触れられている。

(12)「原田文書」（『熊本県史料』中世編五、七五六～七五七頁）。

(13)（元亀四年）二月廿三日付細川藤孝充て織田信長黒印状（「細川家文書」、奥野高廣『増訂織田信長文書の研究』上、三六〇号）。

(14)（元亀四年）三月七日付細川藤孝充て織田信長黒印状（「細川家文書」、奥野高廣『増訂織田信長文書の研究』上、三六四号）。

(15)（天正二年カ）五月廿五日付安富筑後守充て浦上宗景書状写（「六車家文書」『香川県史』八　資料編古代・中世、一一七頁）。なお『香川県史』は年代比定を（天正三年カ）とするが、宗景と直家の手切れ時期から考えれば天正二年が適当であろう。

(16)「柳沢文書」（『大日本史料』一〇―一〇、二七八頁）。

(17)「吉川家文書」（『大日本古文書吉川家文書』七七号）。

(18)「言継卿記」永禄十三年三月十六日条。

(19)黒田基樹氏は北条氏と「国衆」との関係を詳細に検討して、彼らの「政治的関係は、人格的な主従制によるものではなく、あくまでも統制・従属関係であった」とし、さらに「国衆」の権力を「地域的『公方』」と規定している（黒田『戦国大名と外様国衆』文献出版、一九九七年、増補改訂版、戎光祥出版、二〇一五年）。黒田氏の詳細な検討自体、貴重な成果であり、傾聴すべき点も多い。ただ、本章の問題関心に即して疑問点を述べれば、主従制とは「人格的」なものに限られるのかどうか。主従制については分厚い研究史があり、石井進「主従の関係」（『講座　日本思想三　秩序』東京大学出版会、一九八三年）で整理と問題点、石井氏自身の見解が示されている。そこで石井氏は従来いわれていた主従関係の二つのタイプ、すなわち主人からの強い拘束をうける「服仕の家人」と主人から相対的に独立し比較的自由な立場にある「家礼」とを示した上で、中世では「家礼」型の主従関係が相当に強い双務関係につらぬかれていたとしている。したがって、主従制を「人格的」なものに限って統制・従属関係と区別できるか否かはなお検討しなければならない問題であろう。また、黒田氏は「国衆」がいわゆる公権を行使していたから「地域的『公方』」であるというが、黒田氏自身の「公方」あるいは「公儀」についての理解が示されないと、今一つ内容がつかめない(補注5)。これらは公権の行使者と簡単に済ませるのではなく、その内容自体、また公権の質自体が具体的に問われるべき段階であろう。

(20)「国衆」型「家臣」・「家中」型「家臣」についても右注で触れた「服仕の家人」「家礼」との関係が問われなければならないが、現在のところ「国衆」型と「家中」型の大部分は「家礼」型に類似しているという見通しがあるに過ぎない。したがって、あらためて「家礼」型の広範さを述べた右注の石井説に注目されるが、いずれにせよ本格的な検討は今後の課題である。なお、久保前掲注（6）論文では市村前掲注（1）著書で述べられている後北条氏と成田氏や小山氏との関係を「目下の同盟」と捉える見解に依拠したが、本文で述べたように軍事的従属の事実を軽視すると「戦国大名」権力のあり方を正しく捉えられないと考えるに至った。したがって、「同盟」という従属関係よりも対等関係に重点を置く表現には従えないので、ここに訂正する。

(21)「大守家文書」（『岡古』三―一四）。

(22)「備前松田文書」（『岡山県史』二〇、三七頁）。

(23)山本浩樹「戦国大名領国『境目』地域における合戦と民衆」（『年報中世史研究』一九号、一九九四年）。

(24)本章では「境目」の特質に注目して宇喜多氏権力の形成を述べたが、もちろんこれですべてが説明できるわけではない。たとえば岸田裕之「小瀬木　平松家のこと　付、『新出沼元家文書』の紹介と中世河川水運の視座」（『熊山町史調査報告』四、一九九二年）で述べられている水運や流通の掌握のような論点も重要であり、多角的な視点から検討される必要がある。また、たとえば有光友學「戦国期領主権力の態様と位置」（有光編『戦国期権力と地域社会』吉川弘文館、一九八六年、所収）等の研究がある駿河駿東郡の国人葛山氏などとの比較検討も必要であろう。

(25) 前掲注（2）①論文参照。〔補注6〕

(26) 通説では公共機能の方が重視されているが、この点再検討する必要があると考えている。

(27) たとえば、藤木久志「大名領国制論」（峰岸純夫編『大系日本国家史2　中世』東京大学出版会、一九七五年、所収、のち藤木『戦国大名の権力構造』吉川弘文館、一九八七年、所収）参照。

(28) 「半公儀」とは熟さない言葉だが、「公儀」たるための要件である軍事の「公」には応えているという意味で、「公儀」に踏み出そうとしている存在とみて、それを「半」と表現したのである。

(29) 朝尾前掲注（11）論考。

(30) 勝俣鎮夫「戦国法」（『岩波講座日本歴史8　中世4』岩波書店、一九七六年、所収、のち勝俣『戦国法成立史論』東京大学出版会、一九七九年、所収）。

(31) 近年、中世から近世にわたる「公儀」を詳細に検討した藤井讓治氏は、中世的「公儀」は多様であり、それが近世の十七世紀中葉には法的主体としての用例が著しく増加するとしている（藤井「一七世紀の日本」『岩波講座日本通史12　近世2』岩波書店、一九九四年、所収、のち藤井『幕藩領主の権力構造』岩波書店、二〇〇二年、所収）。現在のところ大筋においては異論がないが、中世の「公儀」の多様な内容それ自体や、信長が「公儀」を排除して「天下」を用いたという点など、さらに検討していく必要がある重要な問題である。〔補注7〕

〔追記〕脱稿後、山本浩樹「戦国期戦争試論」（『歴史評論』五七二号、一九九七年）に接した。「境目」の領主それ自体や「境目」の領主としての宇喜多氏にも言及しているが、脱稿後ゆえ触れることができなかった。他日を期したい。

〔補注1〕その後、これらは再構成して久保『戦国大名と公儀』（校倉書房、二〇〇一年）に取り込んだ。

〔補注2〕前掲〔補注1〕著書の「序章」、参照。

〔補注3〕本書第二章で述べているように、筆者にとってこの概念規定は、今なお発展途上である。

〔補注4〕前掲〔補注1〕著書の、とくに第一章・第二章・終章等を参照。

〔補注5〕この注の内容は、拙稿「後北条氏における公儀と国家」（前掲〔補注1〕著書所収）において再活用した。

〔補注6〕前掲〔補注1〕著書の、とくに終章を参照。

〔補注7〕本書第二章・第三章、参照。

第六章　「境目」の領主・再論

はじめに

戦国時代の戦争についての研究は、中世史における戦争論の盛行とともに深められつつある。それはマクロの視点・ミクロの視点双方相俟ってのことであり、取り上げられる具体的な素材もきわめて多岐にわたる。(1)

戦争そのものの特質に関して重視されているキーワードの一つとして、戦争論の盛行に先立って藤木久志氏が注目した「国郡境目相論」がある。これは、戦国大名間の紛争を領国境界における郡規模の広がりをもつ領土紛争とし、その解決＝「平和」の現出を「国分」として、豊臣の「惣無事」までを見通してなされた。(2)以降、戦争論展開のなかで、山本浩樹、黒田基樹、則竹雄一、稲葉継陽氏らによって紛争の具体的あり方が追究されてきている。(3)

また、「境目」における民衆の動向との関連では、「半納」「半手」が注目され、成果が積み重ねられてきている。これは敵対する両勢力の軍事的境界領域である「境目」において、村落がそれぞれの勢力に年貢を半分ずつ納めるという、両属もしくは中立のあり方であるが、やはり戦争論の盛行に先立って、まず秋山伸隆氏が注目し、以降、戦争論の展開のなかで、藤木久志、峰岸純夫、則竹雄一、稲葉継陽氏らが議論を深めてきている。(4)

「境目」に関わる議論は、先駆的業績が戦争論盛行の前提として存在し、戦争論の盛行・展開とともに、ますますその重要性が注目されてきているといえよう。それは「境目」における諸階層のせめぎ合いが、戦国時代の戦争、ひいては戦国時代そのものの特質を規定する要因を先鋭的に表すと考えられているからであろう。

かつて筆者も戦国時代の公儀を考えるなかで、「境目」における大名権力形成の問題を、中国地方の宇喜多氏権力を素材として追究したが、(5)他地域権力との比較など、多くの課題を残した。今、「境目」研究の進展のなかで、あらためて考えてみると、上からは自らと比して強力な勢力に、下からは「半納」「半手」を現出するような民衆の動向に規定される「境目」の領主のあり方を、より具体的に明らかにすることが必要と思われる。(6)また、「境目」の領主といっても、宇喜多氏の場合は数か国を領する大名権力であり、規模の異なる領主を比較しながら共通する点・相違する点をみきわめていかなければならないであろう。

以上のような問題関心から、本章では、十六世紀後半に常陸南部で地域権力として活動した岡見氏を取り上げ、いくつかの事柄について検討したい。詳しくは後述するが、岡見氏は、北からは多賀谷・佐竹氏、南からは北条氏の勢力に挟まれるまさに「境目」の領主であり、それゆえに起こった問題に関する史料も少なからず残しており、宇喜多氏などからみれば問題にならないほど弱小の権力であるが、それだけに「境目」の領主としての比較をするにも好適な素材と考えるからである。(7)

第一節 「境目」の人質

岡見氏は、常陸国河内郡岡見郷（茨城県牛久市）より興ったと考えられ、おそらくは同国南部に古くから勢力を築いていた小田氏の分流で、その旗下にあったが、十六世紀に至って、小田氏が没落するとともに、牛久城（茨城県牛久市）を本拠とする自立した地域権力として活動するようになった。しかし、この時期には北方から多賀谷・佐竹氏の圧力が強まり、近隣の土岐（土岐原）・菅谷氏らとともに、南方の大勢力である北条氏の傘下に入ることになる。(8)

岡見氏の支配領域が、まさに「境目」であったことは、天正十三年（一五八五）から十八年頃の状況を示しているいると推定される岡見氏本知行等覚書写という史料に示されている。(9)(10)すなわち、この史料には岡見氏が自らの支配領域を列挙しているのだが、そのなかには多賀谷氏との抗争のなか、すでに失っていたと考えられる地もあり、またとくに注目されることには、「多賀谷と半手之知行分也」と明記している地が八か所みられるのである。(11)「半手」は、「はじめに」でも見たように、「境目」特有の現象であるが、北条氏傘下に入った後も岡見氏自身が「半手」と認めざるを得ない知行が存在しているわけである。してみれば、実際の「境目」としての軍事的緊張・臨戦態勢は、さらに岡見氏の支配領域の奥深くまで食い込んでいたと考えられ、岡見氏（したがって土岐・菅谷氏等も同様と考えられる）の置かれている「境目」の容易ならぬ状況がうかがわれるのである。

天正十四年、北条氏は、従属する領主たち＝地域権力から「証人」＝人質を広く徴集した。(12)これは、中央で秀吉の勢力が拡大してその脅威が迫るなか（いわゆる惣無事令も出されることになる）、防衛体制整備の必要性から行われたと考えられる。彼ら領主たち＝地域権力は、研究史上、国衆・国人等ともいわれ、北条氏との関わりでは黒田基樹氏が数多くの成果を発表しているが、(13)氏によれば、人質の提出は北条氏と他国衆との統制・従属関係を明示する政治的行為の一つであるという。(14)

この場合も、北条氏は領国の危機に当たって、明確な主従関係を結んでいない国衆・国人等から、あらためてたしかな従属のあかしを得ようとしたのだといえる。強大な中央政権との一大決戦を視野に入れ、それはきわめて重要な措置であったに違いない。

ところが、岡見氏がこれを「難渋」するという事態が生じた。もちろん、人質の提出を喜んで行う者はいないであろうが、ここにはどのような問題が見え隠れするのか。まず、関連史料を掲げよう(15)。

〔史料1〕

「（懸紙上書）（墨引）岡見中務大輔殿　奥州　（墨引）」

其以後者無珍儀候間、遥々絶音問背本意候、然者此度治部大輔為代官五郎兵衛参府、治部大輔被申上筋目、何も御同意ニ候、被聞届可為満足候、就中当秋一両月之間肝要之刻ニ候条、治部大輔方証人并其方証人、境目之地在城候間、御所望ニ候、委細御内儀之旨、五郎兵衛口上ニ申届候間、有支度、重而従小田原御一左右次第御進上肝要候、為其申届候、恐々謹言、

八月十四日　氏照(16)（花押）

岡見中務大輔殿

〔史料2〕

「（懸紙上書）（墨引）岡見中務小輔殿参　奥州　（墨引）」

急度申届候、然而従小田原御分国諸侍証人御所望ニ候、依之其方証人御所望之処、難渋之内存之由、一段不可然候、年来境目之地ニ在城、抽而之忠信不浅候、此節被任御内儀、一月二月之間之義候条、証人有進上而、治部太輔方自訴をも無相違被達様ニ肝要候、必有支度、重而御一左右次第御進上尤候、為其申届候、恐々謹言、

八月十九日　氏照（花押）

〔史料3〕

岡見中務小輔殿　参(17)

内々自是以使可申届候由覚悟候処、態以飛脚初鮭到来、先日者初菱食、当秋者両様共ニ従其地始而到来候、一入珍重候、一、西口一段無事候、此節御加勢之儀、如何様ニも可申上候条、先日之御面約之筋目、三人之証人衆如此御内儀御進上尤候、迎者可進置候、早々可有支度候、貴辺五郎右衛門尉事者相済候、中務手前一段笑止候、御疑心ハ雖無之候、仰出難渋者、外聞不可然候、五日十日之間成共、先進上被申様、達而助言尤候、然而為迎明日使可進候間、早々支度尤候、我々も三日之内参府申、猶可申調候、委曲明以使者可申候、恐々謹言、

八月廿六日　　氏照判

岡見治部大輔殿(18)

〔史料4〕

「(懸紙上書)（墨引）　岡見中務太輔殿　奥州　（墨引）」

急度以使申届候、先日者自小田原之仰出、其方証人之儀申届処、迷惑之段承候、於子細者尤無余儀候、雖然治部太輔方自訴此度ニ相極処、其方以存分横合ニ成候へ者、何も不入候、年来抽而之戦功も無其曲候、既治部太輔方実子進上之上、為如何存分達承候、十日・十五日之逗留何之可有苦労候、愚意能々有得心、治部太輔同前ニ小田原被応　御下知、此度可有進上事忠信之上之可為忠信候、為其態以使申候、恐々謹言、

八月廿七日　氏照（花押）

岡見中務太輔殿(19)

〔史料1～4〕はすべて北条氏照の書状もしくはその写しである。氏照は北条氏四代当主氏政の弟であり、北条氏の

一族、いわゆる「御一家衆」のなかでもとくに強力な勢威を誇っていた。彼の本拠は、この頃武蔵八王子城（東京都八王子市）であり、武蔵国多摩郡西部を中心に広く支城領を形成していたが、下総栗橋城（茨城県五霞町）・下野小山城（栃木県小山市）の城主も兼ね、北関東の戦線で重要な役割を果たしていた。この、北関東の戦線での役割と関連していることと考えられるが、氏照は岡見氏と北条氏当主との「取次」を行っていた。(20)それゆえ、岡見氏との問題に関して表に立って折衝しているわけである。また、岡見治部大輔は岡見氏嫡流で牛久城主の治広、同中務大輔は庶流で足高城（茨城県つくばみらい市）城主の宗治である。(21)

発端は〔史料1〕である。すなわち、岡見治広の代官五郎兵衛が小田原に「参府」し、何らかの「筋目」を北条氏当主に申し上げた。これについてはいずれも「御同意」に至り、岡見側にとっては「満足」なこととなった。〔史料1〕の段階ではこの内容は不明だが、宗治にも報じているところから、牛久岡見氏のみならず両岡見氏に関わる問題であったことは予測がつく。これで済めばまさに両岡見氏にとって「満足」で終わったわけであるが、覆いかぶせるように要求がなされた。この秋一～二か月が重要な時であるから、治広と宗治からの「証人」＝人質を、「境目之地」に在城しているので「所望」する、と。

両岡見氏の「境目之地」在城が人質要求の理由として、実に直接的に示されている。前述のように、岡見氏の支配（する権限があると認識している）領域には、「多賀谷と半手之知行分」があったわけで、そこから実際の「境目」が岡見氏支配領域へ食い込んでいることも想定したのだが、北条氏からみれば岡見氏の支配領域全体が、多賀谷・佐竹勢力との「境目」であった。(22)「境目」は戦争状況の拡大・進展とともに、重層的になるものといえよう。この時期の北条氏の人質徴集は、防衛体制整備の必要性からいって「境目」の領主をとくに重視して行われたと考えられる。であるからこその、直接的に「境目之地」在城を理由とした人質要求であったのであろう。

この問題の紛糾が〔史料2〕に示される。すなわち、北条氏当主の「証人御所望」に対して、宗治が「難渋之内存」だというのである。当然、北条側の「取次」である氏照としては、「一段しかるべからず」と厳しい物言いをする。これに続けての説得は、（あなたたちは）年来「境目之地」に在城され、北条氏に対する特別の忠信は浅からぬものがある。このたびは（北条氏当主の）お考えに従って、一、二か月のことなのだから、「証人」を進上して「治部太輔方自訴」も間違いなく達せられるようにするのがよろしかろう、というものであった。

ここでも「境目之地」在城が鍵となっている。「治部太輔方自訴」とあるのは、〔史料1〕で治広代官五郎兵衛が申し上げた「筋目」と同じであろう。前半で「境目之地」在城の「忠信」を取り立てて述べているのは、「治部太輔方自訴」実現の前提としてであろう。すなわち、「境目之地」在城で特別の「忠信」があるのだから、人質さえ提出すれば、「治部太輔方自訴」は間違いなく実現する、という理屈である。しかし、この傍点の部分こそが問題である。〔史料1〕では「筋目」への「御同意」に続き、いわばついでのように持ち出された人質要求であるが、ここでは人質提出が「自訴」実現の条件とされているのである。もちろん、〔史料1〕でも偶然に二つの事柄が並べられているわけではなく、抱き合わせの提示であるに違いないが、足高岡見氏の「難渋」という事態に直面し、北条氏は露骨に「自訴」実現の条件であることを示したのである。(23)

両岡見氏に関わる「治部太輔方自訴」とは何であったのか。〔史料3〕にその手がかりが示されている。これは、氏照が牛久岡見氏の治広に人質進上について申し送ったものである。このなかで氏照は、「西口」すなわち北条領国の西の「境目」は平穏であるから、このたびの「御加勢之儀」はどのようにも北条氏当主に進言するので、と述べた上で、「三人之証人衆」進上について、「貴辺五郎右衛門尉」のことは滞りなく進んだが、「中務手前一段笑止候」すなわち宗治はまったくけしからぬとして、五〜一〇日の間に進上するように助言するのがよろしかろう、と治広から宗治への説得を促している。また、氏照自身三日以内に「参府」すなわち小田原へ赴いて、事情説明をするとも述べている。ここで、まず注目されるのは、「御加勢之儀」である。第一にこれが示され、明らかにその実現の条件として「三人之証人衆」進上のこと、とくに難渋している宗治問題の解決が促されている。してみれば、〔史料1〕の「筋目」、〔史料2〕の「自訴」とは、この「御加勢之儀」にほかならないと考えられよう。[24] 治広、さらには両岡見氏が北条氏の加勢を望むような事態とは、多賀谷氏による攻撃の激化であろう。これが人質進上との取引材料とされているわけであり、岡見氏が北条氏に依存する契機となった多賀谷氏らの南下は、北条氏への従属をいよいよ深めていく要因となっているといえるのである。

〔史料4〕は、再び宗治への説得である。「治部太輔方自訴」がこのたび実現するところなのに、あなたの都合で横やりが入っては台無しになってしまう、と述べているところにまず注目される。やはり、治広の「自訴」、先に推定したところによれば「御加勢之儀」要求が、いわば殺し文句となっているのである。そして、治広がすでに実子を進上したことに触れた上で、治広同様に小田原からの御下知に応じて人質を進上されることが忠信の上の忠信だ、と言い切っている。北条氏にとって、「境目之地」在城の忠信は、人質進上の忠信によって保証されるものであった。「境目之地」と、「境目」の領主とは、そこが「境目」であるかぎり、いったん包摂したかにみえる権力にとって、きわめて重要なものであり、また危険なものでもあったのである。

なお、この人質問題の決着を示す史料は現在知られていない。ただ、宗治があくまで人質進上を拒絶した場合、北条氏との関係は破綻に至る。次節でもみるように、この後そうした形跡はないので、結局は人質を進上したと思われる。[25]

第二節　「境目」の加勢

天正十五年に入ると、多賀谷氏の南下、攻撃はいよいよ激しさを増してきた。このことを物語るのは次の史料である。

〔史料5〕

如蒙仰、当春者始而申承候、治部太輔殿御指引承届候、御手前之義共察入、無御余義候、然而多賀谷取出之義、以絵図承候、分別申候、弥御手詰推察申、痛間敷次第候、当春者御世上豊饒、御手透候とて相府大普請、依之奥州御在府之事候に、得御脚力小田原へ相通申候、幸刑部太輔所へも御副状参候間、定而可及御取合候、御返事之様、拙者ハ八王子ニ令留守居候間、委細者自奥州可被仰宣候、事々令期重説候、恐々謹言、

一庵

三月十三日　　宗円（花押）

岡中
参
御報(26)

〔史料6〕

去九日之注進状、今月十四日於小田原披見、仍向其地号八崎地多賀谷取立候哉、従牛久之注進同前ニ候、其地程近敵之寄居、誠苦労無是非候、雖然以御大途可被押払事輒候条、弥手前堅固之防戦肝要候、猶自是可申候、恐々謹言、

三月十四日　氏照（花押）

岡見中務太輔殿(27)
参

〔史料5〕は北条氏照の重臣狩野宗円の書状、〔史料6〕は氏照の書状である。これらによれば、多賀谷勢が足高城にほど近い八崎（茨城県つくば市）に城郭を築き、いよいよ攻勢を強めてきた。危機を感じた岡見宗治によって取次である氏照に急が知らされ、牛久の岡見治広からも注進がされた。具体的には、加勢の要請であることは間違いないであろう。

しかし、この時期北条氏の直面する政治情勢も容易なものではなかった。惣無事令の脅威は前節でも述べたが、前年の十月北条氏の最大の同盟者である徳川家康が秀吉に屈服し、北条領国の西側は直接秀吉の勢力と接することとなった。さらに秀吉は、惣無事令に応じない島津氏に対する攻撃命令を十二月に発した。同様に惣無事令に応じていない北条氏が攻撃されるのも時間の問題と受け止められたであろう。これにより、北条氏は防衛体制整備に拍車をかける(28)。その一環として小田原城でも大がかりな普請が行われ、御一家衆のなかで重きをなす氏照も小田原へ赴いた。〔史料5〕で「相府大普請」により「奥州御在府」とあるところがそれである。しかし、八王子城で留守居をしていた重臣の宗円が語った理由は「当春者御世上豊饒、御手透候とて」、すなわち、この春は世のなかも豊作だったので余裕があるから、ということであった。岡見氏に対して実情を隠蔽したわけである。

宗円からは急ぎ小田原滞在中の氏照に情報がもたらされ、氏照はおそらく当主と相談の上、ただちに宗治に〔史料6〕を送った。同様の返書は治広にも送られたことであろう。そこでは、多賀谷氏の攻勢に対する苦労を気遣った上で、「御大途」すなわち北条氏当主をもって撃退するのはたやすいことなので、いよいよそちらで堅固に防戦しているのが重要である、と加勢約束と激励をしている。[29]

この加勢はただちに実現する。

〔史料7〕

「（懸紙上書）（墨引）　岡見中務少輔殿　奥州　（墨引）」

此度向其地多賀谷打出、地利を取立之由、手前之備一段無御心元候、然者為御加勢高城衆・豊島衆払而被指越候、此節ニ候条、手前弥堅固之防戦肝要至極ニ候、為其牛久へ竹内被指越候条、其口之様子委細可有注進候、為其申届候、恐々謹言、

三月十八日　氏照[30]（花押）

岡見中務少輔殿

〔史料8〕

「（懸紙上書）（墨引）　岡見中務大輔殿　奥州　（墨引）」

態脚力到来、祝着候、抑去時分者多賀谷其地へ以多勢及行之処、堅固之防戦故敵敗北、数百人被討捕候事無其隠候、大慶此事候、境目之事昼夜之苦労難申宣候、本意不可有程候条、弥堅固之備肝要候、其表為備高城人衆被指越候間、猶替儀候者可預注進候、恐々謹言、

卯月三日　氏照[31]（花押）

岡見中務大輔殿

〔史料9〕

一翰令披見候、仍其表敵至于動者、加勢之儀少も不可油断候、麦秋之為行、三日之内出馬候者、程近可申届候、

猶奥州可為演説候、恐々謹言、

卯月十一日　　氏直在判

岡見治部大輔殿(32)

〔史料7・8〕は氏照の書状、〔史料9〕は北条氏五代当主氏直の書状写である。〔史料7〕には、具体的に「御加勢」として高城衆・豊島衆を派遣することが示されている。高城は下総小金城（千葉県松戸市・柏市）城主高城胤則、豊島は下総布川城（茨城県利根町）城主で貞継と推定されている。両者とも岡見氏の近隣に支配領域を有する国衆で、北条領国全体からみると「境目」にある岡見氏のすぐ後方にある。火急の際に加勢の中心とされるには、まずもって妥当であったといえよう。それにしても、〔史料6〕から四日後の日付であり、迅速な対処であったといえよう。それだけ「境目」の加勢は、重大事であったことがうかがわれるのである。

この加勢が功を奏し、多賀谷勢を撃退したことが示されているのが、〔史料8〕である。これによれば、多賀谷勢は敗北し、数百人が討ちとられたという。ただし、「大慶此事候」と述べながらも、いよいよ堅固の備えが重要であるとして、高城衆を派遣することを伝えている。さらに、〔史料9〕では当主である氏直が直々に牛久岡見氏の治広に対して「加勢之儀」は少しも油断ないことを申し伝えている。それぞれ、情勢がなお緊迫していることを示しているといえよう。

行論の都合上、後者の点から言及しよう。再三述べているように、北条氏と岡見氏との間の取次は、氏照であった。しかし、〔史料9〕では氏直が直接岡見治広に連絡をしているのである。これは何を意味するか。ここで、〔史料6〕に「御大途」をもって押し払うとあった点を想起しよう。すなわち、危機の極限にあって岡見氏を救うべく立ち現れ、軍事指揮をする主体が北条氏当主と位置づけられているということである。つまり、〔史料9〕の段階は、いまだ岡見氏が危機的状況にあり、それゆえに当主自らがさらなる「加勢」を直接に約束して、岡見氏を安心させる必要があったことを示していると考えられるのである。(33)

続いて前者である。〔史料7〕にみえるように、高城衆はこのたびの勝利に際しても豊島衆とともに派遣されていたわけであるが、〔史料8〕で伝えられているのは、そうした岡見氏が攻撃されて要請する加勢とは異なり、備えのために、あらかじめ派遣しておくのであって少なからず意味が異なるといえる。

つまり「境目」の危機は、岡見氏の要請と北条氏の対応の段階から、北条氏の積極的・戦略的な防衛体制構築の段階への移行を必然とするのである。備えのためにあらかじめ派遣される加勢衆が恒常化したものが、在番衆となるわけである。ただ、北条氏が「境目」防衛体制の中核と位置づけたのは、このたび危機に陥った足高城ではなく、牛久城であった。同城は北条氏の指示のもと大修築が施された上、(34)在番衆が常駐するようになるのである。牛久岡見氏はその本拠に、他家の軍隊を抱え込むという異常事態を招くことになった。いわば、牛久城は北条氏に接収されたのに近い状態となったわけである。(35)岡見氏にとってそれが望ましい展開であったはずはないが、そうしなければ自領の維持が困難になっていたことが推定されるのであり、「境目」の直面する厳しい現実を物語るのである。

在番衆は高城氏のほか、豊島氏・井田氏が知られ、国分氏もその可能性がある。(36)井田氏は上総坂田城（千葉県横芝光町）城主、国分氏は下総矢作城（千葉県香取市）城主である。井田氏はやや牛久城を中心とする「境目」地域から遠いが、全体として地域的な交流関係が想定される範囲の人びとで、在番衆の選定に当たってはこうした点が考慮されたものと思われる。

在番の負担は、軽いものではなかった。

〔史料10〕

今度　小田原御普請并牛久御番同時ニ被仰付候間、御普請之儀、様々御侘言申上候処ニ、仰出趣大切之儀ニ候間、早雲寺様をはしめ古来不入之所迄、無残所あひやとひ候、其方事も可為如此由被　仰出候、然者当郷人足相憑候、中々痛間敷候へ共、当庄ニはいくわいの者ハ、無拠何をも頼候、遂分別無相違可走廻事簡要ニ候、尚口上ニ申付候、以上、

（天正十五年）
五月十五日　（「胤吉」黒印）

須和田(37)
寺社中

〔史料10〕は高城氏の黒印状である。領内の寺社に対して人足の供出を命じたものであるが、これは「小田原御普請并牛久御番」を同時に北条氏から命じられ、前者の普請のために必要となった人足であった。つまり、高城は西の小田原城普請と東の「境目」在番を同時に果たさなければならなかったわけであり、普請については「様々御侘言」をして軽減ないし免除を願ったが、「早雲寺様をはしめ古来不入之所」まで例外なく賦課するのだ、との方針を示され、却下された。また、天正十五年と推定される十二月二十八日付井田因幡守充て北条氏政判物写によれば、井田氏が牛久城在番の期間を終えたのちに、軍勢を整えて小田原へ参陣するように命じられており、ここでは井田が東西での奔走を余儀なくされている(38)。

こうした負担に彼らが応ぜざるを得なかったのは、もちろん北条氏の圧力の大きさということもあるであろうが、在番については彼ら自身にとっての深刻な問題もあったといえるであろう。すなわち、「境目」である岡見領や土岐領が多賀谷氏等に攻略されてしまうと、「境目」がこれらの地域の後方にある彼ら、とくに高城氏や豊島氏の支配領域に

食い込んできてしまうわけである。前節では、「境目」の重層性を述べたが、当然のこととはいえ、「境目」は可動性を有するものでもある。自身の領域の「境目」化を防ぐためには、彼らは現在の「境目」を死守する必要があったのである。

ところで、牛久在番の制度が整ってきたと思われる頃から、北条氏権力内における最高の実力者である前当主氏政が、この「境目」に姿をみせてくる。これは北条領国の北東域における領域支配の再編という重要問題と大きく関わっていたわけであるが、東の「境目」重視の表れであるともいえよう。

こうした梃子入れの成果であろうか、多賀谷氏の攻勢にもかかわらず、岡見領や土岐領は攻略されずに（反攻もできなかったわけであるが）、「境目」として存続していったとみられる。天正十八年、北条領国が秀吉の攻撃によって滅亡すると、この地域にもようやく「平和」が訪れ、「境目」状態は解消するが、北条氏による「境目」の加勢に期待・依存していた岡見氏や土岐氏は領主としての地位を失うことになったのである。

第三節　「境目」の領主

ここまで検討してきたところでは、「境目」の領主としての岡見氏は、北条氏に対して人質を進上し、加勢を頼みにしなければ存続ができないということで、従属度が強い印象を、あるいは受けたかもしれない。実際、〔史料2・4〕では「忠信」、〔史料4〕では「御下知」という文言が使われており、北条氏は岡見氏に対して、ほとんど主人として振る舞っている。

しかし、重要なのは、それほどの従属度の強さにもかかわらず、宗治の「難渋」する抵抗姿勢が頑強で、取次の氏照には焦燥の様子すらみえたこと、また人質進上は決して一方的に強制されるのではなく、岡見治広の「自訴」実現、すなわち北条氏から岡見氏への加勢実現との取引材料、交換条件であったことである。これは、岡見氏が全体としては北条氏への従属度を強めていったものの、一定の自立性をなお保っていることを示しているといえよう。

　そもそも岡見氏や土岐氏が北条氏に従属したのは、多賀谷氏の圧力に抗するのが困難になったからではあるが、彼らとしては、自らの選択で、いわば主体的に依存したという意識が強かったのではないか。であるからこそ、人質進上には「難渋」したし、北条氏としては加勢との交換条件のようなかたちで提示せざるをえなかったわけである。また、〔史料5～8〕でみたように、岡見氏の加勢要請に当たっては、惣無事令で動揺している事情を隠蔽し、いわば余裕をみせ、しかも迅速に対応することによって安心させようとしているが、これも岡見氏が主体的な選択で北条氏から離反して多賀谷氏に従属してしまうことを防ぐためだったと考えられるのである。

　この「境目」の領主の主体性は、彼らの自立的領主としての誇り・自尊心によってもたらされたわけではない（そういう側面があることをまったく否定し去ってしまうものではないが）。「はじめに」や第一節でも触れたように、戦国の「境目」地域では、しばしば「半納」「半手」といわれる両属ないし中立状況が現出し、岡見氏と多賀谷氏との間にもそれがあった。こうした「半手」の地域は政治・軍事状況の変化によっては、完全に敵方になってしまう可能性が常にあったであろう。また、現在味方である地域もいつ「半手」になり、さらに敵方になるかは予断を許さなかったであろう。「境目」の領主としては、厳しい戦争状況のなか、自らの中立を保つことが難しければ、政治・軍事状況を正しくみきわめて従属する相手を決定しなければ、これらの地域の離反を招き、おのずから支配領域の瓦解を招くことになるのである。もちろん、判断の誤りからただちに攻め滅ぼされてしまうようなこともありえたであろう。[39]

　これは、岡見氏と地域との関係だけでは収まらない。岡見氏に所属する小規模な領主・給人等も加えて考えなければならない。すなわち、地域とのより直接的な関係ではこうした領主・給人がその離反を恐れる存在で、彼らもまたそうならないためには、政治・軍事状況を正しくみきわめて従属する相手を決定する必要があったと考えられるのである。これは、さらに細かく分かれる可能性もあろう。してみれば、「境目」の領主の主体性とは、厳しい戦争状況を前提として、常に下から規定されて重層的に成り立っているものであったわけである。この点、本書第五章の旧稿では「境目」の領主の「期待」によって成立する「境目」の大名権力として宇喜多氏を考えたのだが、宇喜多氏権力の成立した備作地域こそ「半納」研究の「先進」地域であったことからすれば、「半納」の地域から規定され、重層的に成り立つ「境目」の構図をやはり想定することができよう。(40)

もちろん、「半手」「半納」の地域・村が、究極的に規定を与える結構な存在であるというのではない。そもそも年貢を賦課してくる敵対する両勢力は、半分の年貢で満足するはずもない。「半手」「半納」を成立するためには、相当の困難な交渉・駆け引きがあったことが想定されるし、戦場となることが多い「境目」での戦争被害やそれを防ぐための地域防衛に費やされる労力や財力は、はかりしれない。(41)まさに生き残りを賭して成立させている規定性であったのである。

こうした人びとの重層性を内実とする「境目」が、第一節で述べたように、戦争状況の拡大とともに、領域としても重層的になっていく。また、第二節で述べたように、政治・軍事状況の変化によって、「境目」自体が動いていく。本書第五章の旧稿では、「境目」の領主を相対的な概念と捉えたが、以上の点からすれば、規模の大小ではなく「境目」地域に重層的に存在するものとして捉えておく方がよいと思われる。宇喜多氏のような二、三か国にわたる領主も、岡見氏のようなどちらかといえば脆弱にみえる領主も、「境目」の領主たる点では同質で、また同じ「境目」地域で重層的に存在しうるのである。このような「境目」、また「境目」の領主であってみれば、それを傘下に入れた大名としても、離反の可能性を常に考慮しなければならないのは、むしろ当然であったことが頷けよう。

「境目」の領主は大名をも規定するわけであるが、一方、第二節でみたように「境目」防衛体制の構築に当たって、領主の権力が大きく制限されるに至ったり、「境目」後方の領主たちが在番などで大きな負担をつとめることにもなった。これらは戦争を梃子にして大名が「国家」体制を強化する事例ともみえるかもしれないが、(42)むしろ「境目」の構造が、様々な階層、人びとを巻き込んで深刻な影響を与えており、そのなかで大名に利するかの局面もありえたとみた方がよいと考える。別の局面では大名が規定され、深刻な影響を受けてもいたのである。(43)

ところで「境目」の領主は、従来の地域権力論、とくに国衆論との関わりではどのように捉えておくべきであろうか。先に触れたように、これについては黒田基樹氏の成果が多くあり、(44)岡見氏の場合も人質を徴集されているなどの点から、氏のいうところの国衆の範疇に含まれるものといえる。ただし、国衆と「境目」の領主とはまったく重なってしまうものではない。こうした国衆のような存在を含みつつ、階層的には様々なものが重層的に存在する（しうる）ところに、「境目」の領主の特質があるものと考える。してみれば、国衆と大名との関係等、国衆論で検討されている様々な事柄についても、「境目」の領主の視点から捉え返すことによって、新たな見方が可能になり、戦国時代の地域社会を様々な階層の動向のなかから、より豊かに描くことにつながるのではないだろうか。

むすびにかえて

厳しい戦争状況を前提とする「境目」が解消するのは、戦争の終結＝「平和」の実現によるのはいうまでもない。ただ、それは様々な問題をはらむものであった。

山本浩樹氏は、西国の「境目」の人々が「大名間の『国分』によってもたらされた上からの『平和』」と厳しく対立する様相を述べ、さらに「強大な物理的強制力をともなって実行された豊臣政権主導下での『国分』は、『境目』の人々にとっては戦闘を伴わない侵略にほかならなかった」としている。(45)

大名間の領土協定である「国分」は、してみれば、「平和」を実現したとしても、その安定化をみるまでには、なお紆余曲折があるといえる。協定が破られれば「境目」が再び現出するのは当然であったが、「国分」下にあっても「境目」状況は容易に解消しないわけであり、それは「境目」の領主を含む「境目」の人びとの動向によるものであったのである。

本書第五章の旧稿では大名権力形成の問題として「境目」の領主をみたが、以上の点からすれば、「境目」の領主は戦国時代を通じて重要な役割を演じているわけである。本章ではその一端について述べてきたのだが、「境目」論全体との関連でいかに展開していくか等、課題も山積すると考える。大方の批判をお願いしたい。

注

（1）近年の研究動向について、小林一岳・則竹雄一編『【もの】から見る日本史　戦争Ⅰ』（青木書店、二〇〇四年）の小林・則竹「総論　日本中世戦争論の視座」において、簡にして要を得た整理がなされている。

（2）藤木『豊臣平和令と戦国社会』（東京大学出版会、一九八五年）。

（3）山本①「戦国大名領国『境目』地域における合戦と民衆」（『年報中世史研究』一九号、一九九四年）②「戦国期戦争試論」（『歴史評論』五七二号、一九九七年）、黒田「宣戦と和睦」（峰岸純夫編集責任『今日の古文書学3　中世』雄山閣出版、二〇〇〇年、所収、のち黒田『中近世移行期の大名権力と村落』校倉書房、二〇〇三年、所収）、則竹①「戦国期駿豆境界地域における大名権力と民衆―天正年間を中心に―」（『沼津市史研究』八号、一九九九年）②「戦国期『国郡境目相論』につい

て」（『歴史学研究』七三〇号、一九九九年、のち①②ともに則竹『戦国大名領国の権力構造』吉川弘文館、二〇〇五年、所収）、稲葉「境目の歴史的性格と大名権力」（藤木久志・黒田基樹編『定本・北条氏康』高志書院、二〇〇四年、所収、のち稲葉『日本近世社会形成史論』校倉書房、二〇〇九年、所収）。

（4）秋山「戦国期における半納について」（『芸備地方史研究』一二五・一二六号、一九八〇年、のち「戦国大名領国の『境目』と『半納』」と改稿して秋山『戦国大名毛利氏の研究』吉川弘文館、一九九八年、所収）、藤木『雑兵たちの戦場』（朝日新聞社、一九九五年）、峰岸「東国戦国期の軍事的境界領域における『半手』について」（『中央史学』一八号、一九九五年、のち「軍事的境界領域の村―『半手』を中心に―」と改題して、峰岸『中世　災害・戦乱の社会史』吉川弘文館、二〇〇一年、所収）、則竹「戦国期江戸湾における海賊と半手」（悪党研究会編『悪党の中世』岩田書院、一九九九年、所収、のち則竹前掲注（3）著書、所収）、稲葉継陽「中世後期における平和の負担」（『歴史学研究』七四二号、二〇〇〇年、のち稲葉前掲注（3）著書、所収）。

（5）本書第五章。

（6）この点、第五章では公儀論の視点からの追究であったが、「境目」の領主自体に即した特質に注意していきたい。ただし、公儀論においても「境目」の領主を含む地域権力の問題は重要であり、これについては別稿を予定している。〔補注1〕

（7）なお、以下述べる岡見氏に関わる事実関係・経緯等は、かつて筆者が『牛久市史　原始古代中世』（牛久市、二〇〇四年）の第八章第四・五節で述べた点と重複するところもあることをお断りしておく。〔補注2〕また、それに先立つ『龍ヶ崎市史中世編』第五章第5節（市村高男氏執筆分）でも詳細な言及があり、市村「戦国期常陸南部における地域権力と北条氏―土岐・岡見・菅谷氏の消長―」（『地方史研究』二三一号、一九九一年、のち市村『戦国期東国の都市と権力』思文閣出版、一九九四年、所収）でも触れられている。本章では、より「境目」の領主の視点から立論を試みるものである。

（8）このあたりの状況は、市村同右論文に詳しい。

（9）『龍ヶ崎市史中世史料編』三二六頁。ただし、市村高男「常陸南部における中近世の支配関係と牛久地域―牛久市域形成の前提を考えるために―」（『牛久市史研究』創刊号、一九九一年）では、もう少し早い成立を推定している。

(10)「古文書二」(『牛古』一九五)。

(11)この史料についての詳しい考察は、市村前掲注(9)論文や、同論文を受けた峰岸前掲注(4)論文等によって行われている。

(12)(天正十四年)九月四日付北条家朱印状(「館山市立博物館所蔵鳥海文書」『小』一七六二)等。

(13)黒田①『戦国大名と外様国衆』(文献出版、一九九七年、増補改訂版、戎光祥出版、二〇一五年)②『戦国期東国の大名と国衆』(岩田書院、二〇〇一年)等。

(14)黒田「戦国期外様国衆論」(黒田同右①著書、所収)。なお、黒田氏は「他国衆」のこととして説明しているが、ここでは国衆に適用してもよいと判断した。

(15)市村前掲注(7)論文ではこの問題を天正十五年頃のこととする。多く比定される天正十四年といずれが正しいか論じる用意はないが、いずれにしても秀吉の脅威との関連は動かないであろうから、本章の主旨とは当面関わらないと判断し、年代比定の是非は措く。

(16)「岡見文書」(『牛古』一九一)。

(17)「岡見文書」(『牛古』一九二)。

(18)「旧記集覧」(『牛古』一九三)。

(19)「岡見文書」(『牛古』一九四)。

(20)本書補論一・補論二を参照。

(21)以下、適宜治広の側を牛久岡見氏、宗治の側を足高岡見氏、双方については両岡見氏と呼ぶ。

(22)これは、土岐・菅谷氏等でも同様であったであろう。市村前掲注(7)論文参照。

(23)この点、注(7)所引の『牛久市史　原始古代中世』における筆者執筆分での評価にはやや難があった。本章のように訂正する。

(24)なお、注(7)所引の『龍ヶ崎市史中世編』第五章第5節(市村高男氏執筆分)では、「岡見氏の領地や居城に関わる重大な問題であった可能性が高そうである」としている。
(25) 注(7)所引の『龍ヶ崎市史中世編』第五章第5節(市村高男氏執筆分)では、〔史料3〕から、牛久岡見氏の難渋も想定するが、治広の実子進上を伝える〔史料4〕と日付が一日違いであることからいっても、本文で述べたように〔史料3〕の段階では、牛久岡見氏からの人質進上は順調に進んでいたと解釈しておく。
(26) 「岡見文書」(『牛古』一九八)。
(27) 「岡見文書」(『牛古』一九九、一部校訂)。
(28) 本書補論一参照。
(29) 「大途」については、久保『戦国大名と公儀』(校倉書房、二〇〇一年)を参照。
(30) 「岡見文書」(『牛古』二〇〇)。
(31) 「岡見文書」(『牛古』二〇五)。
(32) 「旧記集覧」(『牛古』二〇六)。
(33) この点、〔史料9〕が天正十五年に比定できなければ成り立たないのではないか、という疑問もあるかもしれないが、岡見氏の危機的状況において当主自らが加勢を約束する、との構図には違いがないと考える。
(34) 『牛久市史　原始古代中世』第八章第六節(松岡進・八巻孝夫・三島正之氏執筆分)参照。
(35) この点、すでに本書補論二の旧稿でも推定していたが、同右所引の『牛久市史　原始古代中世』第八章第六節(松岡進・八巻孝夫・三島正之氏執筆分)でも、どちらが本丸かわかりにくい二つの曲輪の存在が指摘され、在番諸将と岡見氏やその家臣団との矛盾・相克が推定されている。遺構からも裏づけられる問題であるといえよう。
(36) 本書補論一参照。
(37) 「六所神社文書」(『牛古』二〇七)。
(38) 「古文書」(『牛古』二一七)。
(39) 山本前掲注(3)②論文で言及されている備中三村氏は、こうした事例といえよう。

(40)　山本前掲注（3）②論文では、毛利領国の東の「境目」における大小数多存在する諸勢力の合従連衡、勢力関係の変動が当該地域内での合戦の最大の原因ともなっているという指摘がある。この指摘自体も重要であり、また大小数多存在する諸勢力は、「境目」において、それらが重層的に存在することを想起させてくれることでもある。

(41)　「はじめに」所引の各論考、参照。

(42)　戦国大名とその「国家」については、勝俣鎮夫「戦国法」（『岩波講座日本歴史8　中世4』岩波書店、一九七六年、所収、のち勝俣『戦国法成立史論』東京大学出版会、一九七九年、所収）、同「一五―一六世紀の日本」（『岩波講座日本通史10　中世4』岩波書店、一九九四年、所収、のち「戦国大名『国家』の成立」と改題して勝俣『戦国時代論』岩波書店、一九九六年、所収）、北条氏と「国家」については、久保前掲注（29）著書参照。

(43)　「境目」と大名権力との関わりや矛盾の具体像については、稲葉前掲注（3）論文、参照。

(44)　黒田前掲注（13）①②著書、等。

(45)　山本前掲注（3）②論文。

〔補注1〕本書第四章（の旧稿）で、一部を論じた。

〔補注2〕序章で述べたように、大部分を本書補論一として収録した。

補論一　岡見氏の動向

第一節　岡見氏の自立と支配

岡見氏と北条氏

小田氏の没落と軌を一にして、牛久城主岡見氏の自立が進んだ。しかしその過程は、南進する佐竹氏や多賀谷氏との対立を不可避とするものであり、大きな困難を伴っていた。こうしたなか、関東の過半に大領国を形成する北条氏が常陸南部に進出してきた。その大きな契機となったのは天正二年（一五七四）の軍事的勝利である。

下総関宿城（千葉県野田市）に拠る簗田氏は古河公方の老臣であるが、北条氏綱の娘（芳春院殿）を生母とする義氏の公方継承に反発し、義氏・北条氏と再三にわたり敵対した。天正二年に入って第三次関宿合戦が起こり、北条氏は数か月にわたる攻城戦の末これを落としてようやく簗田氏を完全に屈服させることに成功した。さらに同年末には下野小山城（栃木県小山市）を落として鎌倉以来の名族小山氏を逐った。関宿城・小山城は北条方の城として大規模な改修が施され、北条氏は下総北西部・下野南部を勢力範囲に収めつつ、これを足がかりとして常陸南部への進出を可能としたのである。

岡見氏や江戸崎の土岐氏は、この新たに登場した強大な勢力に依存して佐竹・多賀谷氏に対抗しようとした。岡見氏と北条氏との関わりがいつ始まったかは明確でないが、天正七年と推定される七月二五日付北条氏照書状(1)は、岡見彦五郎に対して、小田氏治への書状を届け、その「御報」(返書)を北条方に届けてくれたことへの礼などを述べている。彦五郎は牛久城主治広である。この段階では、北条氏と岡見氏との関係というよりも、岡見氏が北条氏と小田氏との交渉に当たって小田氏側の取り次ぎ役を勤めていたといえよう。北条氏側で同様の立場にあったのが、北条氏照というわけである。当時、特定の大名同士や大名—国人間の関係で取り次ぎ役を勤める人物は決まっており、「取次」あるいは「奏者」「指南」などといわれ(以下、「取次」で統一)、双方にとって非常に重要な役割を果たした。岡見氏はまず小田氏の「取次」として北条氏に接触したと考えられるのである。

岡見氏が自立した勢力として北条氏と関わるのがいつからか、また土岐氏はどうかというのも明確でないが、天正八年にはすでに北条氏の後援を得ていた。同年、牛久の岡見治広と江戸崎の土岐治英が相談し、多賀谷氏の支城となっていた谷田部城(茨城県つくば市)の奪還を目指して軍事行動を起こした。これは岡見氏が主体的に土岐氏と相談して行っているとみてよいであろう。この際、岡見治広と足高の岡見宗治らが北条氏照と密謀し、またその援軍を受けた。これにより、岡見氏は谷田部城の回復に成功している(2)。岡見氏は、自立の過程で旧来の敵と和解するよりも、新たな味方を得て徹底的にたたかう道を選んだのである。すでに独自の地位を常陸南部で築いていた土岐氏も同様であった。

北条氏照と松田憲秀

岡見氏や土岐氏が北条氏と関わりをもつにあたって、やはり「取次」が存在した。岡見氏と北条氏との「取次」は、天正七年に岡見治広に書状を送り、天正八年の谷田部城攻撃の時にもみえた北条氏照である。氏照は、北条氏三代当主氏康の子、四代当主氏政の弟にあたり、永禄年間初年頃、かつての武蔵国守護代である大石氏の家督を継ぎ、滝山城（東京都八王子市）を本拠として武蔵国多摩郡の大部分、入間郡南部等を支配した。さらに、北関東の軍事行動でも中心的役割を果たし、永禄末年には下総栗橋城（茨城県五霞町）の城主、天正二年の小山城落城後に同城の城主となり、下総北西部・下野南部にも支配を及ぼした。また、古河公方足利義氏の後見として密接な関わりをもち、他大名との外交折衝でも活躍するなど、北条氏一族のなかでも最有力者であった。

氏照が岡見氏との「取次」になったのは、彼が北関東における軍事行動の中心であり、また政治的にも常陸南部にほど近い栗橋城・小山城の城主として支配を行っていたことなどから、北条氏の対常陸戦略においても中心的な役割を期待されていたと考えられ、また小田氏との交渉に当たり、岡見氏とすでに接触もしていたわけであり、当然の成り行きといえよう。

岡見氏は、この北条氏一族における最有力者たる氏照をたんなる「取次」とするにとどまらず、積極的に接近するのが得策と考えた節がある。（天正十八年）六月四日付の岡見治広・同照親連署書状写の発給者は、一人は牛久城主岡見治広であるが、もう一人の照親は他に所見がないものの、治広の子息ではないかと考えられている。問題は、照親の「照」字である。治広はもちろん、ほかの岡見氏一族にも「照」字を使用している者はおらず、岡見氏と近い関係にある人物を見渡してみても該当する人物は、氏照以外にはいない。そうすると、照親は氏照から「照」字の偏諱（名のうちの一字）を受けたことになる。通常、偏諱は主人から家臣に与えられるものであり、この点、検討の余地があるかもしれないが、偏諱とみてよいとすれば、岡見氏と氏照との非常に密接な人間関係が明らかである。ただし、それは氏照が大きく優位に立つ関係であり、北条氏宗家のみならず、「取次」である氏照とそのような関係にある岡見氏の苦境もうかがわれるといえる。岡見氏が北条氏と結んだのは、その主体的な選択によったわけであり、それは対佐竹・多賀谷氏において確かに大きな効果を現したが、一方で北条氏への従属をも余儀なくされたのである。ただし、当初からそうであったわけではなく、従属が顕著になってくるのは天正十年代に入ってからである。

作成年を欠くが、天正十年十一月から翌十一年五月頃までの状況を示すとされている小田原一手役之書立写(4)には、「岡見治部太輔」「岡見中務」がみえる。この史料は北条氏の一族・家臣と従属する国衆を書き上げたものであるから、牛久の岡見治広と足高の岡見宗治は、北条氏に従属する国衆として明確に把握されているといえるのである。

土岐氏と北条氏との「取次」は、北条氏の老臣松田憲秀であった。松田氏は北条氏の初代伊勢宗瑞(北条早雲)以来の北条氏家臣である。永禄二年(一五五九)北条氏は家臣の知行の有様を書き上げた「所領役帳」と呼ばれる調査書を作成するが、憲秀はそのなかで小田原衆という「衆」(軍団)に分類され、その筆頭に上げられている。小田原衆は「所領役帳」の「衆」の最初に配されているから、憲秀は「所領役帳」全体のなかでも筆頭となる。憲秀の所領規模を示す知行貫高は御家中衆幻庵に次いでおり、幻庵は宗瑞の子息であるから、家臣のなかでは第一位である。このように、憲秀は北条氏の最有力家臣といってよく、それを反映して軍事・政治活動も活発であり、天正年間には下総南部から上総、下総北部から常陸南部にかけての地域で中心的役割を果たしていた(5)。土岐氏との「取次」となったのもこうした事情によるであろう。憲秀はほかにも近隣地域では下総森屋(茨城県守谷市)の相馬氏、同布川(茨城県利根町)の豊島氏の「取次」となっている。

土岐氏と憲秀との関係を示す史料はいずれも年未詳であり(7)、天正十年代のものと考えられているが、土岐氏と北条氏との関わりがはじまったのと同時かさほど隔たらない頃から、憲秀は「取次」であったと考えてよいであろう。であるとすれば、それは土岐治英が岡見治広と相談して谷田部城を攻撃し、北条氏の援軍を受けた天正八年前後ということになる。土岐氏の場合も岡見氏と同様に北条氏への従属が顕著になってくるのは天正十年代に入ってからである。やはり小田原一手役之書立写に、「江戸崎土き殿」とみえ、土岐治綱が北条氏に従属する国衆として把握されているのである。

岡見氏本知行等覚書写

自立した岡見氏の支配領域は、打ち続く戦争状況のなかで変動が著しかったと考えられるが、天正十三年頃から同十八年までの岡見氏一族の知行関係を示したものと考えられる岡見氏本知行等覚書写[8]によって、その大要を知ることができる。この史料は、岡見治広が北条氏の要求で提出した物の写しであろうといわれ[9]、江戸崎土岐氏の子孫に伝えられた。岡見氏が控えとして写した物、あるいはさらにそれから写された物が、何らかの理由で密接な交流関係のあった土岐氏のもとに渡ったのであろう。

記載は、岡見方の城、ついで郷村、さらに「半手之分」の郷村を書き上げるかたちが基本で、必要に応じて注記が加えられている。郷村のすべてが現在地比定できるわけではないが、戦国期の牛久市域およびその周辺地域の地名が数多く示された貴重な史料である。

まず城であるが、五つ挙げられており、注記されている人名は城主である。牛久城・新地城が茨城県牛久市域で、牛久城の城主は岡見治部大夫(大輔)であり、これは当然ながら牛久岡見氏の当主治広である。新地城はその弟五郎左衛門が城主となっている。ほかには矢田部城・足高城・板橋城がある。矢田部城（谷田部城）は茨城県つくば市域で、一時期多賀谷氏の手に落ちていたが、天正八年岡見氏が土岐氏と協力し、北条氏の援軍を受けて奪還したものである。その後治広の一族とみられる岡見丹波に預けられていた。足高城・板橋城は茨城県つくばみらい市域である。足高城主は岡見中務、すなわち岡見宗治で、「治部又おい」とされている。足高の宗治は牛久の治広の又おい、つまり従兄弟の子であったわけである。板橋城主は「牛久之旗下」、つまり牛久岡見氏に従属していた月岡上総介という人物であった(10)。郷村の地域的まとまりは「半手之分」も含めおよそ七つであり、まとまりごとに書き上げられている。書き上げ順にそのまとまりを示していくと、以下のようになる。

（一）小貝川と西谷田川に挟まれた地域。かまた（鎌田）からかや丸（萱丸）までがこれに当たる。足高城と板橋城が含まれており、ほぼ足高岡見氏の支配領域と考えてよい。

（二）岡見領最北部地域。おさがうや（長高野）から高さへ（高祖道）までがこれに当たる。多賀谷領内に分散した郷村で岡見領からみた飛び地といえようが、そもそも岡見氏の支配がどれほどの期間実質を伴っていたか否か疑わしい。

（三）龍ヶ崎城西方地域。関から門倉までがこれに当たる。一部現在地比定ができない郷村もあるが、「二郎右衛門川原代十ヶ所」として一括されており、同地域と考えてよい。岡見氏の一族と考えられる二郎右衛門の知行であるが、戦国期になってから、婚姻などにより布川豊島氏か守屋相馬氏から岡見氏に譲与されたかといわれる。

（四）牛久市域東部地域。井野岡（飯岡）から正直までがこれに当たる。これらは現在牛久市域ではあるが、土岐領に深く入り込んでおり、室町期から一貫して土岐氏が支配していた地域である。これも婚姻などにより土岐氏から岡見氏に譲与されたとみられ、土岐治英の娘が岡見治広に嫁ぐ際の化粧領かともいわれる(11)。

（五）小野川中流域・乙戸川上流域の地域。小池から大井までがこれに当たる。ほぼ河内郡・田中荘に含まれる。岡見氏名字の地である岡見がみえ、岡見氏の最も古い支配領域であった可能性が高い。

（六）牛久沼周辺から東谷田川東岸を北上する地域。赤塚からかやば（萱場）までがこれに当たる。南に牛久城・新

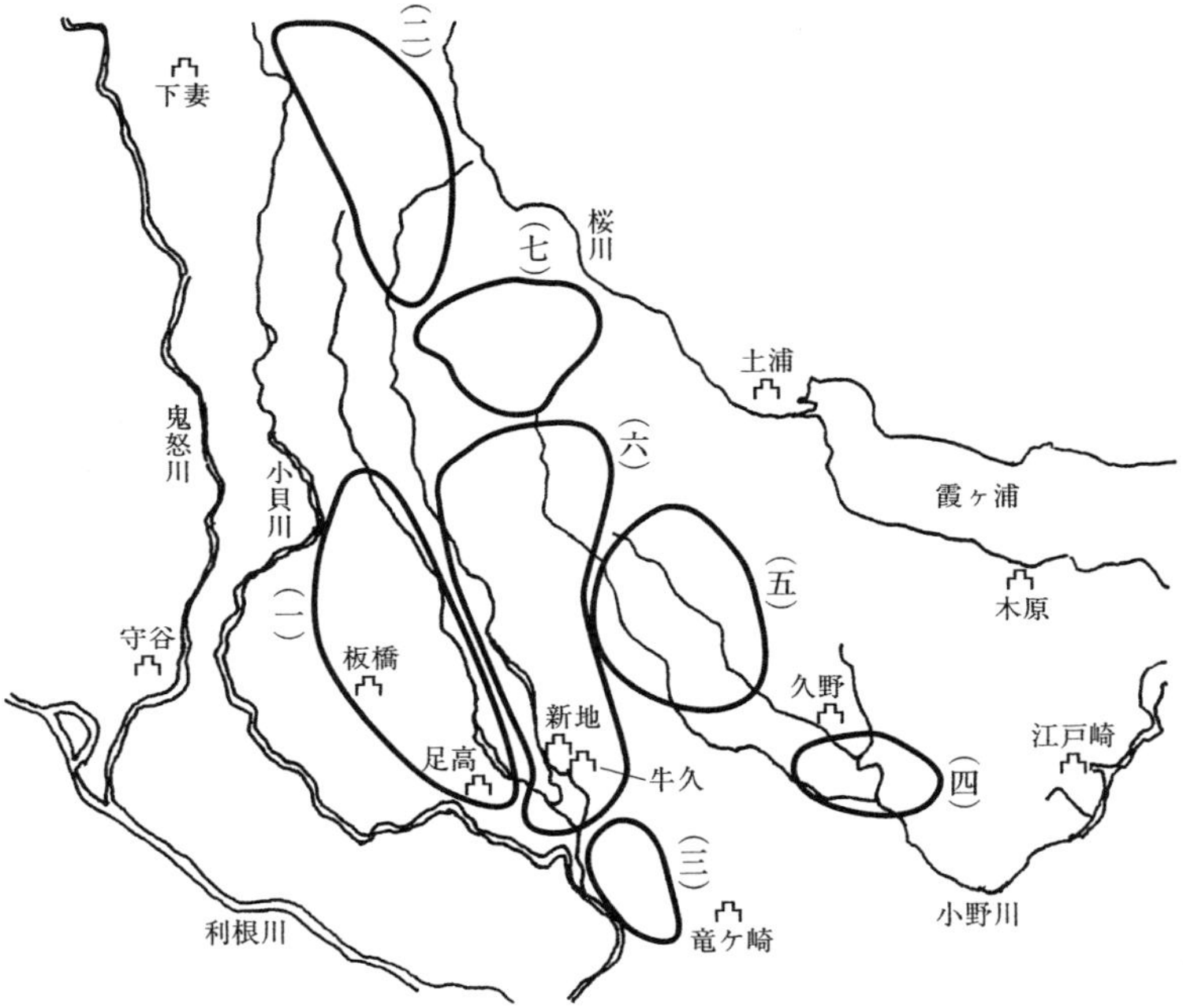

図　岡見氏所領構成概略図（『龍ケ崎市史中世編』209頁図より作成。図中の数字は本文中の数字に対応）

地城、北に谷田部城があり、遅くとも天正年間には牛久岡見氏の支配領域の中核となっていたと考えられる。

（七）岡見領と多賀谷領の境界地域。「半手之分」として示された苅ま（苅間）からくりかけ（倉掛）がこれに当たる。（二）の飛び地を除けば、岡見領の最北部となる。岡見氏と多賀谷氏が「半手」で支配した領域である。

岡見氏支配領域の構成

右にみたまとまりから岡見氏支配領域のあり方、構成を考える。まず（七）の「半手」であるが、これは戦国時代の史料にしばしばみえる用語で、二つの勢力が軍事的に対立・拮抗し、いずれの支配下とも決しがたい状況下の領域における郷村で、年貢などを両勢力に半分ずつ納めるようなあり方である。「半納」や「半済」とみえることもある。大まかにいって東国では「半手」、西国では「半納」が多いようである。「半済」というと、南北朝期に守護と荘園領主との間で年貢を折半する方式としてのそれが有名であるが、戦国時代の場合、多くは直接軍事的に対立する者同士の間で折半しているわけであり、かなり意味合いを異にする。

二つの勢力が軍事的に対立する地域は、これも戦国時代の史料にしばしば見える用語で「境目」という。「境目」の語感からは境界線を連想しそうであるが、戦国時代の「境目」はむしろ面、つまり一定の広がりをもつ地域、領域なのである。

「境目」は軍事的対立がある地域ゆえに、頻繁に戦争に巻き込まれた。「境目」の郷村は多大な戦争被害を受けたわけである。しかし、郷村の人々はそれにただ堪え忍ぶだけではなく、対立するそれぞれの勢力に主体的にはたらきかけ、「半手」を認めさせたといわれる。つまり、「半手」は自然と成立するようなものではなく、「境目」の郷村が年貢の二重取りを拒否し、拮抗状況が続く限りは対立する双方に半分ずつしか納めないことを認めさせた、一種の中立宣言なのである。もちろんそれに至るまでは、緊張に満ちた粘り強い交渉が繰り返されたことが想定される。ここには、戦争に巻き込まれ、苦しめられながらも強く生き抜く戦国民衆の姿がうかがわれるといえよう。

こうしてみると、岡見氏支配領域の中心となるのは（一）（五）（六）であり、（五）に発祥し、権力を発展させた岡見氏は、ついで（六）、さらに（一）へと進出したと考えられる。西へ展開するに伴い、本拠を支配領域全体の中心に近い（六）の牛久城へと移す必要が生じたものであろう。（三）（四）は比較的新しく岡見氏の支配下に入った地域であり、その入手事情や位置条件からいって支配の浸透度は低かったと考えられる。（七）は多賀谷氏と「半手」であったわけであるから、支配はあまり及んでいない。（六）の谷田部城ですら多賀谷氏に奪われ、天正八年に北条氏・土岐氏等の支援を受けてようやく奪還したほどであり、多賀谷氏の南下攻勢の激しさからいって（七）においてはむしろ岡見氏が押され気味であったと考えた方がよいであろう。そうだとすれば、その（七）よりも北で多賀谷領内に存在する（二）がどのような状態であったかは推して知るべしだといえる。岡見氏の立場からすれば、本来的な支配の正当性を主張する意味が何かしらあったかもしれないが、支配の実体を伴っていたか否かはきわめて疑問である。

以上のように、戦国時代末の天正十年代、小田氏からの自立を遂げた岡見氏の支配領域は、現在の牛久市西部・つくば市南部やつくばみらい市・阿見町の一部を中心に、牛久市東部や龍ヶ崎市・土浦市の一部にも及んでいたのである。

第二節　「境目」牛久地域と岡見氏

岡見氏人質問題と秀吉

天正十年代に入り、岡見氏の北条氏への従属が進んでいった。それに関わる問題をよく表しているのが、天正十四年（一五八六）、北条氏から牛久・足高両岡見氏に対して人質を要求した事件である。

この年北条氏は、岡見氏ばかりでなく、各地の従属する国衆に対して人質の提出を命じている。これは、北条氏による領国の防衛強化の一環であったが、その必要性を北条氏に強く感じさせたのは、遠く畿内にあった羽柴秀吉である。

秀吉は、周知のごとく、織田信長の下で頭角を現し、天正十年信長が明智光秀によって本能寺で横死すると、光秀を討ち、さらに翌十一年対立する柴田勝家を倒して、信長の後継者としての地位を確立した。同十三年秀吉は関白となり、四国を平定するなど、着々と天下統一に向けて歩みを進めていった。

同十四年十月には徳川家康がついに上洛して秀吉に屈服、さらに十二月には豊臣姓を得、九州の島津氏攻撃を発令し、その勢いはさらに増していく。岡見氏の人質問題が起きるのは同年八月のことであり、秀吉の脅威がみるみる迫ってくるなかで、北条氏が防衛強化を進めようとしたためとみてよかろう。とくに、この間秀吉が関東の諸大名・領主に向けて私戦停止令（いわゆる惣無事令、以下これで表記）を発令していることは重要である。

この惣無事令とは、領土紛争を起こしている大名・領主に対し、戦争の即時停止と、秀吉の領土裁定受理を命じるものである。これに従わなければ反逆とみなされ、武力攻撃を受けるわけである。北条氏は関東一円に覇を唱えるべく戦争を継続していたから、秀吉の惣無事令は受け入れがたくもあり、それゆえに脅威ともなったのである。

岡見氏人質問題の経緯

岡見氏人質問題が最も早くみえる史料は、①八月十四日付岡見中務大輔（宗治）充て北条氏照書状[12]である。氏照は「取次」として、宗治との折衝に当たっているわけである。これによれば、岡見治広の代官五郎兵衛が小田原に「参府」し、治広の何らかの要請を北条氏当主氏直（あるいは隠居氏政、以下両者の可能性がある場合、当主で統一）に伝え、それを聞き届けた。ここだけではその内容は不明だが、宗治に伝えていることからすれば、両岡見氏の関わる問題であったと考えられる。ただし、聞き届けるに当たっては条件があった。それが人質の進上だったのである。

「治部大輔方証人并其方証人」とみえるのが、治広と宗治からの人質ということである。「証人」とは当時の史料用語で、多くの場合人質を意味する。注意すべきは人質進上の理由である。「境目之地在城候間」とあり、直訳すれば、「境目」の地で在城しているので、となる。「境目」は、先に述べたように、二つの勢力が軍事的に対立する地域である。茢ま（茢間）等の郷村が、岡見氏にとって多賀谷氏との「境目」であったが、北条氏にとっては、岡見氏の支配領域全体が北条領国と佐竹・多賀谷氏らとの「境目」だったわけである。土岐氏の支配領域も同様だったであろう。軍事的に緊迫した地域であるだけに、そこに在城する国衆を強く従属させておく必要があったわけであり、そのための人質だったのである。

この人質問題は紛糾する。②八月十九日付岡見中務小（大）輔充て北条氏照書状[13]では、氏照が「あなたから『証人』を出すように北条氏当主がお望みなのに、難渋しているそうであるが、まったくよろしくないことである」と不快感を露わにしている。足高岡見氏の宗治が、北条氏の人質進上要求に対して「難渋」し、なかなか応じようとしていないのである。ついで氏照は説得にかかる。あなたたちは年来「境目」の地に在城され、北条氏に対する特別の忠信は浅からぬものがあるから、「証人」を進上して「治部太輔方自訴」も間違いなく達せられるようにするのがよろしかろう、という。

ここでも鍵となるのは「境目」在城である。また、「治部太輔方自訴」とは、①で五郎兵衛が北条氏当主に伝えた岡見治広の何らかの要請と同じとみて間違いない。これも鍵となる。①では、「境目」在城は人質進上の理由であったが、ここでは「境目」在城の忠信が岡見治広の「自訴」実現の根拠となっている。重要な地域を守備しているのだから願いを叶えてやろう、というわけである。宗治の「難渋」に慌てた氏照は、①でたんに人質進上の理由としていた「境目」を治広の「自訴」実現の根拠とし、その上で「自訴」実現には人質進上が重要だ、とした。人質進上と「自訴」実現はいわば取引材料として動かないが、「境目」在城の意味づけは人質進上の側から「自訴」実現の側へ大きく変化した。ただし、それは「境目」地域が重要であるという点では変わらなかったわけで、在城する武将から是非とも人質を得なければならぬほど重要であり、在城する武将の要請をなるべく叶えなければならぬほど重要だったのである。

宗治の「難渋」を重く見た氏照は、一族の牛久岡見氏の治広も動かして説得しようとする。③八月二十六日付岡見治部大輔充て北条氏照書状(14)がそれである。ここで氏照は、「三人之証人衆」を進上すべきこと、迎えの者を派遣するので支度をしておくこと、「貴辺五郎右衛門尉」のことは滞りなく進んだことを述べている。「貴辺」は名充人の治広であるから、治広は北条氏の要求に従って早々に人質進上を決定したことがわかる。続けて氏照は、「中務手前一段笑止候」すなわち宗治はまったくけしからぬ、という。五〜一〇日の間に進上するように助言するのがよろしかろう、と治広から宗治への説得を促している。また、氏照自身三日以内に「参府」すなわち小田原へ赴いて、事情説明をするとしており、事態が緊迫していることが見て取れる。

また、ここで注目されるのは、「西口」すなわち北条領国の西の「境目」は平穏であるから、このたびの「御加勢之儀」はどのようにも北条氏当主に進言しよう、と述べている点である。③には人質進上と一体である「自訴」実現について述べられていないが、とすれば、この「御加勢之儀」こそが治広の「自訴」の内容だったと考えられる。治広、そして宗治も含む岡見氏が北条氏の加勢を望むような事態とは、多賀谷氏（あるいは佐竹氏）による攻撃の激化であろう。これが人質進上との取引材料とされているわけであり、岡見氏が北条氏に依存する契機となった多賀谷・佐竹氏らの南下は、北条氏への従属をいよいよ深めていく要因となっているといえるのである。

人質問題に関する最後の史料は④八月二十七日付岡見中務太(大)輔充て北条氏照書状(15)である。氏照は、宗治が人質の件について「迷惑」との意志を示す事情についてはやむを得ない点もある、と一応の理解を示している。宗治から人質を進上したくないこと、またその理由について、氏照に（おそらく書状で）伝えてきたと考えられる。しかし、理解を示しながらも氏照の姿勢は変わらない。「治部太輔方自訴」がこのたび実現するところなのに、あなたの都合で横やりが入っては台無しになってしまう、という。やはり、治広の「自訴」、③で推定したところによれば加勢要求が、いわば殺し文句となっている。さらに、「すでに治広は実子を進上しているのだからどのような言い分でも聞こうではないか、そのために一〇日や一五日逗留することになってもいかほどの苦労があろうか、私のこうした気持ちをよくよく考えて、治広同様に小田原からの下知に応じて人質を進上されることが忠信の上の忠信だ」と説得する。何としてでも宗治を説得しようとして言葉の限りをつくしている。懸命であるとすらいえよう。人質問題の重要性と宗治の頑強な姿勢がうかがえる。なお、③で治広が人質進上に応じているのを確認したが、それは治広の実子であったことがわかる。

この人質問題がどのような決着をみたか語る史料は、残念ながらみつかっていない。ただ、宗治があくまで人質進上を拒絶した場合、それは北条氏への敵対行為となるわけで、北条氏との関係は破綻するし、攻撃の対象になる。この後、そうした徴証はみられないので、結局は人質を進上したと思われる。氏照の説得が功を奏したのか、また一族治広のそれによるのか、ともあれ一時緊迫した人質問題は、北条氏と足高岡見氏との決裂には至らず、解決したのである。

「境目」の領主としての岡見氏

以上みてきた人質問題は、岡見氏と北条氏との関係、岡見氏の立場などについていろいろな問題点を提示する。まず、岡見氏の北条氏に対する従属度がかなり強くなっているということである。人質進上を要求されていること自体、そのことを端的に現しているが、氏照書状の言い回しにも北条氏が優位に立っている様子が見て取れる。とくに、②④では、「忠信」という文言がみえる。「忠信」とはいうまでもなく、従者・家臣から主人へ向けられる行為であり、北条氏は岡見氏がそれを自分に向けるのを当然のこととしている。また④では北条氏当主の指令を「御下知」と表現している。「下知」とはこれもいうまでもなく、支配者から被支配者へ向けられる行為である。さらに、治広が進上する人質は④によれば、実子である。同盟関係で人質を交換する場合ならいざ知らず、一方的に進上する場合に、実子を選ばなければならないのは、相対的に従属度の強さをうかがわせる。

だが、それにもまして重要なのは、それほどの従属度の強さにもかかわらず、宗治の「難渋」「迷惑」と示される抵抗姿勢が頑強であったこと、また人質進上は決して一方的に強制されるのではなく、岡見治広の「自訴」実現、すなわち北条氏から岡見氏への加勢実現との取引材料、交換条件であったことである。これは、岡見氏が全体としては北条氏への従属度を強めていったものの、一定の自立性をなお保っていることを示す。

多くの戦国大名にとって領国の外縁部（「境目」を含む）に盤踞する有力国衆を従属させることは容易ではなかった。多くの場合、彼らの自立性は強く保たれたままであった。岡見氏の場合、勢力として強大であったとは言い難いが、それでも一定の自立性を有していたのである。

それは北条氏の側からみれば、岡見氏や土岐氏が軍事的に重要な「境目」に在城していたことが大きいわけであるが、岡見氏や土岐氏の側からみれば、そもそも北条氏に従属したのが、彼らの主体的選択によるわけである。つまり、結果的に強く従属せざるを得なくなったけれども、やむを得ず従属したのではなく、進んで依存したという意識が強かったと思われる。

この主体的選択は、戦争状況のなかに生きる人々にとって領主から百姓に至るまで、多かれ少なかれ必要な行為であったが、激しい戦争が断続的に続く「境目」地域では、とくにそれが重要であった。前節で岡見氏と多賀谷氏との勢力の「境目」に所在する郷村が「半手」を行っている有様をみたが、岡見氏や土岐氏の支配領域自体が、北条氏と佐竹・多賀谷氏らとの「境目」であるのは先にみたとおりであり、いわば岡見氏や土岐氏は「境目」の領主だったわけである。郷村であれば、年貢を半分ずつ敵対する両勢力に納める「半手」が可能であるが、領主は敵対する両勢力に半分ずつ従軍するわけにはいかない。また、まったくの中立を貫くにはよほどの実力が必要である。したがって、激しい戦争状況のなか、「境目」の領主は時々刻々の政治・軍事状況をみきわめて従属する勢力を決定する必要があった。またそれができる領主でなければ、家臣や郷村、支配下の民衆も従ってはくれなかった。「境目」の領主にとってどの勢力に依存するかという主体的選択は、自らの生き残りを賭した行為だったのである。

「境目」の領主岡見氏はこうした主体的選択とともにある以上、政治・軍事状況の変化によっては、いつでも従うべき勢力を替えることに躊躇はなかったわけである。北条氏に従うべき条件を失えば、その旗下を離れる可能性—北条氏からみれば危険性—は常に存在していた。ではその条件はどのようなものか。岡見氏や土岐氏は南下する佐竹氏や多賀谷氏の圧力に対抗するために北条氏に依存、従属したことがまず重要である。さらに、人質進上との交換条件が北条氏による加勢実現であったことを考え合わせれば、自ずと答えはみえてくる。すなわち、それは危機に陥った時ただちに軍勢を派遣して支援し、安全を確保することである。この軍勢派遣・安全確保が保証されなくなれば、「境目」の領主である岡見氏や土岐氏は、さらなる主体的選択によって佐竹氏や多賀谷氏と結ぶことも十分ありえたのである。

岡見氏の場合、同族でありながら足高の宗治は人質進上を「難渋」し、牛久の治広は早々に応じた。大きく異なる対応である。これを一族内での対立や確執の結果としての路線の違いと考えることも可能であるが、確証はない。ただ、同族内での異なる対応自体が、「境目」の領主による主体的選択の強さを象徴的に示しているとはいえよう。もちろんそれは一歩誤れば、没落・滅亡の危険と表裏の関係にある。「境目」の領主にとって、主体的選択の強さ・一定の自立性は、諸刃の剣だったのである。

こうした「境目」の領主は、戦国期には数多く存在した。規模が大きく、知名度も高いものとしては、天正年間に織田・毛利二大勢力の狭間で複雑な動きを示した備前・備中・美作の宇喜多氏があげられる。東国では、たとえば北条・今川・武田三大勢力に接してある程度の自立性を保った駿河駿東郡の葛山氏などがあげられる。宇喜多氏などと比べれば、岡見氏や土岐氏はまったく規模が小さいが、大小にかかわらず「境目」の領主は、彼らを巻き込んで対立する勢力にとって、しばしば重要な鍵となる存在だったのである。

多賀谷氏の攻勢

天正十五年に入り、多賀谷氏の攻撃は激しさを増す。三月十三日付狩野宗円書状(16)によれば、多賀谷方は足高城にほど近い場所に「取出」(城郭)を構築した。これは、三月十四日付氏照書状(17)によれば、八崎(茨城県つくば市)に築かれたことがわかる。足高の宗治と牛久の治広は危機が迫っていることを認識し、北条方の「取次」である氏照に事の次第を急ぎ報告したのである。

ところが、氏照は本拠である八王子城にはいなかった。そのため、留守居をしていた氏照の重臣狩野宗円が取り急ぎ返書を送ったわけである。氏照が留守にしたのは、「相府大普請」すなわち小田原城の大修築工事のためであった。これについて宗円は、この春は世のなかも豊作だったので余裕があるから、と述べているが、実情はそのような悠長なものではなかった。

先にも述べたように、前年の十月徳川家康が秀吉に屈服したが、家康は天正十年以来北条氏の最大の同盟者であり、その領国は北条領国の西に接していたから、ちょうど秀吉からの攻撃を受け止めてくれる位置にあった。つまり、家康の屈服により、北条領国は直接秀吉の攻撃にさらされることとなったわけである。さらに秀吉は、惣無事令に応じない島津氏に対する攻撃命令を十二月に発した。同様に惣無事令に応じていない北条氏が攻撃されるのも時間の問題であった。危機感を強めた北条氏は、かねてから進めていた領国の防衛強化に拍車をかける。非常事態を国衆らに訴えて戦争準備を命じ、[18] 中小武士や国衆の家中衆からも人質を集め、[19] 領国中から小田原大普請の人足を召集した。[20] 氏照が赴いた小田原大普請は、このように領国の一大危機にあたって遂行されたが、宗円はただでさえ危機感に揺れる「境目」の領主岡見氏を刺激しないために実情を隠蔽したと考えられるのである。

岡見氏からの急報は速やかに小田原にいる氏照の下にもたらされた。秀吉に対抗するための大普請に忙殺されている最中ではあったが、重要な東の「境目」地域を放置するわけにもいかない。支援を怠れば、多賀谷氏の攻撃どころか、「境目」の領主岡見氏に背かれてしまう危険すらある。三月十四日付氏照書状では、宗治に対し、北条氏からの援軍が多賀谷氏を撃退することはたやすいからそれまで堅固に防戦をするのが肝要である、と述べている。取り急ぎ援軍を約束し、激励したわけである。具体的対処を決定しないうちに慌ただしく援軍の約束をしているところに、「境目」の領主をつなぎ止めなければならない危機感がうかがえる。

援軍態勢は数日で整えられた。氏照は、早速三月十八日付書状[21]で宗治に詳細を連絡した。これによれば、援軍の中心は高城衆・豊島衆であった。高城は下総小金城（千葉県松戸市・柏市）城主高城胤則、豊島は下総布川城（茨城県利根町）城主で確定はできないが貞継かと思われる。両者とも岡見氏の近隣に支配領域を有する国衆で、北条領国全体からみると「境目」にある岡見氏や土岐氏を後方から支援する位置関係にあるといえる。火急の援軍の中心として、当然の編成であったといえよう。

この援軍を得て、岡見氏の防戦はひとまず成功した。四月三日付氏照書状[22]で、宗治に対し、戦勝を賀している。多賀谷氏は多勢で攻撃してきたが、岡見方の堅固の防戦によって数百人が討ち取られ、敗退したという。しかし、情勢は予断を許さなかったようで、氏照は高城衆を防備のために増強すると約束している。さらに、牛久の治広に対しては北条氏当主氏直自身が四月十一日付で書状を遣わし、自ら加勢のために出馬する旨述べている。[23] おそらく宗治に対しても同様だったであろう。当主自身が加勢を約束しなければならないほど、事態は深刻に受け止められていたのである。

岡見氏の危機

いったんは多賀谷氏を退けた岡見氏であったが、おそらくは八崎城を拠点として、多賀谷氏の攻勢は続いた。六月には多賀谷氏当主重経自身が出陣し、[24]大規模な攻撃が仕掛けられた。この攻防も激戦であったが岡見氏が勝利を得た。六月二十五日付氏照書状・同日付狩野宗円副状・六月二十六日付狩野照宗書状がその模様を伝える。[25] それによれば、多賀谷方の攻撃は六月十六日で、岡見方は頑強な防戦で押し戻し、多賀谷信濃守をはじめ主立った者数十人を討ち取る戦果をあげた。氏照・宗円・照宗は揃ってこれを称揚している。

狩野宗円は先にも留守の主人氏照に代わって宗治に返書を送っているが、ここでも氏照書状に副状を出している。[26] また、照宗は宗円の子息である。さらにつけ加えると、先の宗円の返書にみえる刑部太輔も他の史料などから狩野姓であると推定され、一族ぐるみで岡見氏と関わりを有している様相である。宗円は宗治と贈答を交わし、照宗も自身の病状を宗治に告げ、贈物に礼を述べるなど、一時的でない交流をうかがわせる。氏照は北条方における岡見氏との「取次」だったが、その重臣宗円は氏照家中における岡見氏との「取次」であり、子息照宗らも岡見氏との連絡・折衝に関わりを有していた。「取次」の経路が人脈的に整備されていたことがうかがえるが、岡見氏の北条氏に対する従属度が強まるにつれ、相対的に氏照よりも宗円等が直接岡見氏に対する機会が増えていったことも想定される。直接の連絡・折衝には、政治的・身分的関係が反映するからである。前節でみたように、治広の嫡子が氏照から偏諱を受けるほどに、[27] 氏照が優位に立つ状況に至れば、氏照よりも身分が下の家臣が表に立つことが多くなると考えられるのである。

氏照・宗円・照宗等の語るところからは、岡見氏の一方的勝利のみがみえてくるが、多賀谷氏家臣の記すところによれば、岡見氏の勝利と多賀谷氏の敗走は間違いないが、岡見方にも相当数の犠牲が出ており、激戦であったことをうかがわせる。[28] 多賀谷氏の攻勢は確実に岡見方に痛手を与えていったと考えられよう。

多賀谷方の後世の史料では、天正十五年のうちに多賀谷氏は板橋城（茨城県つくばみらい市）・岩崎城（茨城県つくば市）を攻略、ついで足高城も落として岡見宗治は牛久城へ落ち延びたとする。[29] この点、確実な史料はないが、天正十五年六月の勝利以降は足高城に宗治もしくは岡見方の人々が在城していることが確認できなくなる。これらを併せ考えれば、天正十五年後半をそう降らないうちに足高城は多賀谷氏に落とされたといえよう。

岡見氏の支配領域は大きく多賀谷氏に侵食されたわけで、とくに治広と相並んで岡見氏の勢力を支えてきた宗治の足高城が陥落したことは、岡見氏にとって大きな打撃であった。多賀谷氏は目標をいよいよ岡見氏の本拠牛久城とそれを支える新地城とに絞り、さらに激しく攻撃を加えてくるのである。

牛久在番の成立

「境目」の防衛は、北条氏にとって戦略的にたいへん重要であった。これを領主として必ずしも規模の大きくない岡見氏・土岐氏らに一手に委ねるのは、望ましいことではなかった。実際、多賀谷氏の進撃は確実に続き、岡見氏は健闘しながらも追い込まれつつあった。北条氏は、大きな「テコ入れ」によって「境目」防衛体制を築く必要に迫られたのである。

その具体的手段は城郭の大修築とそれへの在番である。北条氏は「境目」防衛の中核として牛久城を位置づけ、大修築の上在番衆を派遣した。以下、この在番についてみていく。

在番とは、重要な拠点となる城郭に在番衆すなわち防衛のための軍隊を交替で派遣して駐留させることである。在番衆は各々本拠があるわけで、おおむね本拠の地域ごとに番編成の上派遣されるのである。

先にもみたように、天正十五年三月、多賀谷氏の攻撃に当たり、北条氏は岡見氏への援軍として高城衆・豊島衆を派遣した。これについて、動員された高城衆を率いる高城胤則は、このたび「小田原御普請并牛久御番」が同時に北条氏から仰せつけられた、と述べている(30)。北条領国の西から迫る脅威である秀吉に備える小田原城普請と、東の「境目」をうかがう多賀谷・佐竹氏らに備える「牛久御番」とを高城氏は同時に命じられたのである。

北条氏が緊急に対応を迫られていた課題が奈辺にあったかを如実に示しているが、それにしても過重な負担である。胤則も北条氏に対して軽減を「侘言」(嘆願)したが、「古来不入之所」すなわち旧来より上位権力の介入排除を認められてきた場でも、残るところなく徴発するのだ、と却下された。高城氏は北条氏の要求通りの奔走を余儀なくされたのである。

ここでの高城氏の「牛久御番」は岡見氏への援軍、または援軍およびそれに引き続いての暫時駐留であり、あくまで臨時の「番」と考えられる。この時、宗治・治広らが多賀谷氏攻撃の急を氏照に知らせ、氏照は具体的対処が定まらないうちに、ともかく援軍の約束をし、さらに高城衆・豊島衆が派遣されたことを想起すれば、この時点で北条氏派遣の人衆が牛久城なり足高城にいたとは考え難い。少なくとも高城衆・豊島衆は急遽援軍に決定されたわけだから、牛久城に在番していたのではあるまい。恒常的・制度的な在番は、牛久城においてはこの時点では成立していないとみた方がよいであろう。

ただ、こうした援軍派遣、また多賀谷氏の攻勢強化などを通じて在番が恒常化されていったことは間違いない。岡見氏、とくに牛久城主治広としても、足高城など拠点城郭が次々と落とされていくなかで、在番衆を頼みとせざるを得ない状況に追い込まれていったと考えられる。一方、北条氏は「境目」防衛の強化と同時に、在番衆の駐留によって「境目」の領主岡見氏を監視し離反を防止する効果を得た。これは牛久城がなかば北条氏によって接収されたことを意味するともいえるのである。

実際、牛久在番衆恒常化以降、岡見氏の北条氏への従属はさらに強まっていった。天正十七年三月、治広は下野足利（栃木県足利市）に参陣したが、その帰路、「自訴」が一日も早く解決するように氏照からの助言を受け、小田原に「参府」することになった。(31) ここでの「自訴」の内容は不明だが、いずれにせよ、岡見氏は「自訴」解決のためには当主治広自身が小田原の北条氏当主のもとへ赴き、嘆願しなければならない立場となっていたのである。

在番衆と北条氏政

牛久在番の恒常化は、天正十五年と推定される十二月二十八日付井田因幡守充て北条氏政判物写(32)にみられる。井田は上総坂田城（千葉県横芝光町）城主、氏政はいうまでもなく北条氏前当主である。天正十五年末、北条氏はいよいよ秀吉の攻撃が間近と認識し、臨戦態勢を整える。この一環として氏政は、井田に対して正月十五日までに小田原へ参陣するように求めたのである。

この時、井田は「当番」に定まり、牛久へ人衆を派遣していた。氏政は、正月七日に高城・豊島の手の者を交替に派遣するから、井田は軍勢を整えて小田原に参陣せよ、と命じている。「当番」という表現は、すでに牛久在番が恒常化していることをうかがわせる。井田はその恒常化した在番に人衆を派遣しているわけだから、牛久在番衆（を派遣する責任者）に編成されていたといえる。その井田と交替する高城・豊島も同様であったとみて間違いない。高城衆・豊島衆はこの年三月に岡見氏への援軍として派遣され、少なくとも高城は「牛久御番」に当たっていることなども（豊島もその可能性は高い）、裏づけとなる。

これによって、天正十五年の三・四月頃に端緒がみられた牛久在番は同年末までには恒常化していたと考えられるのである。

井田は、天正十七年十二月十七日にも「牛久番」について氏政の指令を受けている(33)。それによれば、本来の「牛久番」の交替が、「西表之儀」のために変更を加えられている。井田と交替するのは、ここでも高城衆・豊島衆である。「西表之儀」とは、ついに決定的となった秀吉の小田原攻撃を指す。牛久在番衆は小田原防衛のためにも一定の人数を割かなければならなかったが、「境目」である牛久城の防御も重要であり、東西への奔走を余儀なくされたのである。

さらに、年未詳八月十三日付北条氏政書状写(34)は、前欠で詳しい状況がわからないが、「動」（中世の史料用語でハタラキと読む。軍事行動のこと）があるので高城が参陣するから「番替」はないこと、「動」の間は井田衆が番を勤めるようにと述べている。これも牛久在番とその交替に関する指令とみてよいであろう。

このほか、在番の形跡があるのは下総矢作城（千葉県佐原市）城主国分氏である。年未詳七月朔日付土岐（治綱）充て国分胤通書状写(35)によれば、胤通は江戸崎の土岐治綱に対して、牛久在番の際に使者を寄越してくれた気遣い等への礼を述べている。ただ、年未詳であるため、この胤通の在番が、牛久城在番が恒常化した後か、する以前か明確でない。したがって、牛久在番衆として確実なのは、井田・高城・豊島氏であり、国分氏も可能性があるといえる。井田はやや牛久地域から遠いが、全体として日常の交流関係が想定される範囲の人びとで、この点、選定にあたり考慮されたと思われるのである。

なお、井田は、牛久周辺での具体的軍事行動も知られる。天正十六年と推定される七月二十三日付北条氏政書状(36)では、佐竹勢の出張に対し、甚内とともに土浦まで出陣が命じられている。この甚内は天正十七年と推定される正月十八日付北条氏政書状写(37)によって岡見甚内とわかる。これによると、甚内は牛久が夜襲を受けた際に奮戦し高名を上げている。氏政は、甚内が若武者ゆえ調子に乗って無理をして討ち死にしないように注意せよ、と井田に命じている。井田は甚内と軍事行動をともにし、いわば目付のような役割を担わされているのである。

当時、岡見氏で甚内と称していた者としては、経吉がいる(38)。系図類では甚内すなわち経吉と結びつけた記載がされていることが多い。ただ、この経吉は山城守系で、一貫して多賀谷氏に属していた可能性が高い。井田と行動している甚内の系譜は保留せざるを得ないが、ともあれ井田は岡見氏の一族と戦陣において密接な関係があったのである。井田は天正十六年九月にも牛久で活動し、その模様を氏政に報告している(39)。同月多賀谷氏が牛久を攻撃して激戦が展開され、牛久衆にも多くの犠牲者が出た(40)。岡見方がどうにか勝利を得たところで井田は氏政に報告したわけである。天正十六年から十七年と多賀谷氏の攻勢が強まるなか、牛久在番衆の役割はますます重要になり、状況に応じて防衛のみならず出撃も行いながら、「境目」牛久地域で奮闘していたのである。

牛久在番衆との関わりのなかで、北条氏政の存在が大きく現れてくる。北条氏における岡見氏との「取次」は氏照だったわけだが、氏政の進出はどのような意味があるのだろうか。

氏政は、天正八年嫡子氏直に家督を譲り「御隠居様」と呼ばれるようになるが、実質的には北条氏における最高権力者であり続けた。広範な軍事活動に対応していくために当主の権力を分割する意味もあったと考えられる。

北条氏は天正十年十月の徳川家康との同盟により、一時領国西方の軍事的緊張が解消し、北関東・房総方面の対策に専念できるようになるが、これに当たり、大きな拠点となるのは江戸城（東京都千代田区）およびその支配地域であった。

江戸城を預かる城代は、はじめ重臣遠山氏、ついで北条氏一族の氏秀・乙松と続いたが、天正十二年頃乙松が夭逝した後は、氏政が事実上の城主となった。最高権力者氏政の進出自体が、北条氏にとってこの地域が非常に重要だったことを物語る。氏政は江戸城を中心として岩付（埼玉県さいたま市）・関宿（千葉県野田市）領等を再編成し、その先に北関東・房総を見据えたのである。

その後秀吉の脅威が迫り、北条氏は北関東・房総に専念とはいかなくなるが、氏政の立場は基本的に変わらなかったと思われる。こうしたなか、常陸への関わりが強くなっていくわけである。牛久在番衆への指令は両総国衆統制の観点からも考えられるが、むしろこれを契機として次第に常陸へ介入するようになったとみた方がよいかもしれない。

天正十六年二月、氏政は大掾氏と江戸氏との抗争に関して牛久岡見の治広から情報を受け取り、折り返し指示を与えている(41)。この時、詳しくは陸奥守すなわち氏照が述べるとつけ加えており、氏照の「取次」たる立場は変わっていないことがわかる。天正十五年と推定される七月二十日付書状(42)でも治広は龍ヶ崎の土岐胤倫に氏照の書状を参考のために送っていることがわかり、氏照と治広、さらには土岐氏との関係がうかがえ、先にみたように天正十七年においても氏照は治広の小田原参府を助言しており、氏照の「取次」は一貫して継続していると考えてよかろう。しかし、常陸における氏政の役割が着実に大きくなってきていることもまた確かなのである。

小田原合戦と「境目」の終幕

天正十六年八月、北条氏政の弟氏規が上洛して秀吉に謁見し、北条側の服属意思を表明した。秀吉もそれを諒としたので、当面の危機は回避された。しかし、同十七年十一月、北条氏邦（氏政・氏照の弟）の重臣猪俣邦憲が、真田氏の属城である上野名胡桃城（群馬県みなかみ町）を突然攻撃して奪取し、秀吉と北条氏との関係は一挙に険悪化した。すなわち、この上野沼田領における領土問題は、秀吉によりすでに裁定済みの問題で、それを勝手に武力行使で覆そうとすることは、秀吉による裁定の無視、公然の反逆とみなされたからである。

激怒した秀吉は、同月のうちに、北条氏の罪状を責め、当主氏直か隠居氏政の即時上洛を求める内容の最後通告を行った(43)。氏直はこれに対して、十二月に入ってから長文の釈明書を送ったが(44)、名胡桃問題については一切関知しないことであったとし、氏直・氏政の上洛についても明確にしなかった。これでは秀吉の怒りが収まるはずもなく、秀吉の北条氏攻撃は決定的となったのである。

同月、秀吉は諸大名に北条氏を「征伐」する準備を命じ、北条氏の側でも急速に迎撃態勢が整えられていった。先にみた井田の「牛久番」変更もこの一環である。天正十八年に入ると、秀吉の軍勢は各方面から続々と北条領国へ向けて進軍を開始した。東海道からは徳川家康・織田信雄ら、東山道からは上杉景勝・前田利家ら、海上からは九鬼嘉隆・長宗我部元親らである。

三月一日には秀吉自身も京都を出陣して小田原へ向かい、同月末から各地で北条方の城に対する攻撃が本格化した。北条方は籠城作戦を採って秀吉軍の攻撃を迎え撃った。「境目」の要である牛久城も強固な防衛態勢を整えたと思われる。しかし、重要であればあるほど、強力な攻撃にさらされるのも必然であった。

天正十八年四月十一日付の頼継寺充て多賀谷重経書状では(45)、岡見治広を殺すか追放した上は、重経が牛久に在城して江戸崎はもちろん下総までも鎮圧すると述べている。牛久城はいまだ落城していないようではあるが、重経の表現からは落城目前とも受け取れる。これは豊島氏に降伏を促している書状であるから、内容をそのまま受け取るわけにはいかないが、この前後に作成されたと考えられる秀吉方の城郭等調査書には(46)すでに牛久城はみえず、落城したものと思われる。「境目」の要である牛久城も秀吉軍の圧倒的威力の前にはもちこたえることができなかったのである。

一方、右の調査書には江戸崎・龍か嶺（龍ヶ崎）城はみえる。不和を生じた土岐治綱・胤倫兄弟であったが、両者ともに北条方として秀吉軍を迎え撃ち、抵抗を続けていた。これは、秀吉軍がまずこの「境目」地域の要である牛久城を攻撃目標にしたという事情もあったであろう。落城時点は明らかでないが、要である牛久城がほとんどもちこたえられなかったこと、また北条領国の他の城郭も次々と落ちていったことなどから考えて、牛久落城をそれほど降らなかったであろう。

七月五日、北条氏直は小田原城を出て、秀吉に降服を申し出るとともに、自らの命と引き換えに籠城衆の助命を嘆願した。秀吉はその姿勢を神妙であるとして一命を助けることを申し渡した。ただし、主戦派であった氏政・氏照兄弟と重臣の大道寺政繁・松田憲秀には切腹を命じ、七月十一日小田原城下で実行された。氏直は紀伊高野山（和歌山県高野町）に上って蟄居し、戦国大名としての北条氏は事実上滅亡した。同時に、牛久地域の「境目」の時代も終わりを告げたのである。

注

（1）「旧記集覧」（『牛古』一七三）。
（2）「水府志料附録四十六」（『牛古』一七八）「明光院記」（『牛久市史料　中世Ⅱ—記録編—』第一章七一号、以下、『牛記』一—七一のように略す）「吉備雑書抄書」（『牛記』一—七二）「多賀谷家譜」「関八州古戦録」。
（3）「秋田藩家蔵文書五」（『牛古』二六六）。
（4）長塚孝「『小田原一手役之書立』考」（『戦国史研究』一七号、一九八九年）。
（5）「佐野家蔵文書」（『牛古』一八八）。

（6）黒田基樹「松田憲秀に関する一考察」（『中世房総』六号、一九九二年、のち黒田『戦国大名領国の支配構造』岩田書院、一九九七年、所収）。
（7）「秋田藩家蔵文書三十三」（『牛古』一八二）、「同右」（『牛古』一八三）、「神崎文書」（『牛古』二〇四）。
（8）「古文書二」（『牛古』一九五）。
（9）『龍ヶ崎市史中世編』。
（10）『同右』。
（11）『同右』。
（12）「岡見文書」（『牛古』一九一）。
（13）「同右」（『牛古』一九二）。
（14）「同右」（『牛古』一九三）。
（15）「同右」（『牛古』一九四）。
（16）「同右」（『牛古』一九八）。
（17）「同右」（『牛古』一九九）。
（18）「別本士林証文」（『小』一七七六）、「富岡家古文書」（『小』一七七七）等。
（19）「杉田郡平氏所蔵文書」（『戦北』三〇四六）、「大阪城天守閣所蔵宇津木文書」（『小』一八〇〇）。
（20）「内山文書」（『戦北』三〇四七）、「大野マサ子氏所蔵文書」（『小』一七九三）。
（21）「岡見文書」（『牛古』二〇〇）。
（22）「同右」（『牛古』二〇五）。
（23）「旧記集覧」（『牛古』二〇六）。
（24）「岡見文書」（『牛古』二一〇）。
（25）「同右」（『牛古』二〇八・二一〇・二一一）。

(26) 前掲注(19)「杉田郡平氏所蔵文書」。
(27) 前掲注(3)「秋田藩家蔵文書五」。
(28) 「常総遺文八」(『牛古』二八八)。
(29) 「多賀谷家譜」。
(30) 「六所神社文書」(『牛古』二〇七)。
(31) 「旧記集覧」(『牛古』二四三)。
(32) 「古文書」(『牛古』二一七)。
(33) 「同右」(『牛古』二四五)。
(34) 「井田氏家蔵文書」(『牛古』二二八)。
(35) 「古文書二」(『牛古』二三九)。
(36) 「古文書」(『牛古』二三三)。
(37) 「同右」(『牛古』二二七)。
(38) 「岡見系図」(『牛記』六―六)。
(39) 「古文書」(『牛古』二二六)。
(40) 「石浜文書」(『牛古』二二四)、「落合文書」(『牛古』二二六)。
(41) 「旧記集覧」(『牛古』二一八)。
(42) 「古文書二」(『牛古』二一二)。
(43) 「北条文書」等。
(44) 「武家事紀三十三」(『小』一九八二)。
(45) 「秋田藩家蔵文書十三」(『牛古』二五七)。
(46) 「毛利文書」(『牛古』二五五、二五六)。

補論二　北条氏照と常陸・下総・下野

はじめに

戦国時代の牛久市域は岡見氏の支配下にあったが、北からの佐竹・多賀谷氏の圧迫に対抗するため、天正五～八年（一五七七～一五八〇）頃からは菅谷・土岐（原）氏等とともに北条氏の支配下に入った。これによって牛久市域は広大な北条氏の領国に組み込まれたのである。(1)

さて、北条氏一族のなかで、個人的に牛久市域と最も関わりが深かったのは、現在知られる限りでは北条氏照である。もっとも、それもそう多くの史料があるわけではなく、氏照と牛久との関係、さらにいえば北条氏一族のなかにあって氏照はどのような立場・役割で牛久と関わったのかという点は、戦国時代の牛久を見通すために重要な問題でありながら、こうした史料的制約から十分には深められていないといえる。(2)

そこで本論では以上の点を念頭におき、まず氏照と牛久市域との関わりを示すわずかな史料からできるだけ多くの論点を引き出し、氏照と牛久市域との関わりの内容を推定したい。そしてさらには氏照の支配のあり方を全体的に検討して問題を深めたい。なお、扱う史料はわずかな中ではあるが一次史料たる古文書を中心とする。軍記物などを用いればより多くの点を提示できるであろうが、現時点ではまず古文書でいえることを確定（ないしは確認）しておくことが重要と考えるからである。(3)

第一節　氏照と岡見氏

まず、氏照と牛久との関係を知るために重要な、天正十五年（一五八七）の多賀谷氏による足高城主岡見氏領への侵攻に関連する史料を、すべて掲げよう。

〔史料1〕

如蒙仰、当春者始而申承候、治部太輔殿御指引承届候、御手前之義共察入、無御余義候、然而多賀谷取出之義、以絵図承候、分別申候、弥御手詰推察申、痛間敷次第候、当春者御世上豊饒、御手透候とて相府大普請、依之奥州御在府之事候に、得御脚力小田原へ相通申候、幸刑部太輔所へも御副状参候間、定而可及御取合候、御返事之様、拙者ハ八王子ニ令留守居候間、委細者自奥州可被仰宣候、事々令期重説候、恐々謹言、

一庵

三月十三日　宗円（花押）

岡中

参　御報(4)

〔史料2〕

去九日之注進状、今月十四日於小田原披見、仍向其地号八崎地多賀谷取立候哉、従牛久之注進同前ニ候、其地程

近敵之寄居、誠苦労無是非候、雖然以御大途可被押払事輙候条、弥手前堅固之防戦肝要候、猶自是可申候、恐々謹言、

三月十四日　氏照（花押）

岡見中務太輔殿（5）参

〔史料3〕

「（懸紙上書）（墨引）岡見中務少輔殿　奥州（墨引）」

此度向其地多賀谷打出、地利を取立之由、手前之備一段無御心元候、然者為御加勢高城衆・豊島衆払而被指越候、此節ニ候条、手前弥堅固之防戦肝要至極ニ候、為其牛久へ竹内被指越候条、其口之様子委細可有注進候、為其申届候、恐々謹言、

三月十八日　氏照（花押）

岡見中務少輔殿（6）

〔史料4〕

「（懸紙上書）（墨引）岡見中務大輔殿　奥州（墨引）」

態脚力到来、祝着候、抑去時分者多賀谷其地へ以多勢及行之処、堅固之防戦故敵敗北、数百人被討捕候事無其隠候、大慶此事候、境目之事昼夜之苦労難申宣候、本意不可有程候条、弥堅固之備肝要候、其表為備高城人衆被指越候間、猶替儀候者可預注進候、恐々謹言、

卯月三日　氏照（花押）

岡見中務大輔殿（7）

〔史料5〕

「(懸紙上書)(墨引) 岡見中務太輔殿参　奥州　(墨引)」

態飛脚到来、仍多賀谷其地江相動処、堅固之備有之而、敵押崩、多賀谷之信濃を始、宗徒之者共数十人被打取由、誠心地能至り満足此事候、度々於其地之勝利、併御稼故ニ候、致感悦候、則為先注進状、小田原へ申上可及御取合候、猶手前堅固之備肝要候、恐々謹言、

六月廿五日　氏照(花押)

岡見中務太輔殿(8)

〔史料6〕

此度多賀谷自身打立破堤候処、則被及御防戦、為始信濃守為宗之者共廿余人被討捕之由、誠以心地好御仕合難申宣候、不被成大形奥州満足被申候、則小田原へも被申上候、定而御直書を以可被仰出候、然者当御行其口へ引立御申□□〔被成〕度之由、被得其意候、治部太輔殿御相談候て、急度被仰上尤候、来十日時分可被打出御陣触ニ候、其上其元御普請なとの義ハ、慥御侘言ニ候、早々言上御申可然候、次鴈菱食送給候、珍重賞味此事候、万吉令期重説候、恐々謹言、

逐啓、去年以来絶音問、　一庵

失本意存候、只今者　六月廿五日　宗円(花押)

令陰陽候、御陣にて候間、疎意

罷過御床敷存計候、

岡中

〔史料7〕

如仰未申通候処、預御書中候、一入本望之至畏入候、内々自是も書中ニ可申入候処ニ、彼是致罷過候、然而其許へ去十六、多賀谷相働申候処ニ、則押返多賀谷旨登之衆始而、無際限被為打討之由、誠以心地能御仕合、無申計候、奥州満足被申儀、不被成大形之由、一庵被申事候、拙者ハ近日者散々相煩申候、至于近日然々共無御座折角申候、是故一庵此度之御取成被申候、猶向後者何辺ニも御用等、可蒙仰候、無二申合度迄候、次ニ一種被懸御意候、本望之至令存候、委細御使僧口上ニ頼入申候間、不能具候、恐々謹言、

六月廿六日　　照宗（花押）

狩野源十郎

御報(9)

岡見中務少輔殿

参御報(10)

これらは、いずれも牛久城主岡見氏（以下牛久岡見氏とする）の一族である足高城主岡見氏（以下足高岡見氏とする）に充てられた文書である。(11)〔史料1〕によれば、多賀谷氏侵攻の第一報は氏照の居城である八王子城にもたらされたが、氏照は大普請のために本城小田原城に赴いており、留守であった。(12)岡見宗治からの知らせを受けたのは氏照の重臣狩野宗円で、ただちに小田原にいる氏照にことの次第を知らせた。そこで氏照が早速岡見宗治に認めた返書が、〔史料2〕である。その後も〔史料3〕では援軍のことを伝え、〔史料4〕では勝利を祝っている。〔史料5〕は発給月日からいって多賀谷氏が一度撤退して改めて侵攻してきたものを指すと考えられるが、ここでも氏照は勝利を祝い「感悦」であると述べている。これら一連の過程では北条氏当主（当時は五代氏直）は直接岡見氏と関わって登場してこ

ない。[13]ではどういうことか。そこで注目すべきは〔史料5〕の「小田原へ申上」という点である。「小田原」は北条氏当主を指すから、氏照が岡見宗治の注進状の内容を北条氏当主へ「申上」げることがわかる。さらに〔史料6〕では「奥州」（＝陸奥守）すなわち氏照が足高岡見氏の奮戦に対して満足していること、この旨を氏照が「小田原へも被申上」たことが狩野宗円によって報じられている。すなわち氏照は足高岡見氏の北条氏当主への取次（奏者）だったのである。だからこそ岡見宗治は多賀谷氏侵攻の第一報を氏照へもたらしたのである。

では牛久岡見氏はどうであったか。〔史料1〕の冒頭にみえる「治部大輔殿」は、実は牛久岡見氏の治広である。その治広が「指引承届」とあり、これだけでは内容ははっきりしないが、氏照ないし狩野宗円と岡見治広との間に何らかの連絡があったことがわかる。さらに〔史料2〕では「従牛久之注進同前ニ候」とあって、足高岡見氏と同様の報告が牛久岡見氏によって氏照にもたらされていることがわかる。してみれば、〔史料1〕でみた氏照ないし狩野宗円と岡見治広との何らかの連絡も〔史料2〕の「従牛久之注進」と密接な関係があると考えられよう。さらに〔史料6〕では岡見宗治に対して「治部大輔殿御相談候て、急度被仰上尤候」と述べ、岡見治広と相談した上での報告を要求している。これらからみるならば、氏照は牛久岡見氏においても、足高岡見氏同様、北条氏当主への取次であったといえよう。

ところで、ここで注意しておくべきは狩野宗円である。[14]宗円は、おそらくたまたま八王子城で留守居をしていたからという理由だけで〔史料1〕を発給したのではない。前述したように〔史料5〕以下は〔史料1〕～〔史料4〕の戦いとは別の戦いであろうが、それに際しても〔史料6〕を狩野宗円は発給している。これは〔史料5〕の氏照書状の副状であることはほぼ間違いない。のみならず、〔史料6〕で宗円は岡見氏からの鴈・菱食の贈与に対して礼を述べているが、これは何の限定もない以上、宗円個人への贈与とみてよかろう。また、追而書で「去年以来絶音問、失本意存候」と述べているのも宗円と岡見氏とのつながりを示している。さらに、〔史料7〕を発給した狩野照宗は宗円の子息といわれ(15)、近日病気だったので、一庵（宗円）が「此度之御取成」をしたと述べている。してみれば、むしろ照宗の方が岡見氏と近いともいえるかもしれないが、いずれにせよ狩野一族と岡見氏の結びつきは疑うべくもない。このほか〔史料1〕では「刑部太輔」に岡見氏から副状が届いたことがみえるが、同年正月五日の氏照朱印状写の奉者に狩野刑部大輔がみえることからすれば、おそらく同一人であり、刑部大輔もまた岡見氏とのつながりがあった狩野一族の一人なのである。こうしてみれば、狩野一族は氏照家中においての岡見氏と氏照との取次であり、それはまさしく北条氏全体においての氏照の役割に比されるものといえよう。(16)

取次としての氏照が岡見氏との折衝で行った具体的な事例を挙げておこう。

〔史料8〕

内々自是以使可申届候由覚悟候処、態以飛脚初鮭到来、先日者初菱食、此度初鮭、当秋者両様共ニ従其地始而到来候、一入珍重候、一、西口一段無事候、此節御加勢之儀、如何様ニも可申上候条、先日之御面約之筋目、三人之証人衆如此御内儀御進上尤候、迎者可進置候、早々可有支度候、貴辺五郎右衛門尉事者相済候、中務手前一段笑止候、御疑心ハ雖無之候、仰出難渋者、外聞不可然候、五日十日之間成共、先進上被申様、達而助言尤候、然而為迎明日使可進候間、早々支度尤候、我々も三日之内参府申、猶可申調候、委曲明以使者可申候、恐々謹言、

（天正十四年）
八月廿六日　　氏照判

岡見治部大輔殿(17)

これは、豊臣政権のいわゆる「惣無事令」発布により、北条氏が急速に臨戦体制を整えていったことに伴って発給されたといわれる(18)。すなわち、北条氏は岡見氏等から「証人」（＝人質）を徴集しようとしているのである。氏照は「証

人」を差し出すように説得する役割のほか、「為迎明日使可進候」とあることからすれば、実際に「証人」を受け取りに行く役割もあったようであり、岡見氏から「証人」を得る責任をまるまる担っていたのであった。この時点で岡見治広は何とか「証人」を差し出していたが、足高の岡見宗治はかなり渋っていたようであり[19]、氏照は「一段笑止」であるとして、治広からも差し出すように「助言」をするよう求めている。その一方で氏照は「我々も三日之内参府申、猶可申調候」と述べており、「参府」はおそらく小田原へ赴くことを指すであろうから、北条氏当主に対して宗治の「証人」差し出しの遅延を弁明しようとしているのだと考えられる。こうしてみれば、氏照の岡見氏への関わり、その人的関係はなかなか深いものであったといえよう。

さらに事例をみよう。

〔史料9〕

急度申届候、此度治部大輔与風参陣被申候、然ニ足利之明御隙、被納御馬候、従当陣可有帰路候得共、自訴之儀共一日も早々御落居候様ニ、一夜泊ニ参府被申可然段令助言参府被申候、悉皆及指引之間、可心安候、留守中之儀無油断城中堅固之備、可被申付事専一ニ候、為其申届候、恐々謹言、

（天正十七年カ）
三月十五日　　氏照在判

岡見源五郎殿[20]

これは岡見治広が参陣した後「参府」のため帰還が遅れることを氏照が岡見源五郎に説明しているものである。この内容からすれば源五郎はおそらく治広の子息であろう。問題はその「参府」である。「参府」自体は小田原に赴くことであるが、それは治広の「自訴之儀」すなわち何らかの訴えが一日も早く落着するように泊まり掛けで「参府」したらよいだろうと氏照が治広に「助言」したことによったのであった。氏照は治広に対して「自訴之儀」を北条氏当

主に直接説明すれば解決も早いだろうといっているのである。これなども氏照と岡見氏との人的関係の深さを推測させる。先の「証人」問題で氏照が北条氏当主への遅延弁明を試みようとしている点といい、この「助言」といい、氏照は取次そのものにとどまらない人的関係を岡見氏との間に構築しつつあったとみられるのである。

以上氏照（そしてその家臣の狩野一族）と足高・牛久岡見氏との関係を述べてきたが、それでは北条氏当主ないし宗家と岡見氏との関わりはどのようなものであっただろうか。氏照を介さない限りはほとんど成立しないものであったのだろうか。

まずは数少ない当主および前当主が直接岡見氏に充てた史料をみよう。

〔史料10〕

一翰令披見候、仍其表敵至于動者、加勢之儀少も不可油断候、麦秋之為行、三日之内出馬候者、程近可申届候、猶奥州可為演説候、恐々謹言、

（天正十五年カ）
卯月十一日　氏直在判

岡見治部大輔殿(21)

〔史料11〕

廿三日之一翰、今廿八未刻到来、仍府中・江戸再乱、双方随身之面々書付之趣、何も見届候、当時西表無事、如此之砌、一行之儀、催促無余儀候、当表普請成就、定急度氏直可為出馬候、其方本意不可有疑候、弥手前之仕置専一候、猶此方之儀、争可為油断候哉、委細陸奥守可為演説候、恐々謹言、

（天正十六年）
二月廿八日　氏政在判

岡見治部大輔殿(22)

〔史料10〕では北条氏当主氏直が、〔史料11〕では前当主で隠居の氏政が牛久岡見氏の治広に書状を直接送っている。ただこれらでも奥州・陸奥守＝氏照が奏者となっていることには注意しなければならないが、当主と岡見氏とはどのような場合に直接関わり合ったのであろうか。

そこで〔史料2〕をみると、氏照は多賀谷の侵攻について岡見宗治に「誠苦労無是非候」と労ってから、「御大途」によって「押払」うのは簡単だから堅固に防戦するように、と激励している。「大途」は北条氏における「公儀」を示す文言であるが、北条氏権力のうちでも当主ないし宗家のみが主体となりうるものである[23]。してみれば岡見氏に対して援軍を派遣し、多賀谷を「押払」うのは、北条氏当主ないし宗家であることがわかる。氏照は岡見氏に対して自らの下知による援軍を派遣するとはいえなかったのである[24]。

〔史料3〕をみると、実際に援軍として派遣されたのは下総小金の高城氏と布川の豊島氏であったことがわかる。高城氏や豊島氏が氏照の軍事指揮・動員を直接受けたことを示す史料は管見の限りほかにみあたらないことからも、〔史料2〕でみた点は裏付けられると考える。してみれば北条氏の当主ないし宗家は軍事に関わって岡見氏と直接結びついていたことが考えられる。そこでまた〔史料10〕をみれば、その内容は「其表」での「敵」の動向についてで、三日のうちに出馬するというものであった。また〔史料11〕は「府中・江戸再乱」すなわち常陸府中の大掾氏と水戸の江戸氏との戦争に関して「定急度氏直可為出馬候」とあり、前当主の氏政が当主氏直の出馬を約している。両事例ともまさに軍事に関わることなのである。

こうしてみると、氏照が「常陸・下野・下総方面における北条方の〝司令官〟的立場に着いた[25]」といわれるような点もいま少し子細にみる必要があるといえよう。すなわち氏照は確かに実際の戦場での〝司令官〟的立場であったことがしばしばであったかもしれないが、それもこの場合では当主ないし宗家の軍事指揮権を前提としてのことであったからである。

　このような点は、北条氏の当主ないし宗家と支城主クラスの一族との関係において重要な問題であると考えるが、さしあたり岡見氏に限っていえば、その支配領域が佐竹・多賀谷氏との「境目」であり、軍事的要地であったことが大きかったであろう。してみれば、北条氏の当主ないし宗家にとって重要なのは第一義的には（軍事的要地としての）岡見氏の支配領域、また牛久城・足高城であり、岡見氏自体との関わりは第二義的であったとも考えられる。次の史料をみよう。

〔史料12〕

定

一、牛久番来晦日高城雖可請取候、西表之儀ニ付而、正月五ヶ日之内、各当番衆可為参陣間、来廿六日高城衆半
分、豊島自身相移、番可請取由有下知事、

一、其方可有参陣模様、二百廿五人之内廿五人をハ在所ニ指置候、二百人者、当表可為走廻事、
付、此内七十人召連、来正月七日在所を打立、十一日ニ当地可為着陣候、残而百卅人者、先在所ニ指置、尤
候、西表聞合可相集間、飛脚一人ニ而夜通馳着様ニ、手堅自只今仕置尤候事、

一、兼日定置着到武具彼是此節ニ極候間、理而入精、毛頭無相違様、可致之事、

右、天下之至于大途者、是非興衰此節迄候間、無疑心、無二可有支度候、記右条々、能々見分、少も無相違様、
可為専一候、仍如件、

十二月十七日　氏政（北条）（花押）

井田因幡守殿(26)

〔史料13〕

如顕先書、京勢催動儀、必然之様ニ告来間、先諸軍勢を急速相集候、以前着到帳を定申合人衆一騎一人無不足、来正月十五日、小田原へ可被打着候、以此日積、其元者、何時成共出歩尤候、一、武具之品々者、日数無程候間、此砌者、調間敷由校量候、手前之不足ニ有間敷候間、成次第尤候、畢竟能衆上下共ニ被撰出人数、無相違召連、専一候、一、長途之儀、誠苦労雖無是非候、当家之切留此時ニ極歟之間、遠慮も無詮候哉、菟角無二無三此節可被抽武功候、猶着陣上可申候、一、当番ニ定牛久へ人衆可被立候歟、来正月七日高城・豊島以両手内可替由、加下知候間、如着到可有参陣候、仍如件、

十二月廿八日　　　　　氏政（花押）

井田因幡守殿(27)

これらの史料は豊臣政権の関東攻撃の動きに対して、北条氏が小田原に軍勢を集めて対抗しようとしていることを示している。〔補注1〕氏政により出陣を命じられている井田因幡守は上総坂田城主である。〔史料12〕〔史料13〕で共通して述べられているのは、この出陣命令のほかに「牛久番」のことである。これらで井田因幡守は高城・豊嶋衆等との牛久城在番交替については命じられているが、城主であるはずの岡見氏との間での手続きなどについては一切触れられていない。「是非興衰此節迄」また「当家之切留此時ニ極」という非常事態に際して述べられていることからだけでも、「牛久番」の重要性、すなわち北条氏にとっての牛久城の軍事的重要性がうかがわれるが、それにしては岡見氏の姿が少しもみえてこないのである。この点に関してはほかに史料がないので確実なことはいえないが、牛久城自体が北条氏の手によって大幅な改修が施されていることを考えれば、(28)牛久城主としての岡見氏の役割は大きく限定されたものになっていることが予想されるのではないだろうか。すなわち軍事的重要性ゆえに、牛久城は北条氏宗家の直接的指

示による軍隊が交替で在番することになり、岡見氏の立場が低くなるという皮肉な事態に至ったことが考えられるのである。

以上、氏照と岡見氏との関係を中心に検討してきた。その結果、氏照は北条氏全体のなかで取次として北条氏当主と岡見氏との間に立っていたこと、氏照の家中では狩野一族が取次であったこと、その人的関係はなかなか深かったこと、しかしながら軍事指揮に関連して北条氏当主ないし宗家が直接的に関わったこと、(29)牛久が「境目」として軍事的要地であったことにより牛久という「場」は北条氏当主ないし宗家が重要視して直接把握が志向され、(30)岡見氏の牛久城主としての立場が押し下げられるという皮肉な事態を招いたと予想されること、等を指摘した。このようにみれば、氏照は岡見氏との人的関係の深さにかかわらず下野南部や下総栗橋領のように牛久を直接支配する可能性は当面低かったと考えなければならない。しかし、ここで改めて考える必要があるのは、氏照が支配したという下野南部や下総栗橋領での支配の内実である。これは牛久との関わりを考える上でも重要な論点であろう。以下、節を改めて検討しよう。

第二節　氏照の支配と「侘言」・裁許・「調停」

北条氏照ははじめ大石氏の養子となってその所領を継承し、滝山城（のち天正年間に八王子城へ移る）に居て武蔵西南部に広大な支城領を形成した。その氏照が常陸・下総・下野方面に進出したのは永禄十一年（一五六八）下総栗橋城の城主となって以来であるが、飛躍的に支配が展開されるようになるのは、天正二年（一五七四）の第三次関宿合戦で北条氏に敵対し続けた簗田氏を屈服させてからという。(31)

実際その頃から下総方面に氏照発給の文書が大幅に増加するのだが、それらの内容を滝山（八王子）領でのそれと比較するとかなり顕著な差違がみられるというのはすでに指摘のあるところである。[32] それはたとえば下総・下野方面での氏照領の「軍事管掌的性格」といわれるが、ここではこうした指摘も踏まえながら、まずそうした「軍事管掌的性格」の強い下総・下野と滝山領が最も差違をみせるのはどのような点か指摘したい。いうまでもなく、それが両者の質的差違についてより雄弁に物語るからである。

氏照の発給文書は管見に入ったもので二百五十余通に及び、このうち滝山領に関係する人や場所に充てて発給された支配関係文書は九十余通、下総・下野方面に充てて発給された支配関係文書は二十余通である。[33] これらを比較すると、まずその充所において滝山領では八通ほど「……百姓中」あるいは「百姓某」充てのものがあるのに対して、[34] 下総・下野方面ではそれがほとんどみられないのがわかる。たとえば次のようなものである。

〔史料14〕

就御侘言申上、当年貢諸公事一廻御赦免畢、前々彼郷ニ候百姓、何方ニ有之共悉召返、野蔦之郷ニ仕付、田地打開可致耕作旨、被仰出者也、仍如件、

（永禄五年）
戌 七月五日（「如意成就」朱印）　藤曲
　　　　　　　　　　　　　　　　設楽　奉

　　野蔦郷
　　　百姓中[35]

〔史料15〕

陣夫之出方
一ヶ所　西岩沢　五日
一ヶ所　長田　五日
一ヶ所　分田金　五日
以上三ヶ所、十五日之分
右、郷中陣夫安中丹後守ニ遣了、無々沙汰可出之、三ヶ郷十五日勤候以後者、余郷を以可被仰付候、如此被仰出
上、少も無沙汰ニ付而者、百姓召出、可被刎者也、仍如件、
戌（永禄五年）十一月十二日（「如意成就」朱印）
三ヶ郷
百姓中(36)

これらは管見の限り早い例を二つ挙げたのだが、少なくとも氏照はこの時点で「百姓中」という村に拠る集団を認識し、それを直接の相手として何らかの働きかけをしているということがいえる。そもそも「百姓中」なり郷村充ての文書が多いのは北条氏の文書全体の特徴といわれている。してみれば、滝山領での「百姓中」充ての文書は北条氏全体でみればさして珍しいことではないが、それだけにいっそう下総・下野等で「百姓中」充ての文書がほとんどみられない点が気にかかるのである。もっとも、それは皆無というわけではなく、次のような事例がある。

〔史料16〕
生井之郷各ニ被任候間、無相違可致行旨、被仰出者也、仍如件、

（天正八年）
庚辰　二月十八日（印文未詳朱印）
生井
百姓中(37)

管見の限り一例とはいえ事例があることは無視できないし、やはり単に「百姓中」充ての文書の多寡では今一つ問題点がみえてこない。そこで、内容を検討してみよう。すると、〔史料14〕と〔史料15〕では同じ「百姓中」充てとはいえ内容が随分異なることに気付く。すなわち〔史料15〕では「可被刎者也」という威嚇まで行いながら陣夫役を賦課しているのに対し、〔史料14〕では年貢の「赦免」が約束されているのである。強制的な命令と優遇措置という対照的な内容であるといえよう。命令が命令者の側の意志を表していることはわかりやすいが、それでは優遇措置たる〔史料14〕はどのような事情の下で発給されたか。

ただちにわかるのは「就御侘言申上」という点である。すなわち、百姓中が「侘言」＝嘆願したことに対して「当年貢諸公事」を「赦免」したのである。氏照が百姓中の「侘言」に対応する支配を展開していることに注意したいが、次のような疑問もあろう。そもそも文書が発給されるのは要求に対応するためであり、その意味では「侘言」に応えることもとくに問題とするにはあたらない、と。これに対してはまず氏照が在地とどの程度に関わっていたかという意味で、「侘言」の主体が百姓中であることに再度注意しておきたいが、「侘言」の内容やそれへの処置の仕方の問題がある。次の史料をみよう。

〔史料17〕

くすみの内、□長田との申事、宮寺与七郎目安をもつて申上候、早々参、子細可申上旨、被仰出者也、仍如件、

（永禄八年）
丑
六月八日（「如意成就」朱印）　藤部奉
長田百姓
神へもん
四郎へもん(38)

〔史料17〕は長田という郷村と宮寺与七郎との間に「申事」＝何らかの紛争があり、宮寺が目安をもって「申上」げた、すなわち訴状を提出して訴訟に及んだことを示している。これに対し、氏照は長田の百姓神へもん・四郎へもんという者を代表として指名し、早々参って子細を説明することを命じている。訴えられた側の言い分も聞いた上で審理し、裁許に及ぼうとしているのである。

これらからいえることは、まず宮寺は氏照の裁許を頼みとして「目安」＝訴状を用意して訴え出ていることで、これは氏照の滝山領での裁判システムがかなり恒常的に機能していることを推測させる。さらにこの訴訟は宮寺にしてみれば自己の権益を守ってもらうためのものだから、広義の「侘言」といいえよう。この「侘言」に対し、ストレートに判断が示されるならば、裁許を頼みとしたとはいえそれは〔史料14〕でみた「侘言」の場合と大きな差違はないのだが、実際に氏照は訴えられた側の言い分も聞き、審理を経た上で裁許を下そうとしており、手続き上からも公平な姿勢を示そうとしている。〔史料17〕も〔史料14〕も氏照に申し立て＝「侘言」があったという点では同じだが、〔史料14〕は年貢減免要求という嘆願であり、〔史料17〕は裁許を求めた訴訟なのである。この裁許への「期待」と、手続きを尽くした公平な審理↓裁許に注意したい。これはいい換えれば氏照の「調停」への「期待」とその「調停」の実際の発動がなされているということなのである。そしてその「調停」の一方の当事者が郷村ないし「百姓」であることもまた、氏照と在地との関係を考える上で重要であろう。

もっとも、だからといって裁許の結果が絶対的なものでなかったことはいうまでもない。

〔史料18〕

水口之事、去年子歳被遂御裁許、長田之内ニ被定置畢、然ニ百姓菟角申、年貢不納由、曲事候、去年当年共ニ彼一所へ急度可証旨、被仰出者也、仍如件、

（永禄八年）四月廿日（「如意成就」朱印）　専正軒奉之

水口百姓

北嶋弥十郎[39]

〔史料18〕は水口という郷村が長田のうちであることが去年「御裁許」の結果決まったと述べているが、問題はそれに続く部分である。「百姓」が「菟角申」して、すなわちああだこうだといって年貢を納めないということだ、けしからぬことである、というのである。水口の「百姓」は去年の「御裁許」にまったく不満であったのだといえよう。しかしこうした当事者の不満や抵抗が予想されるからこそ、裁許自体はますます公平なあり方を強めなければならないし、ひとたび出た裁許の結果には強硬な姿勢でその遵守を命じ、違反者には「曲事」と糺弾して裁許、「調停」の権威を守る必要があったのだといえよう。

「侘言」と「調停」に関してもう一つ史料を挙げておこう。

〔史料19〕

仁西之郡之内小山之村夫銭、以虎御印判被仰定処、当時河越非分申懸、現夫召仕歟、急度御印判之趣可被御申立之間、百姓中早々郷中罷帰、当作毛可致付旨、被仰出者也、仍如件、

（天正七年）
卯
四月朔日（印文未詳朱印）

布施美作守
奉之

小山之村
百姓中(40)

〔史料19〕は小山村の夫役について、銭＝「夫銭」で納めることが「虎御印判」＝北条氏宗家が発給した虎朱印状で規定されていたにもかかわらず、河越から「非分」をいってきて実際の人夫＝「現夫」を徴発されてしまったという事件が述べられている。小山村の「百姓中」はこれに対して氏照に「侘言」をするとともに、氏照が「早々郷中罷帰」るように促していることからすれば、おそらく逃散により抵抗を示したのであろう。ここで河越が夫役を賦課することと自体は問題とされていないから賦課自体は正当で「現夫」を徴発するという賦課方式が問題になっているといえる。すると何故河越の賦課方式に関して氏照へ「侘言」がされるかという疑問があるが、当面それを領境界における支配の錯綜と理解しておくとすれば(41)、氏照は小山村「百姓中」になり代わって「調停」に乗り出しているといえる。氏照は必ず夫銭徴収を認めた虎朱印状の趣旨を申し立ててやると約束しており、全面的に他領に対して自領の領民を庇護するという立場からの「調停」なのである。

以上、氏照の滝山領での「侘言」への対応、裁許さらには「調停」等へも及ぶそのあり方をみてきた。では下総・下野等ではどうであっただろうか。

結論を先にいえば、少なくとも裁許・「調停」の事例はみあたらない。とくに下野において目立つのは知行充行や安

堵に関わる文書なのである。一例を挙げれば次のごとくである。

〔史料20〕

嶋田之内弐拾貫文遣之候、令知行、陣役無不足可被勤者也、仍状如件、

丑（天正五年カ）卯月十二日　　氏照（花押）

渋足修理亮殿(42)

こうした内容は榎本城にあって氏照の支配の一部を引き継ぐ重臣近藤綱秀の発給文書をみても同様なのである(43)。ただ、知行充行や安堵はそれを受けた者の申請による可能性がかなり高いので、その場合は「侘言」への対応ということはできる。少なくとも裁許・「調停」の事例はみあたらないと述べた所以である。

それにしても、氏照の下総・下野方面での支配といわれるものは、滝山領と比較すれば、裁許・「調停」が行われず、知行充行や安堵が目立つものであった、ということになる。

これにはいろいろな問題が含まれており、またそれだけにこれのみから性急に結論を導くのは控えなければならないが、少なくとも氏照の裁許・「調停」への関わり方が違うということはいえよう。とすれば、氏照の「おおやけ」としてのあり方、また公儀としてのあり方が異なっていると考えなければならないのではないか。何故ならば裁許・「調停」は先にみたような在地からのそれへの「期待」と密接に関わるからである。

それがどのような違いでどのような評価ができるかは今後の課題であるが、さしあたり本節のはじめに触れた「軍事管掌的」という特徴との関わりに限りごく大まかな予想を提示しておこう。すなわち、右で指摘した点を「軍事管掌的」という特徴に重ねると、支配とはいいながら軍事的に制圧した地域を、知行充行や安堵により何とか安定させ

ようという姿、さらにはとても裁許できるようにまでは支配も浸透せず、また「期待」もされない姿がみえてこないか、ということである。敢えていえば、その支配は「占領」と大差ないのではないか、という疑問すら生ずるのである。(44)

ただこのようにいうと、下総・下野ではそもそも前代から裁許を行うような支配が行われていたのか、氏照はその地域に合った支配方式を継承しただけなのではないか、という異見もあろう。勿論そうした可能性は何ら否定するものではない。ここで問題としたのは何故支配内容に差違が生じたかではなく、同じ氏照という人物が二つの地域で展開した支配内容の差違自体なのである。「何故」ということを軽視するのではなく、峻別した上で検討しなければならないであろう。

おわりに

以上、北条氏照と牛久との関わりを考えるために、氏照と岡見氏との関わり、さらに下野南部や下総栗橋領での氏照の支配について言及してきた。第二節で予想したように氏照の下総・下野支配が実はそれほど浸透せず、「占領」と大差ない疑いさえあるとすれば、下総・下野は改めて支配関係が再編される可能性も多分に有していたことになろう。とすれば、第一節でみた氏照が岡見氏との人的関係の深さにかかわらず牛久を直接支配する可能性は低かったとみる理解とも補い合うといえよう。ただし、第二節で予想した点はあくまで予想以外の何ものでもなく、今後多くの実証的・理論的検討を必要とする。また第一節で述べた点も、今後岡見氏のみならず少なくとも常陸南部にまで視野を広げて改めて検討する必要がある。さらに第二節で指摘した公儀としてのあり方の問題は、第一節で述べた人的関係の問題と総合的に考えることも必要であろう。

残された課題は多い。大方の御批判・御教示をお願いしたい。

注

(1) このあたりの情勢は市村高男「戦国期常陸南部における地域権力と北条氏―土岐・岡見・菅谷氏の消長―」(『地方史研究』二三一号、一九九一年、のち市村『戦国期東国の都市と権力』思文閣出版、一九九四年、所収)に詳しい。本論も同論文に負うところが非常に大きかった。

(2) 市村同右論文も北条氏権力全体との関連のなかで岡見氏等について述べられており、とくに個人の役割については言及していない。

(3) 古文書にとどまらない軍記等の多くの史料は『龍ケ崎市史別編Ⅱ　龍ケ崎の中世城郭跡』(一九八七年)に収められている。

(4) 「岡見文書」(『牛古』一九八)。

(5) 「岡見文書」(『牛古』一九九、一部写真版で校訂)。

(6) 「岡見文書」(『牛古』二〇〇)。

(7) 「岡見文書」(『牛古』二〇五)。

(8) 「岡見文書」(『牛古』二〇八、一部写真版で校訂)。

(9) 「岡見文書」(『牛古』二一〇、一部写真版で校訂)。

(10) 「岡見文書」(『牛古』二一一、一部写真版で校訂)。

(11) 岡見氏の系譜については必ずしも明らかでない。前掲注(3)書第一章(市村高男氏執筆部分)参照。

(12) これについて狩野宗円は「当春者御世上豊饒、御手透候とて」すなわち世間が豊作で暇があるので等といっているが、もちろんそれが理由ではない。後述するように前年に豊臣秀吉は「惣無事」令を北条氏に向けて発令したといわれており、豊臣政権に対する迎撃体制の構築であることは明らかであろう。宗円としては岡見氏を必要以上に不安に陥れない配慮をしたのであろう。
(13) ただし、関わるとも考えられる史料が一通存在する。これについては後述するが当面の論旨展開には影響はない。
(14) 狩野宗円については佐藤博信「狩野一庵宗円のこと」(『戦国史研究』一五号、一九八八年)を参照。
(15) 佐藤同右論考。
(16) 「杉田郡平氏所蔵文書」(『戦北』三〇四六)。
(17) 「旧記集覧」(『牛古』一九三)。
(18) 市村前掲注(1)論文。
(19) このあたりの事情についても市村前掲注(I)論文参照。関連史料としては八月十四日付・同月十九日付・同月二十七日付のいずれも岡見中務大輔(宗治)充て北条氏照書状(いずれも「岡見文書」『牛古』一九一・一九二・一九四)等。
(20) 「旧記集覧」(『牛古』二四三)。
(21) 「旧記集覧」(『牛古』二〇六)。
(22) 「旧記集覧」(『牛古』二一八)。
(23) この点は別稿で詳述する予定だが、さしあたり拙稿「『大途』と後北条氏『一家衆』」(瀧澤武雄編『論集中近世の史料と方法』東京堂出版、一九九一年、所収)〔補注2〕参照。
(24) 久保同右論文。
(25) 市村前掲注(1)論文。
(26) 「古文書」(『牛古』二四五)。
(27) 「古文書」(『牛古』二一七)。
(28) 市村高男氏の御教示による。
(29) 蛇足ながら先に触れた井田氏の場合、北条氏からの文書はほとんど氏政からのものであり、氏政との人的関係の深さは否定すべくもないが、軍事動員においても氏政の直接の指示を受けている。

(30) 井田氏への指示などをみれば氏政の関わりを無視できないが、氏政の立場を宗家のそれと断じてよいか否かはなお検討の余地はあり、後日の課題としたい。

(31) 佐藤博信『古河公方足利氏の研究』(校倉書房、一九八九年) 第二部第四章「北条氏照に関する考察—古河公方足利義氏との関係を中心として—」、同書第三部第二章「簗田氏の研究」、市村前掲注 (1) 論文等、参照。同年末には下野小山城が北条氏によって落とされ、下野南部でも北条氏照の支配が進展する。

(32) 佐藤同右論文、『町田市史』上巻等。

(33) 支配の問題をみるので、下野の大名クラスや下総の古河公方家臣に充てた文書は除く。

(34) 郷村充てでもほぼ同様に扱ってよいものがあると思われ、それらを加えればまた増加するが、ここでは問題点の抽出が目的であり、それには充分であろう。

(35) 「河井文書」(『戦北』七七一)。

(36) 「市ヶ谷八幡神社文書」(『戦北』七九五)。

(37) 「小山市立博物館所蔵大橋文書」(『戦北』二一三九)。

(38) 「細田文書」(『戦北』九一二)。

(39) 「細田文書」(『戦北』九〇一)。

(40) 「平田文書」(『戦北』二〇六二)。

(41) 小山村は位置からいって滝山領か河越領か今一つ判然としない。可能性としては、滝山領であったが役の種類によっては河越から賦課がされたということが考えられる。なお河越城は大道寺氏が城代であったとされるが、河越領に対してそれほどの支配権限はなかったという。

(42) 「楓軒文書纂六十一」(『戦北』一九〇二)。

(43) 天正十年 (一五八二) 小山秀綱は小山城に復帰するが、氏照の旧小山領に対する支配権は小山氏と近藤綱秀に分割され、小山氏は北条氏に完全に服属したという。佐藤前掲注（31）著書第二部第二章「室町・戦国期における小山氏の動向―代替わりの検討を中心として―」参照。

（44）「占領」の概念を明確に規定しなければならないことは勿論である。

〔追記1〕脱稿後『龍ケ崎市史中世史料編』（一九九三年）の刊行をみた。本論で引用した史料のうち「岡見文書」は初校段階で同書所載の写真版によって校訂した。〔補注3〕

〔追記2〕脱稿後、市村高男氏の御教示により、天正十八年（一五九〇）六月四日付残悦斎充て岡見治広等連署書状写（「秋田藩家蔵文書」五、『龍ケ崎市史中世史料編』三〇二頁）の存在を知った。同文書で治広と連署している照親は『龍ケ崎市史』によれば「岡見治広の子か。岡見彦五郎の可能性あり」とある。これに従うとすれば、照親の「照」は氏照の偏諱を受けている可能性が高く、第一節でみた氏照と岡見氏との人的関係の深さをさらに補強することとなるであろう。

〔補注1〕〔史料12〕〔史料13〕の年次については、天正十五年説と天正十七年説があり、いずれとも確定し難いところがあるが、今のところ前者を天正十五年、後者を天正十五年とみており、本書第六章、補論一もその認識に基づいた叙述をしている。かりにこれが動くとしても、豊臣政権による攻撃危機とそれへの北条氏の対応という主旨には影響しないと考える。

〔補注2〕これについては、「後北条氏における公儀の構造」（『日本歴史』五七四号、一九九六年）を著し、さらに「『大途』論」（久保『戦国大名と公儀』校倉書房、二〇〇一年、所収）を発表した。

〔補注3〕この校訂に誤りがあり、さらに校訂し直すことになった。

〔コメント〕本論は、本書では第七章に次いで古い論文である。序章でも述べたように、『牛久市史研究』掲載ということから、必然的に牛久地域に関わる事柄を主題とし、かつ筆者自身が中心的に勉強を続けていた北条氏を絡ませる論文となった。ただし、北条氏と牛久や足高の岡見氏との関係では、これも自身が勉強していた公儀論で述べられることよりは、人的関係が目立つように思われた。かえりみれば、このように考えたこと自体、公儀についての理解が狭かったためで、のちには公儀における人格性も重視し、前掲〔補注2〕の「『大途』論」等を著している。また、これと関連してというか、裏腹というか、第七章同様に裁許や「調停」を、公儀の問題としてかなり重視しているところも垣間みられる。この点も、前掲〔補注2〕著書では、限定的に捉えるようになっている。ただし、裁判や「調停」の問題を、等閑視してよいというのではない。もろもろ不十分でありながらも、本論を本書に収録することにしたのは、序章でも少し触れたが、裁判や「調停」に関わる未解明の論点があるからである。すなわち、北条氏照は、滝山領支配開始後しばらくは、裁判や「調停」に関わる文書を残しているが、それがのちにはほとんどみられなくなるのである。支配が深化すればそれだけ裁判なども盛んに行われそうなものであるが、まったく逆行しているわけである。ここには、前近代の権力を考える際の、重要な論点が含まれていると思われるのだが、現在に至るもまったく説明ができない。このことをあらためて広く示し、考え続けることを自らに課すために、収録することにした。

なお、本論では氏照や狩野一族を北条氏と岡見氏との取次としているが、取次論を意図したものではなく、人格的関係の指摘にとどまっている。近年、大名権力の構造との関わりで取次論は深められており、こうした視角からの再考も必要かもしれない。取次論の研究状況については、丸島和洋『戦国大名武田氏の権力構造』（思文閣出版、二〇一一年）の「序章」を参照。

第七章　戦国大名権力と逃亡

はじめに

本章は、戦国大名と民衆の逃亡との関連について検討を試みるものである。[1] フィールドは、この分野での史料が豊富で、かつ研究史上多大な成果をあげてきた―それゆえにある程度戦国大名領国の問題として、一般化されてきた―北条領国としたい。

北条領国での逃亡については、藤木久志[2]、永原慶二[3]、池上裕子[4]、小和田哲男[5]、峰岸純夫[6]の各氏等の研究がある。藤木氏は、「逃散」と「欠落」の相違に着目し、前者を有力百姓の利害のためのたたかいとし、後者を零細な隷属性の強い小百姓のたたかいとされた。さらに氏は、戦国大名は有力百姓を掌握して支配体制に積極的に位置づけようとするため、「逃散」などで示される彼らの要求をくみあげるとされた。そして、その有力百姓擁護策のゆえに、小百姓以下の層の有力百姓に対するたたかいである「欠落」を強圧的に禁ずるとされたのである。[7] なお、佐々木潤之介氏も、北条氏が農民移動・逃亡の禁止の対象としたのは、主として従属農民＝小百姓であったとされている。[8]

これに対して、永原氏は、大名が農民諸層を単一的な「百姓」身分として捉えていること、下人・小百姓層でない

「百姓」層による「欠落」も広く行われていたことなどを指摘した上で、戦国大名は下人・小百姓層の有力百姓層に対する従属体制を積極的に維持するような権力ではなかったとして、藤木氏とは大きく異なる理解を示されている。

池上氏は、全体的には永原氏に近い論調であるが、農民闘争との対決を通して戦国大名の貫高制的収取体系が確立していく過程を示し、有力百姓をより積極的に大名権力と対決する惣百姓の側に位置づけられた。そして、「欠落」については、やはり各階層にみられるとされた。

小和田・峰岸両氏の研究は、農民闘争の類型抽出が主となっている。小和田氏は、史料上様々な表現形態をとってあらわれる農民逃亡について、それぞれの類型ごとに文書を編年順に示して言及され、峰岸氏は、様々な身分の闘争の特質とそれぞれの関連を検討されている。なお、「欠落」については、両氏とも各階層にわたって行われたとされている。

以上の諸先学は、農民闘争ないし人民闘争の発展あるいは類型を示し、それに対応する大名権力のあり方を大なり小なり示している。この姿勢は、もちろん正しいのだが、対応する大名権力の側の領国支配の政策・論理の問題をいま少し追究する必要はないか。逃亡という闘争が大名権力に与える規定の大きさを決して軽視するものではないが、このような観点も大名権力と逃亡との関連をトータルに捉えようとする時は必要なのではなかろうか(9)。そこで、本章では、公儀の問題にとくに注目し、その側からの照射によって、大名権力と逃亡との関連について検討したい。なお、本章では、それを大名権力の成立(10)~確立の視点よりはむしろ維持・展開の視点から考えていきたい。したがって、検討する時期も永禄期以降を中心とする。

また、本章では、諸先学が論じてきた「逃散」「欠落」の差違、したがってそれらへの大名権力の対応の差違の問題に、より注目していきたい。それは、この問題が逃亡についての議論の中核になってきたからのみならず、公儀との関連の上でもやはり重要だからである。[11]

さらに、開発との関連にも注目したい。これとても決して新しい問題ではないが、[12]大名権力が逃亡に対する「人返」と矛盾する「人集め」を開発にあたっては行っているのであって、これは戦国大名権力の逃亡禁圧の「貫徹」度とも関わって、本章の避けて通りえない問題であろう。

これらの点をふまえて、以下節を改めて検討を進めよう。

第一節　「欠落」についての諸説

「逃散」と「欠落」の問題の焦点は、その主体と、大名権力の対応である。とくに「欠落」については触れておくべき点がいくつかあると考える。そこで、すでに小和田哲男・峰岸純夫氏らによって示されてはいるが、[13]まず検討の前提として、「逃散」と「欠落」の「還住」に至るごく一般的なパターンを示し、ついで「欠落」についての諸説に言及しよう。

まず、「逃散」については次の史料を掲げよう。

〔史料1〕

就御侘言申上、当年貢諸公事一廻御赦免畢、前々彼郷ニ候百姓何方ニ有之共悉召返、野蔦之郷ニ仕付、田地打開可致耕作旨、被仰出者也、仍如件、

（永禄五年）
戌
七月五日（「如意成就」朱印）
藤曲
設楽　奉

野蔦郷
百姓中(14)

この北条氏照朱印状からは、次のことがわかる。すなわち、①「何方ニ有之共悉召返」とあることにより、百姓の「逃散」が行われていること、②「就御侘言申上」とあることにより、「逃散」が「侘言」を伴っていること、③「侘言」の内容は、年貢諸公事の減免に関わることで、「当年貢諸公事」は「一廻御赦免」となったこと、以上である。これらを次のように図式化しておこう。

「逃散」＋「侘言」↓「赦免」(15)↓「還住」

次に、「欠落」については、次の史料を掲げよう。

〔史料2〕

西浦重洲百姓闕落書立

五郎左衛門　長岡ニ有之、

（中略）

以上八人

右、闕落之百姓、為国法間、彼在所領主代官ニ相断、早々可召帰、若菟角申者有之者、注交名、重而可申上者也、

仍如件、

丙寅（永禄九年）壬八月六日（「武栄」朱印）　幸田与三奉

山角四郎左衛門尉殿

伊東九郎三郎殿[16]

この北条氏康朱印状からは、次のことがわかる。すなわち、①「闕落之百姓」は、「国法」によって「召帰」さるべきこと、②この「召帰」には、「逃散」でみたような「赦免」の類は一切みられないこと、以上である。これらを次のように図式化しておこう。

「欠落」→（国法）―「召返（帰）」

では、続いて「欠落」に関連する諸説に触れていこう。

藤木久志氏は、先に示したように、「欠落」を主として下人・小百姓層の名主百姓層に対する闘争とし、戦国大名は名主百姓層擁護の立場から、それを高圧的に禁ずるとした。[17]これに対し、永原慶二・池上裕子・小和田・峰岸氏らは、「欠落」が広い階層にわたって行われていることを指摘している。[18]しかし、藤木氏も「欠落」が下人・小百姓層のみに限られるとしているわけではないので、ここでは、むしろ、個別の「欠落」の事例の存在よりも、大名のより普遍的な政策を示そう。

〔史料3〕

一、退転之百姓還住仕候者ニハ、借銭借米可令赦免候、但今日より以前之儀也、従今日以後欠落之者ニハ、不可有此赦免事、[19]

〔史料4〕

一、白子郷百姓何方令居住共、任御国法、代官百姓ニ申理、急度可召返事、[20]

〔史料3〕は「国中諸郡就退転」いて出された、著名な天文十九年（一五五〇）四月朔日令（北条家朱印状）の一部で、[21]大規模な逃亡が行われたであろうことがわかる。この逃亡は、「逃散」「欠落」のいずれをもおそらく含んでいたであろうが、大名はともかく「国中諸郡」での逃亡という未曾有の事態を一刻も早く収拾するために、「借銭借米」の「赦免」によって「還住」をはかった。しかしながら、「従今日以後」の「欠落」には「赦免」を伴わない、と明言している。後にも先にも北条領国内でこれほど広域にわたって逃亡が行われたのはこの時だけであったことを考えれば、隷属的でない百姓層であっても、[22]その「欠落」に対しては「赦免」を伴わない高圧的な「召返」が行われるのが、むしろ原則であったと考えられるのである。

〔史料4〕は天正十五年四月三日付北条氏規（カ）朱印状写の一部で、白子郷百姓中に充てて、「白子郷百姓」が「何方」に「居住」しても、「御国法」により「召返」す、とある。「白子郷百姓」を強いて隷属的農民層に限るべき理由が一切ない以上、これは百姓の勝手な他所への「居住」、すなわち「欠落」を「国法」によって高圧的に禁じていると考えざるをえないのである。

さて、先に示したように、佐々木潤之介氏も藤木氏と同様に、戦国大名は主として小百姓層を逃亡の禁止の対象とするとされている。[23]次に、氏の論拠となっている史料を掲げよう。

〔史料5〕

一、助左衛門・市右衛門・小六郎三人、譜代之者之由候、御紀明候処ニ、一円譜代之者ニ無之候、殊ニ此内小六郎ハ、原六右衛門所へ缺落参候間、何も返ル間敷者ニ候事、

（中略）

右、被仰出、仍如件、

戌（天正十四年）十月十八日（「翕邦挹福」朱印）

阿久間篠蔵百姓

与二郎（24）

佐々木氏は、この北条氏邦朱印状に注目し、「この文書は欠落・逃亡した三人の農民について糺明を行ない、その結果、一部の『百姓』の主張を却けて」三人の農民は「譜代之者」でないから人返しの必要はない、と裁決された、つまり、「譜代之者」でなければ、「逃亡したことが明らかであっても人返しの対象とはならない」とされ、したがって、農民移動・逃亡の禁止の対象となっているのは主として「譜代之者」「百姓之者」といわれるような小百姓であった、と結論づけられたのである。では、次の史料はどのように考えるべきであろうか。

〔史料6〕

（前略）

一、かけおちの者有之、何方ニて見付申候共、何ときも鉢形へひかせ参可申上、可成敗事、

以上、

右、此旨於違背者、奉行人可処重科者也、仍如件、

（天正十四年）
戌
三月十日（「翁邦挹福」朱印）
阿久間之内
志路屋
四郎左衛門
三郎左衛門
右京(25)

これは、〔史料5〕よりも七か月前に出された、やはり北条氏邦朱印状である。ここには、「かけおちの者」があれば、どこで発見しても鉢形へ連行せよ、「成敗」するであろう、ということが示されている。この朱印状が示す「かけおちの者」とはより普遍的な存在であり、小百姓層に限定することはできない。しかも、〔史料5〕は、おそらくは百姓与二郎の訴訟に基づいて出されていて、そこには個別の事情を考慮する余地があることをも考えれば、佐々木氏の断定には疑問の余地があろう。佐々木氏の説が成り立つためには、「かけおちの者」が小百姓層に限定されること、あるいは七か月の間に氏邦の政策が変更され、しかも変更後の政策こそが戦国大名の真の（？）政策であることが証明されなければならないが、それが可能かどうか。原則はむしろ「かけおちの者」は誰でも「成敗」するということではなかろうか。(26)

以上のことから、大名権力は、「欠落」についてはそれがどのような階層の行うものであっても高圧的に禁じようとした、と考える。

さて、峰岸氏は、北条氏が「欠落」をそれぞれの身分関係に応じた義務違反として追及し、「人返」を行ったとされた。それについての権力発動の根拠は、被官は「軍役退屈」と「譜代相伝」、百姓は「年貢引負」、下人は「譜代相伝」であるという。[27] 卓見ではあるが、たとえば、今まで掲げた史料をみただけでも、「従今日以後欠落之者ニハ、不可有此赦免」[28]「何方令居住共、……急度可召返」[29]「かけおちの者有之、……可成敗」[30]等々、義務違反というよりも、「欠落」という逃亡の形態自体が原則的に禁じられているように考えられるのだが、いかがであろうか。

また、池上氏は、「欠落」については、従属的農民に多いのは確かだが、彼らはある程度独立的な経営を行い、年貢納入等に責任をもっていたゆえに、領主の年貢・夫役などの収取権を脅かすことになって禁圧されるのだ、とされた。[31] 池上氏の見解が成り立つためには、当該段階の東国での従属的農民の「ある程度独立的な経営」が一般的に見出されなければならないであろう。しかし、それをおくとしても、「欠落」をそのように位置づけた場合、事実としての「逃散」と「欠落」への大名権力の対応の差違が、結局は惣百姓による「逃散」の闘争力が「欠落」よりも大きく、大名権力が妥協を余儀なくされたから、という点に求められてしまう。大名権力の対応の差違の意味は、やはりそれを認めた上で、今少し追究されるべきであろう。

こうして、大名権力の「欠落」禁圧の意味ないしは「逃散」と「欠落」への対応の差違が独自に考えられねばならない。節を改めて述べていこう。

第二節　「公儀の秩序」

まず、史料を示そう。

〔史料7〕

今度笠原助八郎私領之百姓中、列致血判、対領主企訴訟候、領主非分之於子細者、公儀江可訴申処、無其儀、一列ニ可取退擬、重科不浅候条、雖可刎頸、此度之取持人申上候誓詞ニも、鈴木勘解由一之筆ニ載候間、彼者ニ懸罪科、舟戸をハ赦免候、如前々郷中江罷帰、如太田(氏資)時無相違可致百姓、横合非分有之者可申上旨、被仰出者也、仍如件、

己卯
天正七年六月廿日（虎朱印）

評定衆
下野守
康保（花押）

（武蔵）
鳩ケ谷百姓
船戸大学助(32)

この北条家裁許朱印状は著名なもので、諸先学が様々な形で言及している。さて、ここで百姓たちが行ったのは、「一列ニ可取退擬」とあるごとく、「逃散」（あるいは「逃散」未遂）である。しかるに、第一節で示した「逃散」の図式と比べてみるならば、「侘言」と「赦免」がないことに容易に気づくであろう。(33)そして、この「侘言」がないことこそが、大名権力にとって、非常に重大な問題だったのである。すなわち、大名権力がこの裁許にあたって何よりも問題としているのは、「領主非分」について「公儀江可訴申処、無其儀」かった点なのである。このことに比べれば、百姓が「列致血判」したことも、「一列ニ」「取退」いたことも主要な問題ではなかったといわなければならない。(34)なぜ、それが問題になるかといえば、百姓が大名権力の公儀としての「調停」機能を無視し、「対領主企訴訟」てたからとい

えよう。公儀にとって「調停」は最も重要な機能であり、それが無視されることは自己の存立に関わることなのである。[35]

してみれば、この場合、「赦免」がないのは当然のことであった。「侘言」がないことは、公儀の「調停」機能を無視することであり、したがって、公儀たる（たろうとする）大名権力は、この「逃散」の中心人物と目される鈴木勘解由を刎頸に処し、高圧的に「逃散」を押さえこんで「如前々郷中江罷帰」ることを命じたのである。そして（領主の）「横合非分」があれば、公儀へ「可申上旨」を厳命したのである。[36]

したがって、「侘言」と「赦免」は、公儀の「調停」機能を媒介として不可分の関係にあり、「侘言」がなければ、「逃散」＋「侘言」→「赦免」→「還住」の図式は、ただちに「欠落」の図式のごとく、「逃散」→（国法）―「召返」になりうると考えられるのである。

右に示した点は、「逃散」が逃亡そのものを目的としているのではなく、あくまでも逃亡は「侘言」実現のための手段に過ぎないという点とも関わっていよう。[37] すなわち、「逃散」は「還住」がはじめから前提されている一時的な逃亡なのである。したがって、これが一時的でなくなれば、高圧的な「召返」がはかられたのである。次に史料を示そう。

〔史料8〕

田中之百姓共方々有之、于今郷中へ不罷帰由、一段曲事候、何方ニ踞候共、早々押立、三日中ニ可罷帰候、此上、
不罷帰ニ付而者、致許容候者共、可処重科候者也、仍如件、

（朱書）「氏邦朱印」　（天正元年）酉　三月廿日

長谷部肥前守殿
田中百姓中(38)

〔史料9〕

豆州田方郷村之儀ニ付而、惣領主へ申出筋目之事、

一ヶ所　多呂

（中略）

一、先段郷村放火、方々へ令逃散、失墜造作をハ為領主遂塩味、少々指置をも有之而、百姓等ニ合力懇可被申付事、

（中略）

一、当郷之百姓、自然背領主之儀、他郷へ移而有之者、一往領主ニ断、可召返、兎角令難渋者、経大途召返、百姓従類共可切頸事、

一、豆州田方弓矢之巷ニ付而、分国中何方へ落散有之共、領主之儀を相背、令他出者、後年ニ成共、聞出次第可行死罪事、

（中略）

（天正八年）庚辰 二月廿五日（虎朱印）

愛染院(39)

〔史料8〕の北条氏邦朱印状写は、「田中之百姓共」が「罷帰」ることを命じたものである。すなわち、「田中之百姓共」が「逃散」していることがわかるのだが、ここで注目すべきは、「于今郷中へ不罷帰由、一段曲事候」という文言である。これは、まだ郷中へ帰っていないのが「曲事」だとしているのであり、「逃散」そのものが問題となっているのではない。「逃散」が「于今郷中へ不罷帰」という段階、一時的な逃亡にとどまらなくなった段階に至って、ついに大名権力は「早々押立、三日中ニ可罷帰」と高圧的な「還住」命令を下したのである。

〔史料9〕の北条家定書は、「豆州田方弓矢之巻ニ付而」とあるように、駿豆国境で北条氏がしばしば武田氏と衝突していた戦乱状況下に発給されたものである。戦乱状況下の逃亡は、もとより「侘言」の出されるはずもなく、一時的避難といった方が適切である。それゆえ、大名権力は逃亡者の「還住」を促すだけでなく、領主に「少々指置をも有之而、百姓等ニ合力懇可被申付事」を命じるなど、逃亡者の慰撫に努めるのである。[40]しかし、それが「背領主之儀、他郷へ移而有之者」あるいは「領主之儀を相背令他出者」とあるように一時的避難にとどまらなければ、途端に「切頸」や「死罪」にまで至る高圧的な「召返」の対象になるのである。いわゆる「逃散」とは事情が異なるが、逃亡が一時的にとどまるか否かで、高圧的に「召返」されるか否かが決まるという点で、十分参考になろう。[41]

こうして、「逃散」は多くの場合、「侘言」を伴って、公儀の「調停」機能に依存し、しかも一時的逃亡であるゆえに、公儀の支配論理の秩序（以下「公儀の秩序」という）の枠内にとどまっているからこそ、「赦免」がみられるといえるのである。[42]

では、ついで「欠落」について検討する。まず、いわゆる「人返」令書が発給されるような下人・小百姓層のそれについて考えよう。

〔史料10〕

其方拘森戸分之百姓新左衛門尉、年貢卅五俵引負欠落ニ付而、為侘言参候、はや仕方ニ積合候間、不及是非候、乍去来秋年貢之内三貫文令赦免候、此上彼新左衛門尉事者、引返百姓ニ可致付も、又何与可致之も、其方可為儘者也、仍如件、

（天正十七年）
己丑
卯月十九日　端城（「過歳」カ朱印）

藤間豊後守とのへ(43)

この朱印状の発給者は、北条氏の重臣で、江戸城将の遠山犬千世と推定されている。(44)ここに示されている点を要約すると、①藤間豊後守は、百姓新左衛門尉が年貢三十五俵を「引負」って「欠落」をしてしまったため、遠山に「侘言」をした、②遠山は、（今年の年貢については）どうしようもないが、来秋の年貢から三貫文を「赦免」するとした、③さらに、遠山は「欠落」をした新左衛門尉については、藤間が「引返」して「百姓」にしようとどうしようと勝手であるとした。以上である。さて、②をみるならば、①での藤間から遠山への「侘言」の内容は、新左衛門尉の「欠落」そのものではなく、それによって納められなくなった年貢の減免だとわかる。そして、③をみるならば、「欠落」した新左衛門尉の「人返」の実行については、まったく彼を拘えている、すなわち主人たる藤間に任されていることがわかるのである。すなわち、「欠落」が起きた場合、「欠落」者の主人は「人返」よりもまず第一に「欠落」によって生じる損害などが問題であり、また領主も「人返」に直接タッチしようとはしないのである。「人返」が問題となるのは、次の段階―主人が「欠落」者の探索を開始してから―なのである。

こうして、次のような「人返」令書が現れる。

〔史料11〕

泉郷百姓窪田十郎左衛門者欠落之事、

卯年欠落、豆州みろく寺に有之、
壱人　女梅同子壱人

午八月欠落、同所有之、
壱人　女乙

午六月欠落、武州苻《(府)》中ニ有之、
壱人　丹

巳九月欠落、豆州狩野内立野ニ有之、
壱人　善三郎親子三人

以上七人

右、欠落之百姓、縦雖為不入之地、他人之者拘置儀為曲事間、任国法、領主代官ニ申断、急度可召返者也、仍如件、

（元亀二年）
辛未
卯月廿日（虎朱印）　　奉之　江雪

庄新四殿(45)

これは著名な「人返」令書（北条家朱印状）で、諸先学も触れられているが、(46)ここでは、「人返」は先にみたような段階を経て、主人が「欠落」者の「人返」を問題にしようとした時、自己の探索によって「欠落」者の所在を突きとめた時、大名権力が立ち現れて「人返」令書を発給することに注意したい。

大名権力は、「欠落」者の「欠落」先の領主や代官に（実質的には新主人に）「人返」を命ずるのだが、これは、当然のことながら、主人のいわば「侘言」に基づいているであろう。これに応じて大名権力は「人返」を保障するのである。そして、これは「人返」を実行するのは主人である点からして、まさに保障なのである。[47] 一方、「欠落」者は逃亡そのものを目的としているのだから、大名権力に対して「侘言」をするはずもない。[48] こうしてみると、下人・小百姓層の「欠落」については、「侘言」によって、「公儀の秩序」に依存し、それゆえに「人返」を保障される主人と、「侘言」をせず、「公儀の秩序」を無視して逃亡し、それゆえに高圧的に「召返」を命じられる下人・小百姓層という対比が成り立つであろう。下人・小百姓層は、以上のように二重の意味で「公儀の秩序」に関わる点から、高圧的に召返されたのである。

それでは、主人からの逃亡ではない、たとえば一般の百姓層の「欠落」についてはどうか。これも如上の点から考えれば明らかであって、「侘言」のない、逃亡そのものが目的である「欠落」である限り、〔史料3〕や〔史料4〕の例などのように、公儀たる大名権力によって高圧的に禁ぜられ、召返されざるをえないのである。

以上みてきたところから、大名権力の逃亡への対応は、「公儀の秩序」に関わっているといえよう。すなわち、大名権力の「逃散」「欠落」への対応の差違というのは、「逃散」が多くの場合「侘言」を伴う（「侘言」が「逃散」を伴うというべきか）のに対し、「欠落」はまずほとんど「侘言」を伴わないことから、そうみえたのに過ぎない、ということができるのである。下人・小百姓層は、下人・小百姓層であったから、高圧的に召返されたのではなく、「公儀の秩序」に反するような逃亡であれば、それがどのような階層によるものであっても、またどのような形態のものであっても、高圧的に召返され、押さえこまれなければならなかったのである。[49] ここに、普遍性を有する「国法」を持ち出して、「『人返』を『国法』と規定することによって強制力の法源」[50] とした理由も見出しうるのである。[51] さらにつけ加えれば、このような「公儀の秩序」による逃亡への対応をみるならば、大名権力の逃亡への対応のあり方は、逃亡への対応それ自体から成立してくるというよりは、むしろ成立している「公儀の秩序」により、規定されているのではないか、ということも考えられるのである。(52)

では、こうした「公儀の秩序」は、いかに「貫徹」していたであろうか。節を改めて開発について検討をすることにより考えよう。

第三節　開発と逃亡

戦国期において、開発は大名権力の重要な課題であった。(53) 収取の基礎となる貫高を増すためには、大名権力は、外へ向けては他領国の侵略、内へ向けては検地と開発を行う必要があったのである。(54) 開発の重要性は必然的に次のような政策とつながることとなった。

〔史料12〕

（前略）

一、当八月よりもあらくニ開候原、何方之牢人、何者も開く人、永代知行ニ可被下事、

一、彼宿へ他所より移候者、永代無諸役不入ニ被　仰出候、然者、自前々定候て懸候役之物、荒川・多田沢両村出合可走廻事、

一、方々懸廻、他所之者、当秋廿かまと可引移事、

右定所、如件、

（天正十六年）
戊子 八月十五日（「翕邦挹福」朱印）

荒川之郷
持田四郎左衛門尉(55)

この北条氏邦朱印状では、「何方之牢人」でも、開発をした者に「永代知行ニ可被下」きこと、さらに、「彼宿へ他所より移」ってきた者には、「永代無諸役不入」の特権を与えること、が示されている。いわば、「人返」とは裏腹の「人集め」が行われているのである。(56)ここにみえる「牢人」は、①他領国からの逃亡者、②領国内の他地域からの逃亡者、③流浪している真の「牢人」、などであることが考えられる。ここで、「公儀の秩序」にとって問題となるのは、②であることは言をまたない。(57)以下、みていこう。

〔史料13〕

一、為新宿間一切可為不入、但、於他郷前々役致来者、其所を明、当宿へ来而有之者、不可置、若置候者、可勤其役事、(58)

これは天正十一年十一月十日付北条家朱印状の一部である。ここでは、他郷で「前々役致来者」を「当宿」へ置くことを禁じている。すなわち、②の「牢人」は、まず大名権力に対して役を勤めている階層ではないと考えられる。大名権力にとって自己の役の収取体系の維持が重要である以上、これは当然であろう。では、直接大名権力に対して役を勤めていない層、下人・小百姓のような層は無条件で受け入れられたのであろうか。(59)確かに、ある程度、そのようにいうことはできよう。もともと第二節でみたごとく、大名権力は、「人返」の実行については主人に任せており、

「佗言」を受けて、「公儀の秩序」により、それを保障するのである。したがって、主人から「佗言」があれば、「公儀の秩序」の枠内での「人返」は行われたであろう。しかしながら、このことはまた、「公儀の秩序」に関わらないかぎり、大名権力は、開発地に集まってくる下人・小百姓層をどこから逃亡してきた者か積極的に把握して「人返」することはなかったであろうことも示している。してみれば、下人・小百姓層は、常に「佗言」によって、「人返」されうる状態にあるから、無条件に受け入れられるとはいえないが、「佗言」がない限りは受け入れられ続ける、といえよう。

以上のことから、②の「牢人」は役を勤めていない階層で、しかも多くの逃亡者を実際に含んでいるが、それは「公儀の秩序」とは矛盾していないといえよう。すなわち、開発との関係、その重要性からみるかぎり、「公儀の秩序」はあらゆる逃亡を封じこめ、禁圧するのではないのである。[60] これは、「人返」の不徹底というよりは、そのようなものとして「人返」を行う「公儀の秩序」の限界であった。[61]

さて、しかしながら、大名権力は「牢人」にのみ開発を行わせたのではない。次に史料を掲げよう。

〔史料14〕

此度当表へ相移候、〔然者住所之儀、村山之内〕立川分被定置候、荒野之地ニ而、知行開次第、其者ニ被下置候、早々彼地へ罷移、可令居住候、御出陣留守□者、玉川内ニ者、他所之衆不被指置候、早々被任置候地へ罷移、宿被立、諸不入ニ被定置候間、心易可令住居候、万一他所へ罷移ニ付而者、何方へ罷移候共、可被召返候、不入之地へ相移、心易可令住居候、猶存分達就有之者、被納御馬上可申上旨、被仰出候也、仍如件、

（天正十年）壬午　十二月廿七日　（印文未詳朱印）

宮谷衆中
小坂新兵衛殿(62)

この北条氏照朱印状では、まず、「立川分」への移住と、その「荒野之地」の開発が命じられている。それは、「諸不入」という優遇措置をちらつかせて「心易可令住居候」といいながら、一方では、「万一他所へ罷移ニ付而者、何方へ罷移候共、可被召返候」と威嚇していることからも知られるように、明らかに移住の強制であった。大名権力は「牢人」の受け入れに頼るだけでなく、こうした移住の強制により、自己が把握する「移動」によって開発を行おうともしていたのである。たとえば、天正四年霜月十九日付北条氏邦朱印状に「他所之者引移、田畠可致開発者也」とあるのも(63)、「牢人」の受け入れとは異なる「移動」を行わせようとしているといえよう。

すなわち、これは、領国の人びとの居住地は、大名権力の意志によって決定される、という理念に基づいているといえよう(64)。大名権力は、逃亡には「公儀の秩序」によって対応し、それゆえにまた問題も残したのであるが、ここに、「公儀の秩序」とは異なるレヴェルの、大名権力のむき出しの意志をみることができる。これは、一面では、大名権力の逃亡への対応を進めて「土地緊縛」の体制化を成し遂げることは、「公儀の秩序」には成しえないことを示している。しかし、他面では、大名権力が「公儀の秩序」から一歩踏み出して、人びとの「移動」や「居住」を把握しようとしていることも示している。そして、大名権力の踏み出した一歩は、新たな公儀、そしてその「秩序」を招来することになる。「土地緊縛」を成し遂げる公儀と、その「秩序」を。

むすびにかえて

以上、本章で検討したことを簡単にまとめよう。

大名権力の「逃散」「欠落」への対応の差違については、従来様々な説明がなされてきたが、本章では「侘言」の有無に注目した。すなわち、「逃散」であっても、「侘言」がなければ「赦免」どころか、「欠落」のように高圧的に禁じられているのであり、大名権力は、「侘言」により、自己の公儀としての「調停」機能に依存してくるならば、「公儀の秩序」の枠内で「赦免」を伴った処置をしえたし、「調停」機能を無視し、「侘言」がないならば、「公儀の秩序」を揺るがすものとして、これを強力に弾圧したのである。「逃散」が多くの場合「赦免」を伴ったのは、それが多くは逃亡とはいっても、「侘言」実現の手段としての行動だったからである。また、「欠落」が高圧的に禁じられたのは、それがほとんどの場合、「侘言」を伴わず、逃亡そのものを目的としていたから、また主人から下人・小百姓層が「欠落」した場合、主人が探索して「欠落」者を発見すれば「侘言」がされるのであって、二重の意味で「公儀の秩序」に関わったからである。そして、そうした「欠落」を行ったのは、実際、下人・小百姓など零細な層の者が多かった。しかし、これらは逆ではないのであって、原則は「公儀の秩序」に反する逃亡であれば、どのような逃亡であっても、またどのような階層がその主体であっても、高圧的に禁じられ、召返されなければならなかったということなのである。こうした「公儀の秩序」は、開発での「人集め」などをみても、一応矛盾なく捉えられるが、それはもともと「公儀の秩序」が逃亡者をすべて積極的に把握して「人返」を行う、というものではなかったからにほかならない。大名権力は「公儀の秩序」から一歩踏み出したむき出しの意志によって領国内の人びとの「移動」や「居住」の把握を行おうとするが、「土地緊縛」の実現には、新たな公儀とその「秩序」の登場を待たなければならなかった。

こうしてみると、次なる課題として、以下のような点が挙げられよう。

第一に、本章は、はじめに述べた通り、ほぼ永禄期以降を対象として検討を行ったが、明応~天文期を対象として逃亡の検討を行うことである。これは、大名権力の成立—したがって公儀の成立—期においても、「公儀の秩序」が現れていたか否か、という問題に関わる。

第二に、本章で示した「公儀の秩序」を、大名権力の様々な政策と、その民衆とのせめぎあいから検討していくことである。

第三に、本章は公儀の側からの照射によって検討を行ったが、「公儀の秩序」は民衆にとってどのような意味をもっていたか、という視点から逃亡についての検討を行うことである。

これらを検討することにより、公儀としての大名権力の構造的矛盾と、それに関わり、対した民衆の闘いの真実に迫りうるであろう

本章は、そのために公儀のあり方の一断面を示したに過ぎない。

注

(1) 本章での逃亡という語は、「逃散」「欠落」などを便宜総称する必要から用いているに過ぎない。また、史料上逃亡は様々な語でみえるが、本章では、形態の面から組織的・集団的なものを「逃散」、個別的・散発的なものを「欠落」として扱う。これは後にみる研究史のあり方による。なお、黒田弘子氏は、「逃散・逃亡そして『去留』の自由—御成敗式目四二条の解釈—」(『民衆史研究』三三号、一九八七年、のち一部改訂し、「御成敗式目四二条の解釈」と改題して黒田『女性からみた中世社会

と法』校倉書房、二〇〇二年、所収）において、鎌倉期を中心的に扱い、逃散と逃亡の厳密な区別をされているが、氏のいわれる逃亡は、本章でいえば、ほぼ「欠落」にあたる。

（2）『戦国社会史論』（東京大学出版会、一九七四年、以下藤木A著書とする）、「戦国大名と百姓」（佐々木潤之介編『日本民衆の歴史3　天下統一と民衆』三省堂、一九七四年、所収、以下藤木B論考とする）。

（3）「大名領国制下の農民支配原則」（永原編『戦国期の権力と社会』東京大学出版会、一九七六年、所収、のち永原『戦国期の政治経済構造』岩波書店、一九九七年、所収）。

（4）「戦国期における農民闘争の展開―北条領国の場合―」（『歴史評論』三二六号、一九七七年、のち池上『戦国時代社会構造の研究』校倉書房、一九九九年、所収）。

（5）「後北条領国における農民逃亡」（『静岡大学教育学部研究報告〈人文社会科学篇〉』二五号、一九七五年、のち小和田『後北条氏研究』吉川弘文館、一九八三年、所収）。

（6）「身分と階級闘争―戦国時代の東国を素材に―」（階級闘争史研究会編『階級闘争の歴史と理論2　前近代における階級闘争』青木書店、一九八一年、所収、のち峰岸『中世の東国　地域と権力』東京大学出版会、一九八九年、所収）。

（7）藤木氏は、A著書の段階でも「逃散」と「欠落」の差違に注目されていたが、B論考において、このようにかなり徹底して、その主体と大名権力の対応の差違を打ち出すに至った。なお、安良城盛昭『太閤検地と石高制』（日本放送出版協会、一九六九年）も「退転」＝逃散と「欠落」の差違に注目しているが、藤木氏のように徹底した見解を示されてはいない（もっとも、周知の通り安良城氏が結論として示す戦国大名像は、むしろ藤木氏より徹底しているのだが、ここでは触れない）。

（8）「幕藩制の成立―公儀論を中心に―」（永原慶二他編『戦国時代』吉川弘文館、一九七八年、所収、のち佐々木『幕藩制国家論　下』東京大学出版会、一九八四年、所収）。

（9）一九八八年一月三〇日の歴史学研究会日本中世史部会における池享氏の口頭報告「大名領国制試論」では、逃亡などの農民闘争が領主階級の危機をもたらすことにより、その結集がはかられて大名領国制が成立するというシェーマに疑問が提示されている。氏の見解の是非は、近く成されるという右報告の活字化をまって問われなければならないが、少なくとも、本章に引きつけていえば、逃亡に規定され、対応をする大名権力という見方だけでなく、大名権力内部の問題を追究する必要性を迫るものであるといえよう〔補注1〕。

(10) 天文十九年（一五五〇）の四月朔日令による収取体系の整備、永禄二年（一五五九）の所領役帳成立による軍役体系の整備などをあげてみれば、永禄期に入る前後が北条氏の大名権力確立の点で大きな画期を成しているといえよう。

(11) 藤木久志「大名領国制論」（峰岸純夫編『大系日本国家史2　中世』東京大学出版会、一九七五年、所収、のち藤木『戦国大名の権力構造』吉川弘文館、一九八七年、所収）、以下藤木C論文とする。ここにみられる公儀と百姓のあり方は、当然のことながら前述した藤木氏の「逃散」「欠落」の理解と密接な関係がある。なお、公儀に関する研究史に触れる余裕はないが、朝尾直弘「『将軍権力』の創出（一）・（二）・（三）」（『歴史評論』二四一・二六六・二九三号、一九七〇・七二・七四年、のち朝尾『将軍権力の創出』岩波書店、一九九四年、所収）、勝俣鎮夫①「戦国法」（『岩波講座日本歴史8　中世4』岩波書店、一九七六年、所収、のち勝俣『戦国法成立史論』東京大学出版会、一九七九年、所収）②「戦国法の展開」（永原他編前掲注(8)書、所収）、佐々木前掲注（8）論文を挙げておく。

(12) 藤木A著書三一八〜三二一頁および池上前掲注（4）論文、参照。

(13) 小和田前掲注（5）、峰岸前掲注（6）論文。

(14) 「河井文書」（『戦北』七七一）。

(15) この「赦免」とは、内容的には、何らかの権利付与である。

(16) 「土屋二郎氏所蔵文書」（『小』六五七）〔補注2〕。

(17) 藤木B論考。

(18) 永原前掲注（3）、池上前掲注（4）、小和田前掲注（5）、峰岸前掲注（6）論文。

(19) 「陶山春乃氏所蔵江成文書」（『小』二一六〇）。

(20) 「新編武蔵風土記稿新座郡六」（『戦北』三〇七七）〔補注3〕。

(21) このほかにも、各地に出されたほぼ同内容の北条家朱印状が、管見の限り、七通確認できる。

(22) この法令は、主にそうした百姓層に向けられていることはいうまでもない。
(23) 佐々木前掲注（8）論文。
(24) 「彦久保文書」（『戦北』三〇一〇）。
(25) 「武州文書所収秩父郡秀三郎所蔵文書」（『戦北』二九三〇）。
(26) ただし、この場合、「欠落」に対して「成敗」としているのは、やや厳しいようであるが、当面は、大名権力が高圧的に「欠落」を禁じていること、しかも一般的に禁じていることを指摘できればよかろう。
(27) 峰岸前掲注（6）論文。
(28) 〔史料3〕
(29) 〔史料4〕
(30) 〔史料6〕
(31) 池上前掲注（4）論文。
(32) 「牛込久治氏所蔵文書」（『小』一三一九）。
(33) ここでも「赦免」という文言はあるが、これはまさに許した、というだけであって、図式で示した「赦免」とは異なる。
(34) 藤木氏は、C論文で、〔史料7〕にふれ、「百姓中の血判・訴訟・取退という一連の実力行使を非法として糺弾」したとされるが、次の点から本文のように考える。第一に、「重科不浅候」と判断されたのは、「領主非分之於子細者、公儀江可訴申処、無其儀、一列ニ可取退擬」によるのであり、「列致血判」は直接問題にされていないこと、第二に、「一列ニ可取退擬」も「領主非分……無其儀」という条件があって、はじめて問題にされているといえること、第三に、「対領主企訴訟」てたことが問題になるのは、本文でも述べるとおりだが、これも、まずは「領主非分……無其儀」かったからこそ、問題になるといえること、以上である。
(35) 大名権力が領国内の諸階層のうえに超然と公儀として現れるのは、諸階層・諸集団の自力救済による共倒れを「調停」によって回避すること、それが「調停」される側にとっても一定度「期待」されることが最も根本的な要因であるといえよう。

この点、公儀の成立の問題と関わり、なお詳細に検討していく必要があるが、藤木氏が『豊臣平和令と戦国社会』（東京大学出版会、一九八五年、以下藤木D著書とする）で注目された諸階層の紛争・私闘の苛烈さを考えるならば、自力救済とそれに関わる「調停」「期待」は、ほぼあらゆる階層の問題でありえたであろうこと、それゆえにこそ大名権力は公儀となるのであろうこと、を指摘しておきたい。なお、自力救済についての関連文献は多いが、さしあたり、勝俣前掲注（11）①論文、藤木D著書、村井章介「中世の自力救済をめぐって―研究状況と今後の課題―」（『歴史学研究』五六〇号、一九八六年、のち村井『中世の国家と在地社会』校倉書房、二〇〇五年、所収）等を参照。

(36) 〔史料7〕については、諸先学も「公儀への反抗」といったことは述べられており、峰岸前掲注（6）論文では、「逃散の作法」（これについては、入間田宣夫「逃散の作法」『日本中世の政治と文化』吉川弘文館、一九八〇年、所収、のち入間田『百姓申状と起請文の世界』東京大学出版会、一九八六年、所収、参照）にかなっているかどうかという点が指摘されているが、ここでは、公儀としての大名権力にとっての、より重大な問題を見出しうると考えた。

(37) 黒田弘子氏は、前掲注（1）論文で、「逃げることが逃散の本質的ことがらではないのである」と明快に述べられている。前述したように、氏の論文は鎌倉期を中心に扱っているが、この点は戦国期についても十分いえるであろう。

(38) 「武州文書所収榛沢郡兵五郎所蔵文書」（『戦北』一六四二）。一部、写真版で校訂した。

(39) 「小出文書」（『小』一三四〇）。

(40) 戦乱に関連した逃亡者の「還住」を促した実例としては、天正十年に上野国の「うは嶋・川嶋」や「白井村」に出された北条家禁制を挙げておく（「福島文書」『戦北』二三五二、「荒木茂一氏所蔵文書」『小』一四三六）。

(41) 「逃散」は、諸先学が明らかにされているように、もともと耕作を放棄して領主の収納を脅かすところに成立する。たとえば、天正十四年三月廿九日付北条氏照朱印状（「立石知満氏所蔵文書」『戦北』二九四四）で、「代官与申事」があって「逃散」した品川百姓中に「毎度申事出来、曲事無是非候」と不快感を露わにしながらも「御帰城之上可被遂御裁許」として「赦免」の可能性を示しているのは、「侘言」が公儀に持ち込まれたことそれ自体とともに、「先罷帰耕作可致之」とあるごとく、収納の確保が問題になっていたからであろう。したがって、「逃散」が長期化して「一歩之所もあら」すようなことになれば、

「百姓御成敗可被成」と威嚇したのである。ただ、「逃散」が一時的逃亡でなくなる問題は、収納の確保のみに関わるのではない点（〔史料9〕の場合は、移住してしまうことが問題になっている）に注意すべきで、本章では、それを「公儀の秩序」に関わる問題と考えた。

(42)「逃散」であっても高圧的に召返されている例として、（天正九年）二月二日付北条氏規朱印状写（「相州文書所収三浦郡増右衛門所蔵文書」『戦北』二二一八）を挙げておく。この史料は「逃散」に対して「御国法」であるから「可罷戻」としている点、注目すべきだが、なお種々検討すべきところもある。なお、蛇足ながら、北条氏関係の史料上では、公儀にあたる語は、ほぼ「大途」「公方」「公儀」である。これらはだいたい通じ用いられており（藤木C論文、佐々木前掲注（8）論文）、問題とすべき差違もあるのだが、ここでは触れない。

(43)「藤間文書」（『戦北』三四四一）。

(44) 犬千世の発給と推定される文書としては、ほかに（天正十八年）二月九日付の朱印状写がある（「藤間文書」『戦北』三六四〇）〔補注4〕。

(45)「判物証文写今川二」（『小』一〇一五）。

(46) 藤木B論考、峰岸前掲注（6）論文、安良城前掲注（7）著書、等々。

(47) たとえば、峰岸氏は前掲注（6）論文で、下人の場合は、「その主人が領主（代官）を媒介として『人返』をおこな」うとしている。ただ、〔史料9〕でみた点から、領主の役割をあまり重視できない（大名への奏者になるなどの点を除き）のではなかろうか。

(48)「逃散」が、多く逃亡を手段として、目的としていない、一時的な逃亡であった点、それゆえに「公儀の秩序」の枠内にとどまっていた点を想起されたい。

(49) 北条氏に、有力百姓を重視し、掌握していこうとする姿勢があったのは確かだが、そうした層であっても、「公儀の秩序」を逸脱するならば、厳しく追及されるという点が重要であろう。このような意味からも公儀はあらゆる階層に対して公儀として関わろうとしたといえる。

(50) 峰岸前掲注（6）論文。

(51)「公儀の秩序」に反する逃亡を、当然高圧的に押さえこまれるべきものとするために、より普遍的な存在であると位置づけられる「国法」が持ち出されるのである。なお、管見の限り、北条氏関係で「国法」文言がみえるのは二四例で、そのうち半数近い一一例が「人返」関係である。〔補注5〕
(52)この点、もちろん、さらに検討を要する。
(53)北条領国の開発については、近年では新宿との関連を追究した池上裕子「伝馬役と新宿」(『戦国史研究』八号、一九八四年、のち池上前掲注(4)著書、所収)が興味深い。
(54)検地についてはは別稿を予定している。〔補注6〕
(55)「持田文書」(『戦北』三三五九)。
(56)藤木氏はA著書三一八〜三二一頁で、「欠落」者の還住策と一体の当作確保策との関連で、開発に触れられているが、ここでは池上氏が前掲注(4)論文で触れられた「人集め」と「人返」の矛盾点に注目したい。
(57)ただし、①も重要な問題を含んでいる。すなわち、他領国への逃亡者は「人返」できないだろうから。しかし、だからといって他領国への逃亡者が無条件に受け入れられたとは考えられない。たとえば、「結城氏新法度」二四条に「敵地てき境より来候下人かせきものつかふへからす」(『中世法制史料集』第三巻による)とあるように、当該段階では他領国からの逃亡者に対する強い警戒(密偵の可能性を考えてのことであろう)があったからである。
(58)「新編武蔵風土記稿高麗郡八」(『小』一五五〇)。
(59)池上氏は、前掲注(4)論文で、〔史料13〕をひいて、「役負担をしていなかったものの移住は認められて」おり、「それは小百姓等の下層農民」であったとされている。
(60)以上の点からのみ考えると、下人・小百姓層の逃亡よりも、むしろ百姓層の逃亡の方が問題となるともいえる。
(61)しかし、このことはいわゆる「移動の自由」には直結しないであろう。この点、後日を期したい。
(62)「小坂文書」(『戦北』二四五八)。
(63)「国会図書館所蔵青山文庫文書」(『戦北』一八八〇)。

（64）　実際、北条領国では、給人層の所領からの遊離、また所領の分散化が進行していくことは、池上裕子「戦国大名領国における所領および家臣団編成の展開―後北条領国の場合―」（永原編前掲注（3）書、所収、のち池上前掲注（4）著書、所収）を参照。もちろん、他の階層と同レヴェルで論じるわけにはいかないが。

〔補注1〕池氏の口頭報告は、同題名で永原慶二・佐々木潤之介編『日本中世史研究の軌跡』（東京大学出版会、一九八八年）に活字化・所収された（のち池『大名領国制の研究』校倉書房、一九九五年、所収）。

〔補注2〕この文書について、初出時は写しに拠った『神奈川県史』資料編3古代・中世3下にしたがい、伊豆国西浦闕落者書立案写としていたが、原本に拠った『小』にしたがい、本文のように北条氏康朱印状と改めた。

〔補注3〕この文書について、初出時は「某掟書案写の一部で、おそらく本来は北条家朱印状かそれに準ずるものであろう」としていたが、『戦北』の比定にしたがい、北条氏規（カ）朱印状写として、本文の記述を改めた。

〔補注4〕この人物について、初出時は「某」としていたが、黒田基樹「江戸城将遠山氏の印判状について」（『戦国史研究』一八号、一九八九年）の比定にしたがい、遠山犬千世とした。

〔補注5〕初出時には、この箇所に当時把握していた「国法」の事例数をあげていたが、その後の検出による新しいものに改めた。この点、久保「後北条氏における公儀と国家」（同『戦国大名と公儀』校倉書房、二〇〇一年、所収）を参照。

〔補注6〕検地については、その後「戦国大名検地と『増分』」（『早稲田大学大学院文学研究科紀要別冊』一六輯、一九九〇年）、「戦国大名検地についての二、三の論点」（『歴史評論』五〇七号、一九九二年）を発表し、それらを再編、大幅に加筆した「戦国大名検地の構造」（久保同右補注著書、所収）を著した。

〔コメント〕本書の序章でも触れたように、本章は、筆者のはじめての活字化論文である。言及すべきところは山ほどあるのだが、きりがないので、ここではその後の筆者の仕事に関わる部分を、いくつかあげるにとどめる。

まず、本章の柱となっている「公儀の秩序」だが、いかにも性急な規定で、あまり中身を伴っているとはいえない。そもそも、これは、「公儀」の調停機能を重視しての立論で、その意味では従来の戦国大名に関わる議論を引き継いでいるのだが、その後筆者は、調停機能重視には懐疑的になっている。前掲〔補注5〕著書において、本章の一部を再編・活用した際にも、調停機能に関しては、ごく限定的な評価となっている。また、注(42)で、「大途」「公方」「公儀」について、「だいたい通じ用いられており」としているが、『戦国大名と公儀』は、まさにその点への疑問からはじまっているのであり、いまだ理解が浅薄であったといわざるをえない。

このようなものであるにもかかわらず、今になって、本章を収録することにしたのは、逃亡への対応という限られた問題であり、また、上述したように、限定的な評価にはなるけれども、公儀の調停機能がみられることは確かであり、それ自体を示しておくことには意味があると考えたこと、開発と逃亡との関わりなどは、本章初出後、則竹雄一「戦国期における『開発』について」(『史海』三七号、一九九〇年、のち則竹『戦国大名領国の権力構造』吉川弘文館、二〇〇五年、所収)などでも部分的に触れられてはいるが、十分な展開はみていないと考えたことなどによる。

本章の最後に、今後の課題を三点ほど掲げているが、すべて「公儀の秩序」を前提としているので、そのまま引き継ぐわけにはいかないが、大名権力の成立と逃亡との関わり、大名権力の政策と民衆とのせめぎあい、民衆が大名権力の調停をどのように受け容れたか(受け容れなかったか)といったように置きかえてみれば、いまだ解決できたとはいい難い問題であり、今後も向かい合っていかなければならないと考える。

第八章　支城制と領国支配体制

はじめに

与えられた課題は、北条氏における領国支配体制としての支城制を概観し、それに対応した家臣団構成に言及することである。まず、あえて「領国支配体制」といわずに、やや広く北条氏に関わる領域支配（制度）研究について簡単に振り返っておこう。

一つは支城制である。北条氏の領国がいくつかの拠点に支城を設定し、それを核とした支城領を単位として成り立っていることは早くから指摘され、研究も積み重ねられてきた。支城における支配権限の差違など、重要な論点も出された。[1]これをさらに大きく進める画期となったのは、池上裕子氏の研究である。[2]すなわち、池上氏は公事研究のなかで、北条氏の公事賦課が「郡」単位で行われること、その「郡」が発展して支城領になることを指摘したのである。支城制の成立に関する重要な見解であったといえる。さらに池上氏の成果を受け、浅倉直美氏は「郡」がいくつかの段階を経て支城領に発展していくことを指摘した。[3]池上説を補強したといえよう。これに次ぐ大きな画期であるのは黒田基樹氏の研究である。[4]黒田氏は、支城制に関わる概念が曖昧なまま使用されていることを指摘し、多くの領域において支配権限・内容を抽出した上で概念を確定していった。これによって、支城制研究は格段に精密化を遂げることとなったのである。

今一つは国人・国衆である。これも個別には多くの研究があったが、毛利氏の「家中」論[5]における国衆のように、戦国大名の権力構造との関わりで国人・国衆を独自に位置づけるという点では、北条氏関係の研究は大きく立ち後れていた。この分野を大きく進展させたのも黒田基樹氏の研究である[6]。黒田氏は、峰岸純夫氏の国人領研究[7]に注目し、独立的な領域支配を行う国衆領が戦国大名のもとでも存在していたことを明らかにした。そして、国衆はいわば「地域的『公方』」であり、国衆領はそれが支配する「国」である、と主張したのである[8]。

この二つの研究の成果は、それぞれ大きい。領域支配（制度）研究に資するところもきわめて大きかったといえる。しかし、次のような問題点が指摘できるであろう。すなわち、それぞれが孤立しており、全体としての領域支配（制度）を包括する議論がない、という点である。二つの研究を大きく進めた黒田氏自身においても、その必要性は示唆したけれども、なされていない。両者を包括した議論が、「領国支配体制」を考えるためにはまずもって必要であろう。その上で、「領国支配体制」を実現する要因として検討すべき問題をさらに見出しうるか否かが問われなければならない。本章ではこうした課題を念頭に置きながら、支城制の確立・展開を考え、さらにはそれを包括する「領国支配体制」における論点を見通したい。その過程で、家臣団の問題、ないしは北条氏権力の構成にも言及することになるであろう。

本論に入る前に前提としておきたい点がある。黒田氏によって規定された支城制に関わる概念を、本章でもおおむね使用するということである。これ自体の妥当性を再検証する作業も必要かもしれないが、右に述べた課題を最優先で検討するために、さしあたり黒田氏の概念に沿って議論していく方がわかりやすいと判断した。次に主要なそれを掲げる。

①「郡代」…………領国制的公事の賦課・収取権を行使する。

②「城将」…………「衆」に対する一定の軍事指揮権を有する。

③「城代」…………「郡代」の権限に加え、「衆」に対する軍事指揮権を有する。

④「支城主」………「城代」の権限に加え、知行充行権・裁判権等を付与され、領域支配と給人の軍事編成を統一的に実現している。

⑤「支城領主」……領域をすべて「知行分」とし、「衆」を被官・同心とする。領域支配制度的に本城から独立している。

①については、黒田氏独自というよりも、池上説がほぼ踏襲されている。②③の「衆」については、次節で述べる。また、②について黒田氏は直接概念規定していないが、他の規定からおよそうかがえるところである。(9)

第一節　「所領役帳」と支城制

永禄二年（一五五八）、著名な「所領役帳」が成立した（以下、「役帳」と略）。これは、議論の前提としてごく概括的にいえば、同年段階での北条氏の家臣を「衆」といわれる集団ごとに分類し、所領の貫高と所在、知行役などの諸役の賦課状況を示した帳簿である。これに関する研究は枚挙に遑ないが、包括的な「役帳」論として、今なお他の追随を許さないのは、池上裕子氏のものである。(10)

池上氏は「役帳」の作成目的について、「武蔵北部・上野の一部・葛西の新征服地を軍役賦課地として統一的に編成することを緊急課題」とし、「すべての給人の知行役高を印判状に基づいて糺明し、確定するもの」とした。後者に関しては、のちに若干の修正を加え、「給人一人ずつについて所領の貫高と負担すべき軍役の高とを確定する」ものとしている。(11)これは池上氏自身の役研究の進展に基づいている。すなわち、池上氏は北条氏における軍役を人数着到役・知行役・出銭と捉え、さらに知行役を普請役・諸役＝雑公事・出銭からなると考えるに至ったのである。すなわち、やや漠然と「知行役」としていたものを、役の内容を詳細に押さえた上で、「軍役」としたわけである。(12)

いわば、北条氏の領国拡大戦争をテコとして、軍役整備が推進されていった所産であるが、この「役帳」における「衆」は支城制との関わりで重要な論点を示す。以下、主として池上氏の成果によりながら展開していこう。

先に述べたように、「役帳」においては給人が「衆」と称する集団ごとに分類されているわけだが、これは軍団としての編成をも示している。分類には諸説あるが、たとえば、小田原衆・御馬廻衆・玉縄衆・江戸衆・河越衆・松山衆・伊豆衆・津久井衆・諸足軽衆・職人衆・他国衆・社領・寺領・御家中衆の一四となる。(13)このうち領域の拠点城郭に付属する軍団と認められるのは、小田原衆・玉縄衆・江戸衆・河越衆・松山衆・伊豆衆・津久井衆である。(14)

各「衆」の筆頭にあげられているのは、その第一人者である。当該「衆」に対する指揮権を有する者とみてよいであろう。小田原衆は本城主直属であるから若干意味合いを異にするであろうが松田憲秀で、以下玉縄衆は北条綱成、江戸衆は遠山綱景、河越衆は大道寺周勝、松山衆は狩野介、伊豆衆は笠原綱信、津久井衆は内藤康行である。「衆」が拠点城郭付属の軍団である以上、彼らの多くは拠点城郭の第一人者でもある。黒田氏によれば、北条綱成・内藤康行は「支城主」、遠山・大道寺は「城代」、笠原は「郡代」である。

「衆」が単一構成ではなく、複数の寄親にそれぞれ同心が付属させられた寄親―同心集団の集合体であることは、つとに知られているところである。江戸衆を例に取れば、寄親は遠山綱景・千葉殿・島津孫四郎・太田大膳亮・小幡源次郎・富永康景・太田康資の七人であり、それぞれが一族・被官等を同心として率いている。ちなみに遠山は三八人もの同心を抱え、この数は江戸衆の寄親のうちで群を抜いている。

こうした「衆」編成について、池上氏はさらに次のような指摘をした。寄親―同心関係は、戦争を契機とするなどして旧来から成立していたものを追認したり、新たに大名からの命令によって成立したりしたが、いずれにせよ、これらおよびこれらを基礎にした「衆」構成は「何重もの大名編成を受けた結果である」と。「何重もの大名編成」とは、同心には大名が直接知行を充行い「大途御被官」とすることや、所領を分散化することなどで、寄親―同心関係を確定、移動・再編したものである。これにより、寄親の強大化や同心の自由な移動などができなくなる。同族の所領集中も所領分散化政策によって抑止される。

こうしてみると、「衆」編成は、一見前代までの在地領主支配を温存した自立的な寄親―同心集団の寄せ集めであるかの外観を呈しながら、実体はそれが大きく改変された上に成り立っているものであることがわかる。所領を分散化された上に、寄親―同心関係の独自な強化・改変や、同族による集中支配も抑止されては、在地領主としての権能は大きく制約されるに至ったといえるのである。

この基礎となるのは検地である。検地によって所領の所在および貫高が確定されることによって、はじめて上述の政策が可能になる。すなわち、所領の所在が確認できなければそもそも「分散」の仕様がないし、貫高がわからなければ「分散」するための同等の「替地」を準備できない。同族の所領集中抑止も同様である。同心に直接知行を充行うことや、その知行を寄親のもとに集中させないことなど、寄親―同心関係における重要な事柄についても検地は不可欠である。

検地の大きな契機の一つは、征服地における検地である。(15) 先に述べたように、池上氏は「役帳」の作成目的を武蔵北部・上野の一部・葛西の征服と関連させて捉えており、これらの地は検地として明記されている場合はもちろん、そうでなくても征服地検地を背景に考えることが可能である。

してみれば、「役帳」にみえる「衆」編成は、まさに戦争＝征服・検地と一体のものとして考えられる。たんに軍団が拠点城郭に付属させられたのではない。戦争のなかで、検地を経た上で、在地領主の支配に介入し、「何重もの大名編成」を遂げた軍団が現出したのである。この「衆」が配備されてはじめて、戦国大名段階で独自に評価しうる支城制がかたちを成すと考える。すなわち、かりに、ある広領域に本城以外の城郭が複数存在し、城将が配属されていても、それのみでは、少なくとも本章で問題とすべき支城制とはいえない、ということである。

「はじめに」でも述べたように、支城制の成立に関わっては「郡」から支城領へ、との池上説がある。池上説はもともと公事論のなかで提唱されているから、公事の賦課・収取単位としての「郡」が重視されているのはもっともである。その「郡」に支城制の端緒を求める点も当面異存はない。ただ、以上みたところからいって軍団としての「衆」編成・配備とその契機としての戦争、総じて軍事的問題は軽視しえない。公事賦課の基礎となる貫高の決定にしても、征服を重要な契機とする検地によって行われるわけである。いわば、支城制は軍事的問題を通して「確立」するものといえよう。

してみれば、「役帳」の成立は支城制の視点からみても重要である。たとえば、黒田氏は支城制の成立を大永～享禄年間（一五二一～三二）とみている。[16] この点も当面異存はない。公事賦課・収取の体制にしても「衆」編成にしても次第に進められていたことであろう。だが、「役帳」に登録されることによって「衆」の位置が固定・確定された意義は、支城制にとっての「衆」の重要性を前提にすればたいへん大きい。大永～享禄年間に「成立」した支城制は、「役帳」の成立によって「確立」したと評価することも可能であろう。

では、「確立」した支城制はいかなる展開を遂げるか。また、いかに国人・国衆領と関わっていくか。それが次の課題である。

第二節　支城制の展開

池上氏は、「役帳」後の支城制の展開について、武蔵忍城主成田氏等を例に取り、有力国人領も支城領化する、と述べた。(17)これに対し、黒田氏は「はじめに」でも触れたように、国衆領の独立性を主張する。では、両者の説はまったく相容れないものであろうか。

実はそうではない。黒田氏は、支城制のなかにおいて最も独立性の高い「支城領主」が、「北条氏御一家衆」のなかでも氏照・氏邦・氏房・氏忠等「きわめて限定された存在」であり、彼らの「支城領」は、「それ以前において北条氏に従属していた『国人』『大名』の支配領域を基盤に成立した」との見通しを立てている。(18)すなわち、池上氏のいう有力国人領の支城領化は、黒田氏においては有力一族である「御一家衆」を通じて限定的に成し遂げられるとみなされているのである。また、池上氏も「氏照・氏邦・氏房をすべて婿養子とすること」によって国人領が大名領国に吸収され、支城領化する点に注目している。(19)「御一家衆」の「支城領」は、支城制と国人・国衆領との問題の焦点なのである。

ただし、池上氏がいう国人領の支城領化は「御一家衆」に限らないし、また、前節で述べたような在地領主支配の改変を伴う「衆」編成が支城領化とともに行われていくとみるわけである。この点については、黒田氏の一連の研究によって、独立性のきわめて高い国人・国衆領が、戦国の最終段階に至っても存在することは、ほぼ明らかであるから、池上説が全面的に成り立つことは難しいといえる。もっとも、だからといって「御一家衆」領以外の国人・国衆領がすべて支城領化しない、ということではない。この点ももちろん黒田説に関わるのだが、後述することとして、「御一家衆」領と支城制との関わりでは、黒田説に問題はないか。

黒田氏のいう「支城領」は、上述のように、支城制のなかでも非常に限定された存在である。のみならず、それは「『本城領国』支配の展開過程のなかから成立したものではなく」「『国人』『大名』の支配領域を基盤に成立した」わけである。すると、「支城領」といいながら、きわめて支城制「外」的存在であるといえる。黒田氏の説明の限りでは「支城領」が支城制のなかに位置づきがたいという、一見奇妙な事態が生じるのである。

では、これは概念規定の問題であり、そもそも「支城領」は支城制「外」の存在であるのか。明言していないが、黒田氏はそうは考えていないとみてよい。だからこそ、「支城領」と概念規定したわけでもある。したがって、問題は、「御一家衆」の「支城領」が支城制のなかで一定度重要な意味を有する（と考えられる）にもかかわらず、その関連のあり方が深められていないところにあるといえる。この追究が、ひいては支城制と国人・国衆領との問題を包括的に捉える鍵ともなるのである。

解答はなかば示されている。氏照・氏邦・氏忠等が養子となり、国人・国衆領を継承していることが明白な事実である以上、彼らの「支城領」は、「役帳」にみられる支城制の論理、すなわち在地構造改変を伴う「衆」編成によって成立するそれでは説明できない。では、やはり「支城領」は支城制「外」の存在なのか。

「支城領主」である「御一家衆」は、政治的・権力構造的視点から考えてみれば、最も強力に当主を支える存在である。これもまた、明白な事実である。とくに氏照・氏邦が北条氏の軍事・外交で占める比重については、今さら贅言を要さないであろう。つまり、彼らは北条氏権力全体からみる時、その重要な一翼を担っているわけである。この点からいえば、彼らは、むしろ最も「本城」主を支える「支城」主に相応しいであろう。してみれば、彼らをそうならしめている論理は奈辺にあるかが、あらためて問われなければならない。

実は、この問題は権力構造論、さらには「領国支配体制」論として捉えた場合、北条氏に限らず重要である。最も著名な例は、毛利氏の元就～輝元期における吉川元春・小早川隆景、いわゆる「毛利両川」である。「はじめに」でも触れたが、毛利氏については、「家中」論というかたちで権力構造論が大きく進展しているが、管見では、「毛利両川」が「家中」との関係でいかなる位置づけとなるかを議論したものはほとんどない。[21] 毛利氏の場合は、支城制に関する議論ではないわけだが、北条氏と同質の問題といえるであろう。なんとならば―周知に属するが―元春・隆景は当主とごく近い血縁者であって北条氏でいうところの「御一家衆」に相当するが、それぞれ有力国衆である吉川・小早川氏の養子となり、毛利氏権力を強力に支えたからである。[22]

ここで注目したいのは、中世武士団のアヒヤケ（相舅）構造に関する大山喬平氏の研究である。[23] アヒヤケとは、ある一組のヨメとムコにおけるそれぞれの舅であるが、大山氏によれば、このヨメとムコを中心にして双方の父親が互いのヤケ（小家族）を背後にもって結合しているのがヨメ・ムコ・アヒヤケ関係、略してアヒヤケ関係である。これは、イヘ（大山氏によればヤケよりも広い概念）とともに中世武士団の族的編成原理をなすが、相違する点は、イヘ原理には時間的連続性があるのに対し、アヒヤケ関係は世代を越えた結合としては存在しないところであるという。また、アヒヤケ構造におけるムコだけは、生まれたイヘとヨメのイヘに両属する存在であり、中世武士団を構成する男子は常に二つのヤケを通じて、二つのイヘに帰属していたことを指摘している。

大山氏の議論が戦国史研究でどのように受けとめられているか、寡聞にして知らないが、「御一家衆」をめぐる上述の問題について考える時、大きな示唆を与えてくれる。とくにムコが二つのイヘに両属する存在である点は、きわめて重要である。氏照・氏邦らは、まさにムコとして北条氏宗家と有力国人・国衆との二つのイヘに両属する存在となったわけであり、それがゆえに北条氏宗家＝当主権力を強力に支えたといえる。戦国大名と有力国人・国衆との関係は「家中」による「家中」の支配というが、そこにムコとしての「御一家衆」が介在した場合、「御一家衆」によって「家中」同士は連結するわけで、たんなる支配を超えた結合関係が生じるのである。

ただし、大山氏の議論をそのまま適用できない点もある。最も大きな点は、肝心のアヒヤケの相互関係が顕著でないところである。これは国人・国衆側の舅がほとんど活躍しなくなることによるといえるが、そもそも、ムコとしての「御一家衆」が成立する時、大名と国人・国衆との間において、主として軍事的関係に由来する大名側の優位は明らかであり、その意味ですでに対等なアヒヤケ関係は成立しがたいわけである。したがって、これは本来のアヒヤケ構造・アヒヤケ関係というよりは、二次的に変化をとげていると考えた方がよいかもしれないし、別概念で呼ぶ方がふさわしいかもしれない。ただ、ここで重視すべきなのは――繰り返しになるけれども――ムコが二つのイヘに両属する点であり、それがアヒヤケ構造に由来する限りにおいて、さしあたりはアヒヤケ構造・関係の問題としておさえておきたい[24]。

この点で、注目すべきことがある。「御一家衆」を代表するともいうべき氏照と氏邦の後継者である。すなわち、「小田原編年録」には、氏政子息のなかに「北条安房守養子」と注記された氏定（直定）、「陸奥守養子」と注記された某の二名がみえる。安房守が氏邦、陸奥守が氏照であることは説明の要がない。また、氏照には実子が知られておらず、彼らは、後継者となるために養子とされたと考えられる。

もっとも、「小田原編年録」は記載内容の信憑性に若干の問題もあるが、かりにこの養子が事実とすると、これは先にみたアヒヤケ構造・関係が一世代で解消するとの特質と関わって重要となる。つまり、「御一家衆」が当主権力を強力に支える関係は彼ら一代で解消するわけで、次世代からは一門であるとはいいながら、独立性の高い国人・国衆領としての特質が前面に出てくることになる。こうした事態を避けるためには、アヒヤケ構造・関係の再生産が最も早道である。氏照・氏邦の後継者がかつての彼らのごとく宗家からムコとして送り込まれたとすれば、まさにこれにあたるといえるであろう。また、こうした策が採られたこと自体、「御一家衆」と当主権力との関係がアヒヤケ構造により規定されていたことを裏づけるともいえるのである。

以上のように「御一家衆」を捉えるとすれば、彼らは当主権力との結合のあり方からして、その「支城」に配置された権力であり、「支城領」を支配するといってよい。それは、国人・国衆領が支城制に組み込まれるもっともドラスティックなあり方を示していると評価できるものである。ただし、それはまた、本来の支城制の論理とは異質の要因から成立したものでもあったのである。

北条氏支配の末期といってよい時期に、領国の一部で領域支配の大規模な再編がはかられる。江戸城を拠点とした「御隠居様」氏政が主役となって推進されたものである。これについては、市村高男、長塚孝、黒田基樹氏らの研究がある。(25) 概略を示せば次のごとくである。

永禄十年（一五六七）、岩付城主太田氏資の戦死後、北条氏は岩付領を直轄領化し、天正二年（一五七四）第三次関宿合戦で簗田氏が屈服すると関宿領も併合する。同五年頃氏政の子息源五郎が太田氏の名跡を継承し、同八年からは支城領支配が確認される。同十年源五郎が死去すると直轄領支配が再開され、同八年家督を氏直に譲った氏政が深く関与する。同十一年やはり氏政子息の氏房が岩付城に入って支配を開始するが、同十三年頃までは氏政の関与が続く。氏房が「支城領主」として独立するのはそれ以降である。江戸城においては、遠山氏、ついで北条氏一門の氏秀・乙松が城代となるが、天正十一年氏秀の死去後は氏政が乙松の後見として支配を補完し、同十二年頃乙松も死去すると氏政が本格的に支配を開始する。黒田氏によればその権限は「支城主」に相当する。岩付城・関宿城には江戸衆の在番がみられるなど、江戸城との関わりが深く、江戸城系列の支城といえる。これらの地域での支城制支配展開を背景に房総半島への進出がはかられる。天正十三年作倉領を支配する千葉邦胤の死去後、北条氏は同領を接収し、氏政が支配を展開する。同十七年には氏政の子息直重が千葉氏の名跡を継承する。これは直重による支城領支配の前提と考えられる。

以上をみれば、氏政の活動は、北条領国の北東部における広域の領域支配再編であり、しかも連関しながら進められていることがわかる。これは北条氏の当該地域における軍事行動の展開と深く関わり合っているといえよう。とくに天正十年の武田氏滅亡、本能寺における織田信長横死＝中央勢力の撤退、徳川家康との同盟等を経て領国西部における軍事的脅威が軽減してからは、領国北東部に接する佐竹氏らを主要な敵として多くの軍事力を傾注できるようになったわけで(26)、支城領を越えた広域を視野に入れつつ、それらと対決する体制を強固に構築する必要が生じた。これをなし得るのは、隠居とはいえ、北条氏における事実上の最高権力者である氏政をおいて他にはなかったと考えられる。

氏政の権限は、個々の支城領単位でみれば、黒田氏のいうように、あるいは支城領主、あるいは支城主と規定できるであろうが、実際は、この広域的再編をなしえたところにこそ意義がある(27)。余人をもって代え難いことからいっても、この再編は本来の支城制の延長上では捉えられないものといえる。ただ、再編の結果、氏房・直重らの支城領が再び成立ないし成立しようとしている点は重要である。支城領を越え、支城制の延長上には収まらない再編の結果生まれたものは、ほかでもない、やはり支城領だったわけである。この事実は、北条氏が領域支配制度において、あくまでも支城制を基幹に据えようとしていたことを示唆するのである。

「役帳」後の支城制の展開は、多くの国人・国衆領との接触によって、それまでと同様には進まなくなる。もちろん、軍事的勝利のあり方によっては検地—衆編成を伴う「役帳」方式の支城制編成が可能になることもあるが、国人・国衆領はそうした介入・改変が行われずに温存される場合が多かった。そこで、「御一家衆」領の創出・配置により、一定の編成が行われ、さらに天正十年代には、主として軍事的必要性から「御隠居様」氏政が直接の主体となって広域的再編が試みられた。ただし、北条氏はあくまで支城制を基幹とする「領国支配体制」を志向していた。そのため、これらの措置は、また新たな支城領を成立させた。つまり、支城制は「役帳」方式とは異なる論理・方式のもとに、新たな展開をみせたのである。

また、こうしたなかでも「役帳」方式の支城制編成は放棄されたわけではない。牛久城主岡見氏の場合などがそれを示唆する。北条氏の支城制は一定の方式で拡大していったのではなく、段階的差違があり、また同時期においても異なる論理・方式が並存するなど、多重・多様に展開したわけである。これは、家臣団編成が一元化しない戦国大名権力のあり方を反映しているともいえるのである。

第三節　「領国支配体制」への求心性

北条氏がいかに「領国支配体制」の基幹として支城制を志向しても、ついにそれは完全な実現をみることはなかった。では、国人・国衆領の独立性とは文字通りのそれであり続けたままであったのか。いいかえれば、「領国支配体制」への求心性はなかったのか。二、三の点について検討しよう。

先にも注意したが、「御一家衆」領以外で、国人・国衆領が支城制に組み込まれることはあっただろうか。まずごく単純に考えて、大名と国人・国衆との力関係次第で、それは大いにありうる。国人・国衆をひとしなみに大名の家臣化する存在とみるような大名権力構造論（観？）は過去のものとなったが、だからといってすべてが強い独立性を保ったわけではない。この点は、確認しておかなければならない。

では北条氏の場合、実例はどうか。すでに黒田氏によって一定の位置づけがされているものとして、相模津久井城主内藤氏がある。(28) 内藤氏は「支城主」といえるが、その領域支配は従前からの地域的領主制を継続させたきわめて一元的・排他的性格の強いものであり、他の「支城主」と「支城領主」・国衆との中間的性格にある。これは北条領国でも内藤氏のみにみられる「極めて例外的な状況」であるという。

一例しかないとすれば、「極めて例外的」であるとするのは、事実としてそのとおりであろうが、ただ、内藤氏のような存在が実際の政治的・軍事的状況によってありうることを、少なくとも支城制論としては、十分留意しておきたい。支城制の展開の多様性、なかんずく国人・国衆領と支城制との接点についての重要な論点を提示すると考えるからである。(29)

今一つは、常陸牛久城主岡見氏である。岡見氏の研究は、その領主的性格および北条氏従属後の城郭や在番の問題などについて、漸く近年進展しつつあるが、(30) 管見の限り支城制の問題として扱われたことはない。しかし、実は重要な問題を含んでいるのである。

岡見氏はほぼ天正十年（一五八二）前後、北方の佐竹氏・多賀谷氏らの圧力に対抗するために、北条氏への従属を強める。同十五年頃多賀谷氏の攻勢が激しさを増すなか、牛久在番が成立する。北条氏の指示により、高城・豊島・井田・国分等の近隣国人・国衆が交替で兵員を派遣して在番したものである。同年春岡見氏は北条氏に対して援軍を要請し、北条氏がこれに応じているので、(31) おそらくはこの援軍が恒常化したものであろう。しかもこの過程で、牛久城は北条氏の主導により大改修が施されたものとみられ、在番と相まって、まさに「岡見氏の城という性格よりも、むしろ北条氏の城としての性格を強く持つ存在へと変質させられた」(32)といえる。

これは明らかに牛久城の支城化であり、支城制への編成であるが、城郭自体がなかば北条氏に接収されたかの様相を呈しているところに際だった特徴がある。「なかば」というのは、この後も岡見氏の本拠が移動した形跡がないからであるが、それにしても接収に近い状況であることは否めない。これも岡見氏が置かれた政治的・軍事的状況の特殊さ、とくに援軍を呼び込んで在番化させてしまうような岡見氏権力の脆弱さから、例外的なものとして処理することが、あるいは可能かもしれない。しかし、国人・国衆が大名に従属する契機はほぼ軍事的なものであり、さらに多くは軍事的支援を期待してのものであることからすれば、岡見氏の脆弱さを例外視するよりは、むしろ国人・国衆が常に直面する危険性の問題として考えた方がよい。内藤氏の事例とも併せて考えれば、国人・国衆領を支城制に組み込む契機は広く潜在しており、それが実現するか否かは、大名と国人・国衆との力関係如何であった。実現しない場合も国人・国衆は常にこの契機に規定されざるをえないのであり、まさに「領国支配体制」への求心性を示すものといえるのである。

ついで、部分的には言い古されたことではあるが、流通・交通の問題である。(33)

〔史料1〕

其方事、郷中之老名敷者ニ候間、於当家中、諸役不可有之候、以上、
奈良梨《武蔵》之義、公方伝馬走廻ニ付而、不入之事、侘言候、彼郷之事者、久敷知行候間、自余之郷ニ相替り、令用捨、尤諸不入ニ相定候、気遣有間敷候、但、大途之伝馬をハ厳密ニ可走廻者也、仍如件、

天正十一年癸未
九月廿一日　憲直（「慶宝」朱印）

奈良梨
鈴木隼人殿(34)

これは、武蔵松山城主上田憲直（憲定）の朱印状である。奈良梨郷の有力者鈴木隼人が上田から諸役不入権を与えられたものである。鈴木は「公方伝馬」の勤仕を根拠に不入権付与を申請し、上田はそれに応じた上で、「大途之伝馬」は厳密に勤めるように念を押している。すなわち、ここでは「公方伝馬」と「大途之伝馬」は同一である。(35)さらに、「大途」の内容主体はほぼ北条氏当主であるから、(36)上田は大名の交通機構である「大途之伝馬」のために、自領で不入権を付与せざるをえなかったわけである。

北条氏が伝馬運用のために専用の文書として使用したのが、周知のように印文「常調」の朱印を捺した伝馬手形である。かつて言及したことがあるが、(37)北条領国において、これに類する様式の文書はほかに創出されていない。この事実は、国人・国衆が―少なくとも北条氏ほどには―独自の交通機構を整備しえなかったことをうかがわせる。もちろん、国人・国衆が流通・交通に関心がなかったわけはないが、むしろそれゆえに、このことは重要といわなければならないのである。

一方で、流通・交通については、領単位でまとまった経済圏を指摘した藤木久志氏の研究があり、(38)さらに検討を要するが、ここでは今一つ兵粮の問題を指摘しておきたい。すなわち、戦国時代において、兵粮は経済全体に関わる重要物資であったが、(39)これは戦時における搬送のみならず、平時における運用＝市場投下・貸付等においても流通・交通と深く関わらざるをえない。とくに「境目」に存在する国人・国衆にとって戦時において兵粮を緊急かつ十分補給することは即死活問題である。この点、大名の広域にわたる兵粮搬送体制がきわめて重要な役割を果したと考えられる。戦争状況の拡大は、兵粮に体現される戦争経済において国人・国衆らが大名に依存せざるをえない事態を招来し、進展させるのである。

次に、支配論理の問題をみよう。

〔史料2〕

大普請人足三人、致中七日用意、鍬もつこを持来十四日小田原柳小路へ可集、此度臨時普請雖可為迷惑候、第一為御国、第二為私候間、於百姓等も奉公可申候、御静謐之上可被加御憐愍候、此上至于無沙汰者、可未進五日可被召仕者也、仍如件、

（永禄十二年）巳八月九日（虎朱印）

（相模）徳延
百姓中(40)

〔史料3〕

定

一、於当郷不撰侍・凡下、自然御国御用之砌、可被召仕者撰出、其名を可記事、但弐人、

一、此道具弓・鑓・鉄炮三様之内、何成共存分次第、但鑓ハ竹柄にても、木柄にても、二間より短ハ無用ニ候、然者号権門之被官、不致陣役者、或商人、或細工人類、十五・七十を切而可記之事、

一、腰さし類のひら〳〵、武者めくやうニ可致支度事、

一、よき者を撰残し、夫同前之者申付候者、当郷之小代官、何時も聞出次第可切頸事、

一、此走廻を心懸相嗜者ハ、侍にても、凡下にても、随望可有御恩賞事、

已上

右、自然之時之御用也、八月晦日を限而、右諸道具可致支度、郷中之請負、其人交名をハ、来月廿日ニ触口可指上、仍如件、

（天正十五年）丁亥 七月晦日（虎朱印）

（相模）栢山 小代官[41]

百姓中

〔史料2・3〕ともに北条家朱印状である。〔史料2〕は武田信玄襲来の危機にあたり、臨時の普請役を命じたもの、〔史料3〕は秀吉の惣無事令による対決危機にあたり人改めを命じたものである。これら戦争危機・緊急事態に北条氏は「御国」のため、「御国」の御用だと称し、それを根拠として奔走を命じている。百姓・商人・細工人＝職人など、本来非戦闘員である者たちを動員するために「御国」という、理念的には大名自身をも超えるところの、いわば超越的存在がもち出されたわけである。この点、つとに勝俣鎮夫氏が注目し、最近では稲葉継陽氏も論じているところである[42]。筆者は「御国」の「超越性」についてはやや限定的に考えているが[43]、緊急事態において非戦闘員に対する動員根拠とされる、またそれ足りうるものであることは異存がないところである。

一方、国人・国衆の場合には、こうした論理はほぼ皆無である。彼らは緊急事態にはどう対応したか。

〔史料4〕

制札

此度之於陣中、夜はしり夜盗、致□のいか程も所用ニ候、おのこゝを立、すくやかなる者、中谷領ハ不及申、いつれの私領の者成共、領主ニきつかいなく陣中へきたり可走廻候、ふちハ当座ニ可出置候、其上走廻候之者をハ、御大途迄申立、自分之儀ハ一廉可令褒美候、又此儘奉公のそみの者ハ、給分出置可引立候、此以前於当家中、科あるもの成共、又借銭・借米有之者成共、此度之陣へきたり走廻ニ付てハ、相違有間敷候、陣へきたるものハ、河内守方より印形を取可来候、仍如件、

（天正十八年）寅　二月廿八日（44）　憲定（「慶宝」朱印）

（充所欠）

〔史料5〕

津久井城普請人足積リ、

拾人　ミまし

十人　はんはら

十五人　すミた
　　　　川入

以上卅五人

右、てんき次第、明日より三日、道具ハくわ・まさかり、四ツいせんにまいるへし、はんハ七ツほうしあかるへし、我々自分之様ニハ無之候、御大とのため城ふしんの儀、致分別可走廻候、若不参者有之ハ、強儀を以、可押立候者也、仍如件、

（天正十八年）
刁
五月廿四日　　大和守［印読カタシ］（印文未詳朱印）

三ヶ村
百姓中(45)

〔史料4〕は松山城主上田憲定制札写、〔史料5〕は津久井城主内藤綱秀朱印状写である。いずれも天正十八年秀吉が北条領国に総攻撃をかけた、まさに危機的状況における文書である。これに際して、上田は「夜はしり夜盗」のような者まで動員しようとし、奔走した者に対しては「御大途」まで報告して褒美を与えるとする。内藤は、自身の本拠である津久井城の普請を「我々自分之様」ではなく、「御大と」のためなのだ、として動員をはかっている。いずれも、自らのうちで動員の論理を完結させることができず、「大途」をもち出しているのである。(46)

また、「大途」文言こそ用いていないものの、下総小金城主高城胤則は、天正十五年五月十五日付黒印状で、須和田寺社中に対する普請役賦課について次のように述べている。(47) このたび小田原城普請と牛久城在番を同時に仰せつけられた。普請については様々「御侘言」したが、これは重要な普請で「早雲寺様をはじめ古来不入之所迄」残るところなく賦課するのだ、その方もそのようにせよ、と仰せられた。こういうわけだから当郷の人足についてよろしくお願いしたい云々、と。高城に対して不入権破棄の原則まで示して強く仰せつけた主体が北条氏であることはいうまでもない。高城がこれに従わざるをえなかったこともちろん重要だが、ここでは北条氏の命令をもち出して自領の寺社

に役賦課を説得せざるをえない点により注目したい。高城もやはり、自らの論理では緊急の役賦課を遂行できなかったのである。これら緊急事態における動員・役賦課論理の欠如およびそれと裏腹の「大途」＝北条氏への依存は、国人・国衆が実際の支配において独立性を保ちつつも、北条氏の「領国支配体制」への求心性があることを示すといえるのである。

なお、「御一家衆」にもやはり動員・役賦課において「大途」への依存がみられるが、彼らは自らを「公方」「公儀」として位置づけている。(48)国人・国衆はこれもなしえていない。この点、「御一家衆」と国人・国衆との重要な相違として留意する必要がある。(49)「御一家衆」は北条氏公儀の一部を構成するが、国人・国衆は少なくともそうではなく、「大途」への依存からは、公儀支配を受けているとすることも可能なのである。

以上、二、三の点から国人・国衆の「領国支配体制」への求心性をみた。では、国人・国衆と大名との関係はどのように評価されるべきであろうか。かつて筆者は国人・国衆が大名領国に構造的に組み込まれていることを重視し、軍事的に従属していること自体が重要であると考え、「家臣」として捉えようと試みた。「家中」内の譜代なども一括して「家臣」と捉えた上で「国衆型家臣」「家中型家臣」と峻別しようとしたのである。(50)

その時にも若干言及したが、石井進氏によれば、主従関係における二つのタイプ、すなわち主人からの強い拘束を受ける「服仕の家人」と主人から相対的に独立し比較的自由な立場にある「家礼」とのうち、中世では「家礼」型の主従関係が相当に強い双務関係につらぬかれていたという。(51)してみれば、軍事的に従属する国人・国衆を主従関係の範疇で理解することは十分可能であるといえるが、ここに本節でみた彼らの「領国支配体制」への求心性、公儀支配を受けている点等を併せ考えれば、従属の側面は従来よりもいっそう注意されてよいと考える。このようなわけで、国人・国衆をさしあたり「家臣」と一括して捉えることには、一定の意義があることをあらためて示しておきたい。(52)

おわりに

北条氏の「領国支配体制」の基幹にあるのは支城制であり、それは在地構造の改変を伴いつつ、「衆」編成によって進められ、「役帳」で確立をみた。「役帳」後の支城制は「御一家衆」領の創出、「御隠居様」による広域再編など、「役帳」方式とは異なる多様・多重な展開を示した。それでも支城制に包括されない国人・国衆領は存在したが、これらは軍事・流通・交通・支配論理などにより、「領国支配体制」への求心性を有した。この求心性は国人・国衆を「家臣」として捉えうることを示す。以上が本章で述べたところの大略である。もとより粗い見取り図に過ぎず、領国内における検討の精密化、領国外との比較など、課題は山積する。大方の批判をお願いしたい。(53)

注

(1) 益田知男「後北条氏の『領』について」(『小田原地方史研究』六号、一九七四年)、実方寿義「戦国大名後北条氏の支城制について」(『史叢』二八号、一九八一年)。
(2) 池上「後北条領の公事について」(『歴史学研究』五二三号、一九八三年、のち池上『戦国時代社会構造の研究』校倉書房、一九九九年、所収)。
(3) 浅倉「後北条氏の領国支配について」(戦国史研究会編『戦国期東国社会論』吉川弘文館、一九九〇年、所収、のち浅倉『後北条領国の地域的展開』岩田書院、一九九七年、所収)。
(4) 黒田氏の支城制に関わる論文の多くは、一九八〇年代末から九〇年代前半にかけて発表され、黒田『戦国大名北条氏の領国支配』(岩田書院、一九九五年)に収められた。すべてを挙げるのはあまりに煩瑣であり、総括的見解を述べた「あとがき」

もあるので、この著書に代表させた。

（5）松浦義則「戦国期毛利氏『家中』の成立」（『史学研究五十周年記念論叢』福武書店、一九八〇年）。

（6）黒田『戦国大名と外様国衆』（文献出版、一九九七年、増補改訂版、戎光祥出版、二〇一五年）。

（7）峰岸「戦国時代の『領』と領国」（『慶應義塾志木高等学校研究紀要』一号、一九六九年、のち峰岸『中世の東国　地域と権力』東京大学出版会、一九八九年、所収）。

（8）黒田氏以前には、たとえば市村高男氏が成田氏の独立性を評価し、北条氏の「与力大名」と位置づけている（①『鷲宮町史通史上巻』第三編第四章第二節2の8項、第三編第五章第三節5、第三編第六章第二節2の7項、一九八六年、②『新編埼玉県史通史編2中世』第四章第四節一～四、一九八八年。のちに①は合体・再編して「武蔵国成田氏の発展と北条氏」、②は「戦国末期における北条氏の武蔵支配の展開」と題して、いずれも市村『戦国期東国の都市と権力』思文閣出版、一九九四年、所収）。なお、黒田氏はその後も国衆に関する論考を多数発表しているが、本章では支城制との関わりでの言及にとどまるので、ほぼ黒田前掲注（6）著書に代表させておく。黒田氏の国衆論に関しては、さしあたり久保「書評・黒田基樹著『戦国期東国の大名と国衆』」（『史学雑誌』一一一編一一号、二〇〇二年）を参照。また、黒田氏は「他国衆」と「国衆」とを使い分けているようでもあるが、本章の論旨には影響ないと思われるので、黒田氏の述べているところでは「国衆」のみを用い、一般的なところではおおむね「国人・国衆」を用いる。

（9）この点、黒田氏本人からも確認した。

（10）池上「戦国大名領国における所領および家臣団編成の展開」（永原慶二編『戦国期の権力と社会』東京大学出版会、一九七六年、所収、のち池上前掲注（2）著書、所収）。

（11）池上「後北条領国における身分編成と役の体系」（『日本史研究』二六二号、一九八四年、のち池上前掲注（2）著書、所収）。

（12）なお、「知行役」の内容については、人数着到役・普請役・出銭とする説もあるが（佐脇栄智「後北条氏の知行役」杉山博先生還暦記念会編『戦国の兵士と農民』角川書店、一九七八年、所収、のち佐脇『後北条氏と領国経営』吉川弘文館、一九九七年、所収)、本章の内容には当面影響がないと判断した。

(13) 佐脇栄智「『小田原衆所領役帳』の〝衆〟分類試案」(『戦国史研究』八号、一九八四年、のち佐脇同右著書、所収)。

(14) 伊豆衆が付属する城郭は韮山城である。

(15) 久保『戦国大名と公儀』(校倉書房、二〇〇一年)。

(16) 黒田前掲注(4)著書。

(17) 池上前掲注(10)論文。

(18) 黒田前掲注(4)著書。

(19) ただし、現在氏房については、太田氏の養子とはなっていないとする黒田氏の説(黒田「後北条氏の岩付領支配」『埼玉地方史』二五号、一九八九年、のち黒田前掲注(4)著書、所収)がほぼ通説化している。

(20) 黒田前掲注(6)著書。

(21) 念のためつけ加えるが、ここは「本」に対する「支」との比喩的な表現であり、黒田氏のいう「支城主」と「支城領主」とを混同しているのではない。

(22) 青木憲二郎氏は、北条氏との比較等をしつつ、この問題に迫ろうと試みている(青木「毛利氏の『家中』について」二〇〇三年度早稲田大学第一文学部提出卒業論文、二〇〇四年)。

(23) 大山「西楽寺一切経の在地環境」(京都府教育委員会『興聖寺一切経調査報告書』一九九八年、のち大山『ゆるやかなカースト社会・中世日本』校倉書房、二〇〇三年、所収)。

(24) 氏照がのちには北条姓に復していると思しき点や、氏房に至ってはそもそも岩付太田氏の名跡を継承していない点(前掲注(19)参照)なども、検討される必要がある。これらは中世武士団におけるイヘ・アヒヤケの変質と関わる課題である。

(25) 市村前掲注(8)②論文、長塚「後北条氏と下総関宿」(中世房総史研究会編『中世房総の権力と社会』高科書店、一九九一年、所収)、黒田前掲注(4)著書。

(26) ただし、秀吉の惣無事令発令後再び西の脅威が高まり、防衛体制整備に労力を割かれることになるのは、周知の事実である。

(27) たとえば、裁判権についてみると、当主権とセットになって行使されるなど、複雑な様相を示している（「武州文書所収豊島郡三宝寺文書」『小』一八四七〜一八四九、「王子神社文書」『小』一九二〇、等）。この点、あらためて検討する機会を得たい。

(28) 黒田「津久井内藤氏の考察」（黒田『戦国大名領国の支配構造』岩田書院、一九九七年、所収）。

(29) 黒田氏も政治的問題が領主的性格に少なからず影響をもたらすことに注意を促している。この点は、国衆論としても重要なのではないか。

(30) 嚆矢となったのは、市村高男「戦国期常陸南部における地域権力と北条氏」（『地方史研究』二三一号、一九九一年、のち市村前掲注（8）著書、所収）である。

(31) 「岡見文書」（『牛古』一九八・一九九・二〇〇等）。

(32) 市村前掲注（30）論文。

(33) 戦国大名と流通・交通の関わりを包括的に論じた最近の成果として、阿部浩一「伝馬と水運」（有光友學編『日本の時代史12　戦国の地域国家』吉川弘文館、二〇〇三年、所収）を参照。

(34) 「鈴木清氏所蔵文書」（『戦北』二五七三）。

(35) 表現の差異が生じた理由は定かでないが、鈴木と上田との認識の差異による可能性はある。ここで問題なのは、もちろん上田の認識である。

(36) 久保前掲注（15）著書。

(37) 『小田原市史通史編　原始古代中世』第八章第三節1（一九九八年）。

(38) 藤木「大名領国の経済構造」（『日本経済史大系2　中世』東京大学出版会、一九六五年、所収、のち藤木『戦国社会史論』東京大学出版会、一九七四年、所収）。

(39) 久保「戦国社会の戦争経済と収取」（『歴史学研究』七五五号、二〇〇一年）、「戦国社会の戦争経済と支出」（『早稲田大学

大学院文学研究科紀要』四八輯、二〇〇三年）、「兵粮からみた戦争・戦場」（小林一岳・則竹雄一編『【もの】から見る日本史　戦争Ⅰ』青木書店、二〇〇四年、所収）。のちいずれも久保『戦国時代戦争経済論』（校倉書房、二〇一五年）所収。

(40)「武井孝雄氏所蔵文書」（『小』八八四）。

(41)「小澤敬氏所蔵文書」（『小』一八二六）。

(42) 勝俣「戦国法」（『岩波講座日本歴史8　中世4』岩波書店、一九七六年、所収、のち勝俣『戦国法成立史論』東京大学出版会、一九七九年、所収）、稲葉「中世後期における平和の負担」（『歴史学研究』七四二号、二〇〇〇年、のち稲葉『日本近世社会形成史論』校倉書房、二〇〇九年、所収）。

(43) 久保「後北条氏における公儀と国家」（久保前掲注（15）著書、所収）。

(44)「武州文書所収比企郡要助所蔵文書」（『戦北』三六六一）。

(45)「相州文書所収愛甲郡彦左衛門所蔵文書」（『戦北』三七三五）。

(46) 黒田氏によれば、内藤氏は「支城主」であるが、「きわめて一元的・排他的性格の強いもの」なのであるから、ここでの事例にあげるのは、問題ないであろう。

(47)「六所神社文書」（『戦北』三二〇二）。この文書は、秀吉の惣無事令に対する防衛体制構築に関わるものと思われる。

(48) 久保前掲注（15）著書。

(49) 以上の検討から、黒田氏が国衆は「地域的『公方』」であり、彼らの支配領域は「国」であるとする点も、それらが支配論理として活用・利用されているかを峻別して慎重に位置づける必要があると考える。

(50) 本書第五章。

(51) 石井「主従の関係」（『講座日本思想三　秩序』東京大学出版会、一九八三年、所収）。

(52) ただ、「家臣」という用語には近世の一元的家臣団のイメージが色濃く先入観としてあり、「家臣団構成」を虚心に捉える妨げとなっているとすらいえるかもしれない。この点、再考の必要があろう。なお、黒田前掲注（28）著書は大名と国衆との関係を「封建的主従制」とするが、「従」にあたるものを何と呼ぶかは示していない。

（53）　たとえば、糟谷幸裕「今川領国下の遠州鵜津山城」（『戦国史研究』四六号、二〇〇三年）は、今川氏において支城主となった家臣の自立化を指摘しており、興味深い。

第九章　戦国大名隠居・当主論序説

はじめに

戦国大名権力のあり方に迫ろうとする時、およそ二つの方法がとられてきたと考えられる。一つには、戦国大名の支配政策からするもので、最も著名なものは、検地論であろう。今一つには、戦国大名の権力構造・組織それ自体からするもので、もっとも著名なものは、家中論と思われる。[1]

よくいわれるように、戦国大名検地論は、一九七〇年代に活況を呈し、それはそのまま戦国大名に関する議論の盛行でもあったのだが、安良城・勝俣論争を経て袋小路に入ってしまった観があり、戦国大名論自体も衰退した。

家中論は、あたかもこうした支配政策からの議論が行き詰まることと軌を一にするかのように、登場した。一枚岩のような大名権力が、専制的に支配を進めていくというのではなく、その内実を明らかにしていくことが要請されてきたのである。

本章も、こうした研究史の展開に鑑み、戦国大名の権力構造について検討したいが、ここでは次の点を念頭に置きたい。すなわち、家中論は譜代家臣や国衆に関する多くの成果を上げたといえるが、戦国大名権力を総体として考える場合、隠居や一族の位置づけは避けて通るわけにはいかないであろう。しかしながら、これまでは個別に取り上げられることは多くても、たとえば家中論との関係で隠居・一族を論じたり、その上で戦国大名の権力構造について全体像を提示したりする仕事はなかったのではないか。

そこで、以下では隠居と当主の関係について基礎的な確認をしていくことによって、右の問題に迫る手がかりとしたい。具体的には、北条氏康と氏政、氏政と氏直との関係を中心に、北条氏における隠居・当主を検討する。なお、この問題に関しては、山室恭子氏が、北条氏文書の印判状化についての議論を補足するなかで氏康が隠居後に用いた印文「武榮」の印判状、氏政が隠居後に用いた印文「有效」の印判状等を用いながら触れ(2)、その後、山口博氏が「武榮」「有效」両印判状についての詳細な研究を発表した(3)。

山室氏は「隠居した当主は政務らしきものをほとんど分掌せず、家督相続とともに新しい当主がすみやかに前当主の諸権限を継承した」と述べるが(4)、山口氏はそれにとどまらない多くの側面を指摘しており、本章も「武榮」「有效」両印判状については、山口氏の成果を直接的前提とし、それに大きく導かれたものであることを、あらかじめお断りしておく(5)。

第一節　氏康と氏政

北条氏五代において、初代宗瑞は隠居後ほどなく死去し、二代氏綱は当主のまま死去したとみられる。これに比して、隠居後も独自の印判を用いて存在感を示したのは、三代当主氏康と四代当主氏政である。そこで、まず隠居後の氏康と氏政との関係をみよう。

氏康は永禄三年（一五六〇）初頭に嫡子氏政に家督を譲り、隠居となった。この後、六年を経て氏康は「武榮」印判を用いはじめるが、「はじめに」で述べたとおり、氏康の「武榮」印判状については、山口博氏の詳細な検討がある。(6) 以下、要点を掲げよう。

まず、氏康が永禄三年に隠居すると、北条氏の家印である虎印判は氏政が使用することになるが、氏康は永禄九年以降出馬を停止するまでは虎印判状発給に一定の関与を行っていた。出馬停止＝氏政の単独出馬による虎印判の小田原不在を直接の契機として、独自の政務を果たすために「武榮」印判の使用が開始された。その政務とは、伊豆北部、相模西郡・中郡・東郡・三浦郡、武蔵久良岐郡・小机領・小山田庄などの領域におけるもので、御料所支配・役銭収納・職人使役・祈禱・寺院統制等の執行、氏政不在中の小田原および領国の防備、北条軍への後方支援等があった。ただしこれらは氏政の関与を排除するようなものではなかった。またこれらは、小田原本城の「大蔵」以下、韮山・玉縄・小机等の諸蔵の管理とも密接に関連していた。さらに、「武榮」印判の使用は、氏康の認識において、家督譲与＝氏政への虎印判の譲渡、出馬停止、官途名称変更等が、実質的な意味での退隠に結びつくものではなかったことを示しているように思われる、としている。また、永禄九年、氏康が出馬停止に至った要因について、氏康自身の老熟とともに、氏政の指揮官としての成長、氏照・氏邦らの北条軍の一翼を担う存在への成長をあげている。

いずれも詳細な史料分析に基づいており、「武榮」印判状についてつけ加えることは、当面何もないようにみえる。

そこで、隠居後の氏康の全体像を知ろうとする場合に問題となるのは、まずは「武榮」印判状以外の発給文書から、どのようなことが指摘されるか、ということになろう。それは、第一に、「武榮」印判状は永禄九年から発給されるわけで、当然、永禄三年から九年の氏康のあり方を知る必要があり、第二に、そのあり方は「武榮」印判状発給後に変化がみられるのか否かが問題となり、第三に、「武榮」印判状発給からみられる氏康像と、発給文書全体からみられる

それとの間に差異があるかどうかの結論につながるからである。(7)

では、まず「武榮」印判状以外の氏康発給文書について、永禄三年の隠居後から同九年の「武榮」印判状発給前までをみよう。すると、永禄三年十七通、同四年十七通、同五年七通、同六年八通、同七年三通、同八年二通、同九年一通と、徐々に減少してはいるが、とくに永禄六年までは、さかんに文書を発給していたことがわかる。とはいえ、永禄七年からの大きな減少も見過ごせないところである。

しかし、隠居したとはいっても個人的な活動くらいするのでは、との見方もあろう。そこで、次に内容についてみていこう。すると、もっとも多いのが戦争、ついで「外交」に関わるものであることがわかる。(8)

戦争に関わる、といっても、それこそ近しい者に対して戦争の状況を伝える、あるいは問い合わせるといったことは、隠居であってもいくらでもありえることである。しかし、氏康の場合、戦功褒賞を約束したり、感状を発給したり、実際に戦功により知行を充行うなど、軍事指揮権行使をうかがわせる。隠居後、比較的早い例では、たとえば次のようなものである。

〔史料1〕

横瀬敵陣へ出候付而、其地初口ニ成候、此度可抽忠儀事、専要候、仍鉄炮薬玉（ママ）進之候、猶用所付而重而可進候、委曲使者可申候、恐々謹言、

（永禄三年）十月四日　　氏康（花押）(9)

〔史料1〕は充所が欠損しているが、従来、上野の富岡氏充てのものと推定されている。横瀬（由良成繁）が敵陣に出たとのことから、永禄三年の長尾景虎（上杉謙信。以下、謙信で統一）関東来襲にあたって発給されたものとみら

れる。ここで氏康は、富岡氏（カ）に対して、「忠儀」を尽くすことが重要であるとした上で、鉄砲や弾薬を送り、必要な物資があれば追加して送ることを述べている。戦争における奮闘の指示と援助が示されているわけで、氏康の行為は北条氏の戦争行為全体に関わるものであることは明らかである。

この謙信来襲に関して、氏康は忠節を賞してのちの知行充行を約束したり(10)、氏政と連署で、武蔵河越城に籠城した武士に対して、借銭借米の免除と所領の充行を約束したりしている(11)。まさに、北条氏の戦争における最高責任者としての活動といえよう。

このような戦争への関わりは、代替わり間もないからであり、だからこそ、氏政との連署などもあって、徐々に権限を移譲していく過程だったのだろうとの見方もあろう。もちろん、長い目でみればそういうことになるわけで、その逆の方向性はない。しかし、ここで問題にしたいのは、その過程がはなはだ緩慢だということである。

たとえば、次の史料をみよう。

〔史料2〕

房州衆五六百騎ニて、市川ニ陣取、岩付へ兵粮送候、然ニねたん問答ニて、于今指攄候、此時打而取所由、江戸衆・高城以下数度申越間、明日五日自当地具足ニて、腰兵粮乗馬ニ付、各懸候、然者必々明日昼以前ニ当地へ可打着候、兵粮無調候者、当地ニて可借候、自元三日用意ニ候間、陣夫一人も不召連候、人数馳着次第、馬上ニて鑓を持、必々明日五日昼以前、可打着候、一戦儀定間、中間・小者なり共、達者之者共不残可召連候、土屋・大見衆へ此分堅可申遣候、恐々謹言、

（永禄七年）正月四日　　氏康（花押）

秩父殿

〔史料2〕は、永禄七年の、いわゆる第二次国府台合戦に際しての氏康書状である。著名なものであり、筆者も兵粮を論じる際に引用したことがある。[13]

この時、房総の里見氏を主力とする軍勢が、連携する太田資正の本拠である武蔵岩付城を目指して進んでおり、その途中下総市川に在陣して同城へ兵粮を送ろうとしていた。ところが、そこで「ねたん問答」が起きたために進発できない状態に陥っていた。価格交渉で兵粮売りの商人と揉めたためとみられる。この状況を知った氏康が攻撃を決意し、細かな指示を出しているのである。

すなわち、明白な軍事指揮であるが、これに対しては、氏政が出撃して不在だったため、氏康が後方支援としての役割を果たしているに過ぎないのでは、との見方もあろう。しかし、江戸衆や下総の高城は、数度にわたり氏康へ敵の様子を報告しているのであり、それに応えた氏康の指示も、「腰兵粮」を乗馬につけ、陣夫を一人も召し連れないで等とあるところからわかるように、北条軍全体が急襲に及ぶことを前提にしており、作戦を左右するものである。つまり、氏康は北条軍の総司令官とみなされており、自身もそのように活動しているわけで、後方支援にとどまるものとはいえないのである。

永禄七年の段階でこのようなものであるとすれば、永禄九年の出馬停止に至るまで、氏康は隠居でありながらも、北条氏における軍事指揮権の頂点に位置し続けていた可能性が高いのである。

次に、「外交」について検討しよう。氏康が隠居後も「外交」に関わり続けたこと自体は、周知のことであろうが、改めて確認するところからはじめる。

まず、最も活発であるのは永禄三年である。七月に那須氏家臣蘆野氏、八月に伊達氏、九月に白川結城・佐竹・蘆名氏らに、十一月に那須氏に書状を送っている。(14) ここで「外交」を検討するにあたり留意しなければならないのは、氏康が独自に行っているのか、それとも氏政の意を受けて「取次」として振る舞っているのかということである。そこでまず八月の伊達晴宗充ての書状をみよう。

〔史料3〕

(懸紙上書)「謹上　伊達殿　　左京大夫氏康」

雖未申通候令啓候、向後者、遠境候共、細々可申述候、御同意可為本望候、仍太刀一腰定利、金襴三巻、進之候、委曲小柳河方、中野常陸守下向之間、憑入候、定可被申達候、恐々謹言、

(永禄三年)八月八日　　　左京大夫氏康（花押）

謹上　伊達殿

書き出しをみると、これまでの交流はなかったが、以降は好を通じたいとの趣旨が述べられており、充所は伊達氏当主であるから、大名家同士の通交を開始しようとしているものである。また、〔史料3〕の副状と覚しき八月十日付の大草康盛書状には、小柳川方・中野常陸守が「氏康父子」と会っていることがみえる。(15) すなわち、当然のことながら、この「外交」は氏康・氏政が一体となって進めているのだが、〔史料3〕の全体を見渡してみるに、氏康が誰かの意を受けてそれを取り次いでいるかのような文言はない。氏康は、まさしく北条氏の主権者として大名家同士の「外交」にのぞんでいるのである。

九月の三氏への書状は、関連しあったものである。常陸の佐竹氏と陸奥の白川結城氏との抗争に対し、氏康が仲介を試みており、白川結城晴綱に対しては、佐竹義昭が和睦に納得していないことを伝え、佐竹義昭に対しては和睦を促している。蘆名盛氏への書状は、佐竹の和睦難渋を伝えている。このように、佐竹・白川結城間の和睦は難航した

が、十一月には成立をみることとなった。同月の那須資胤への書状はこのことへの尽力を称えたものである。

　これらにおいて、氏康は「関宿様」（古河公方足利義氏）の和睦の「御下知」を取り次ぐかたちをとっており、その意味では氏康が主体とはならないが、これは自らを公方のもとでの関東管領に擬した振る舞いであるから、北条氏のなかでは主権者としての位置にあるといえるのである。

　ただ、これもまた隠居直後だったからとの見方もあろうが、たとえば永禄六年にも氏康は白川結城氏に書状を出している。(16)この時は、上杉謙信が関東に出張してきており、それと連動した佐竹義昭に対抗するために、白川結城氏との提携を急ぎ強化する必要があった。すなわち、氏康はここでも北条氏の対上杉・佐竹戦争全体を見通した「外交」を行っているのである。

　以上、永禄三年の隠居後から同九年の「武栄」印判状発給前まで、氏康の発給文書について、とくに事例の多い戦争と「外交」を検討してきた。その結果、氏康は、隠居後であっても、戦争・「外交」では北条氏における主権者として活動していることが確認された。では、これはたとえば当主である氏政の機能を補完するものといえるだろうか。

　同時期の氏政の発給文書（虎印判状を除く）をみると、総量としては氏康よりも少ない。しかし、文書の残存数をただちに実態に結びつけるわけにはいかないし、氏康の関与が指摘されているとはいえ、当主は虎印判状を発給しているわけであるからなおさらである。そこで、次に内容をみよう。すると、感状・戦争に関わるものが大きな比重を占め、「外交」がほぼないことが明らかである。

　感状や戦争に関わるものは、氏政単独のものが多いが、氏康と連署、また氏政の判物に氏康が袖判を加えているものもある。(17)戦国大名の代替わりにあたって、当主と次期当主あるいは隠居と新当主が連署して文書を発給する例は、権力移行をスムーズにするための措置としてよく知られている。

実際、連署や氏康袖判の文書は代替わりから間もない永禄三年から同四年前半にみられ、永禄四年十一月には氏政が多くの感状を発給し、氏康のものはみられないから、前述の事態を裏付け、軍事指揮権が氏康から氏政に移行していったかにもみえる。しかし、その後も数少なくなるとはいえ、氏康は感状を発給しているし、永禄六年二月・五月の連署判物も謙信との戦争に関わって知行が安堵されたり充行われた可能性が高い。また、先にみた永禄七年正月第二次国府台合戦における氏康の采配ぶりからは、軍事指揮権が氏政に移行したとはみなしがたい。整然と分担されていたか否かは措くとして、当主の氏政、隠居の氏康がともに掌握・行使し続けていたとみるべきであろう。

では、「外交」はどうか。これは、とにもかくにも氏政の発給事例がほぼないから、氏康が「外交」権を一手に掌握し続けたとみるよりない。「ほぼない」としたのは、永禄九年三月に氏政が武田氏に充てて書状を出しているからであるが[18]、同年五月の「武榮」印判状初見の直前であるから、ここでは除外して考えても問題ない程度である。

このように、氏政への家督譲与から、「武榮」印判状発給以前まで、氏康は戦争・「外交」において、権力を振るい続けていた。それは、当主である氏政の機能を補完するにとどまるものではなく、戦争においては並びたち、「外交」においては単独で掌握していたと考えられるのである。

もっとも、氏康は永禄三年から永禄九年に「武榮」印判状を発給するまでは、虎印判状の発給に関与し、「実質的に虎印判状の発給主体であった」とされるほどの存在であったわけで[19]、その意味からすれば、右にみた氏康の権力もそれほど意外ではないともいえよう。では、氏康は「武榮」印判状発給以後も同様の位置にあったであろうか。

前述したように、山口氏は「『武榮』印判の使用は、氏康の認識において、家督譲与＝氏政への虎印判の譲渡、出馬停止、官途名称変更等が、実質的な意味での退隠に結びつくものではなかった」としており、「武榮」印判状とそれを発給する氏康の活動を高く評価している。そこで、以下、「武榮」印判状発給後の時期について、「武榮」印判状以外の氏康発給文書を検討しよう。

すると、永禄九〜十一年と少なく(九年四通、十年四通、十一年は所見なし)、永禄十二年になると急増している。そこで、まず永禄九〜十一年の文書の内容をみると、「外交」といえる文書は上野由良氏充ての一通で、それも氏政との連署である。[20]しかも、その一方で、永禄九年以前にはほぼ「外交」に縁がなかった氏政が、「外交」文書を複数発給している。これらのことから、「外交」権がほぼ氏康から氏政に移行したとみなすことができるであろう。

では、永禄十二年に急増することはどうみるか。ここで突然急増した「外交」はすべて越相同盟に関わるものである。すなわち、周知のとおり、武田信玄が永禄十一年末に駿河に侵攻したことにより甲相駿三国同盟が破綻し、北条氏はそれまで敵対してきた上杉謙信との同盟に動くわけである。[21]この武田との敵対は、北条氏にとってたいへんな領国危機と受けとられたのであり、それを打開するための方策として越相同盟は枢要の位置を占めていた。そこで「外交」から退いていた氏康が再び活動したと考えられる。つまり、非常事態の産物であったといえる。

ここで確認すべきは、永禄九年以降、氏康が「外交」から退いていたこと、しかしながら、それは非常時においては復活しうるものであったことの二点なのである。

また、戦争に関する文書は二通確認できるが、一通は氏政の知行充行との関連が考えられるもので、独自の権限行使とはみられない。このことからは、戦争への関与・権限も後退がうかがわれる。ただし、「武榮」印判状では、山口氏が指摘するように、領国や小田原の防備、北条軍の後方支援が行われているので、後退とはいえないのでは、との見方もあろう。だが、これらは氏政が出陣しての不在という状況下のみならず、これも山口氏が指摘するように、北条氏のいわゆる「本国」(伊豆・相模・武蔵)南部に限られた行為であったわけで、永禄九年以前と同質とはみなせないと考える。

こうしてみると、山口氏が「『武榮』印判の使用は、氏康の認識において、家督譲与＝氏政への虎印判の譲渡、出馬停止、官途名称変更等が、実質的な意味での退隠に結びつくものではなかったことを示しているように思われる」としている点も、即退隠ではないにせよ、大きな変化と考えざるをえないのではないか。すなわち、「外交」から退き、戦争への関わり方も後退するなど、重要な権限が喪失していっている以上、「武榮」印判状のさかんな発給にもかかわらず、氏康は「実質的な意味での退隠」に大きく近づいたといえるのである。(22)

氏康の「隠居」後の地位は、まさに氏政と並んで「おたハら二御屋かた」(23)と称されるにふさわしいものであったし、それは永禄九年の出馬停止に伴い、大きな変化を生じていた。だとすれば、氏康の隠居としてのあり方を考える場合、永禄九年の出馬停止や「武榮」印判状発給の以前を中心とするのがよりふさわしく、そのうえで氏康・氏政権力の相互関連、そのあり方があらためて問われる必要があるといえよう。

第二節　氏政と氏直

氏政は、天正八年（一五八〇）八月頃に嫡子氏直に家督を譲り、隠居となった。この後、氏政は印文「有效」の印判を用いはじめる。(24)氏康の「武榮」印判状同様、この「有效」印判状についても、山口博氏の詳細な研究があるので、以下、要点を掲げよう。

まず氏政による「有效」印判の使用は、氏直への虎印判移譲後、氏康と異なり、戦地への出馬を継続したままいち早く開始され（初見は天正十年十月）、初期には直属の家臣団の統制、自身に関わる所務の収納等に用いられ、天正十一年六月以降は江戸地域周辺の諸地域支配の遂行、同十三年からは虎印判の代用印としても使用されたが、虎印判の代用機能は臨時的・例外的なものに過ぎなかったとする。さらに、虎印判の代用機能がいわば副次的であったことからは、隠居氏政の「有效」印判使用による当主の権力執行への関与については、その強度・顕著さ等において、氏康の「武榮」印判使用の場合に及ぶものではなく、比較的微弱であったことを指摘している。このことは、一般に隠居氏政が当主氏直を凌ぐ最高実力者の地位にあったとされるのと整合性を欠く面があると述べ、隠居氏政が管掌した政務の主体が江戸地域周辺の諸地域支配にあったと認められる点を踏まえると、当主氏直と支城領主・支城主等を務めた一族衆との政治関係のより具体的な把握、これらの総体としての北条氏権力の構成に関する解析等が有効な視点であると展望する。

本節でも前節と同様の視点により、隠居後の氏政の「有效」印判状以外の発給文書を検討しよう。すると、全体量としては、隠居後の氏康を上回ってかなり多いことが明らかである。では、内容的にはどうか。

まず、氏康の場合に重要な役割とみなされた「外交」については、それほど多いとはいえない。ただし、これは当主である氏直も同様である。この点は、氏政の弟である氏照・氏邦・氏規らが「外交」の表舞台に登場してきたことが大きいとみられる。たとえば、氏照は彼の重臣である近藤綱秀とともに、伊達氏との「外交」をほぼ一手に担うようになっているのである。

では、これはよくいわれるように、彼ら支城主級の一族が当主の「分身」として行っていると考えてよいであろうか。この点、「外交」に関していえば彼らは「取次」であるというのが一般的な見方であり、少なくとも当主と同等とはされていないようでもあるが、一応の確認をしよう。

〔史料4〕

（懸紙上書）「遠藤山城守殿参　陸奥守」

幸便之間、雖無差義候、申届候、抑旧冬者、以小関預音問、快然之至候、書面之趣、則氏政父子へ為申聞候、一段本望之由候、向後者、貴辺以御取成、貴国当方無二御入魂候様、御馳走専肝候、於此方者、愚拙涯分可及御取成候、依御報、急度輝宗へ可申達候、然而上州之義、越国境迄本意、此上常野静謐不可有程候条、可御心易候、事々後音候、恐々謹言、

（天正十一年）三月二日　　氏照（花押）

遠藤山城守殿[25]
参

〔史料4〕は、氏照の書状で、充所は伊達家臣遠藤基信である。前年冬に小関という人物を通じて遠藤から「音問」があり、その「書面」の趣を、「氏政父子」へ申し聞かせ、「氏政父子」は「一段本望」であった、という点にまず注目しよう。伊達氏からの連絡を、氏照は氏政・氏直へ伝え、逆にそれを受けた氏政・氏直の意向を伊達氏側に知らせている。まさに、「取次」の役割である。

さらに、今後について、遠藤の「御取成」で伊達・北条が「無二御入魂」となるように立ち働かれるのが重要とし、こちらでは氏照ができる限り「御取成」をする、としている。「御取成」はいうまでもなく「取次」であるから、遠藤が伊達氏側の取次、氏照が北条氏側の取次で、それぞれの背後には伊達氏では当主の輝宗、北条氏では隠居の氏政と当主の氏直がいたのである。

したがって、氏照は「取次」同士で「外交」文書をやりとりしているわけだが、管見では伊達氏関係で一通だけ、当主に充てたものがある[26]。それは、伊達政宗が天正十三年に家督を継いだ際に、輝宗の御代は密接な交流があったが近年途絶えていた、今後は以前のように交流していきたい、との内容である。伊達氏における当主代替わりに伴う挨

拶、とりわけ「外交」再開の目的があるため、とくに当主に充てたと考えられる。実際、同日付で伊達家臣片倉景綱に充てた氏照書状写もあり(27)、そこでは今後の政宗への「御取成」を依頼しているわけで、政宗へ直接充てた書状は、あくまでイレギュラーなものであるといえる。さらに、政宗への書状では、充所をたんに「伊達殿」とせずに「御宿所」との脇付も添えており、当然ながら氏照と政宗との身分的差異が歴然となっている。

以上、氏照は「取次」として「外交」を担ってはいるが、それはあくまで実務担当者としてであり、当主の分身として、当主と同等の立場であったとはいえないことを確認した。このことは、氏邦・氏規らにもあてはまるといえよう。

しかしながら、実際に氏政が「外交」に現れることが少ないのならば、それはやはり問題ではないかとの見方もあろう。だが、ここで注目されるのは、少ないながらみられるその「外交」が、ほぼ徳川氏とのものであることである。北条氏と徳川氏とは、周知のごとく、天正十年六月織田信長が本能寺で横死してから、甲斐・信濃をめぐって抗争を続けたが、十月に和睦して家康娘督姫が氏直に嫁ぐこととなり、同盟を結んだ。豊臣秀吉が天下統一をうかがうなか、北条氏にとって豊臣氏との勢力境界に位置する徳川氏は、もっとも重要な同盟者であった。北条氏と徳川氏の「外交」において、北条氏側の「取次」は氏規だったようだが、氏政・氏直も直接家康に書状を発しており、徳川氏との「外交」の重要さを裏付けるし、逆にいえば、その重要な徳川氏との「外交」に、氏政がしばしば乗り出していることは、「外交」における氏政の存在の大きさを示唆するのである。

さらにみよう。氏政と氏直は、氏政の隠居後、同時期に「外交」を行っているわけで、先にみた〔史料4〕で、伊達氏からの文書が、氏照によって「氏政父子」に伝えられている点も明確にそのことを示しているが、この、いわば両頭「外交」に何らかの関係や問題は見出せるだろうか。

〔史料5〕

十日之御状、昨廿二至于上州参着、抑於岩崎口被遂一戦、為始池田父子・森庄三・堀久太郎・三好孫七郎、一万余被討捕由、誠以目出大慶、何事歟可過之候哉、心腹更難述筆紙候、併此度之御戦功前代未聞候、先段朝弥太書状披見、則以川尻氏直申達候、猶以使可申述候、恐々謹言、

（天正十二年）卯月廿三日　氏政（花押）

徳川殿[28]

〔史料6〕

山角紀伊守所へ之御状披見、并津隼・富左文見届候、尤以使樽以下被遣、可然候、彼両所へ可被仰届案書、自御陰〔隠〕居可被進由候間、不能具候、恐々謹言、

（天正十七年）七月廿四日　氏直（花押）

美濃守殿[29]

〔史料5〕は、天正十二年、秀吉と家康のいわゆる小牧・長久手の戦における最大の武力衝突で、家康が勝利を得た直後のものとみられる。家康からの勝利の知らせを受けて、氏政が祝勝の返事をした内容であり、同日付で氏直も同様の書状を出している[30]。とはいえ、ここで注目したいのはその内容ではなく、末尾近くの、先ごろ朝比奈の書状を披見し、すぐに川尻を通じて氏直へ知らせた、との部分である。これに先立つとみられる北条氏規の朝比奈に充てた書状には、「御加勢」のことについて「氏政父子」に伝えたことがみえるので[31]、氏政が述べている朝比奈の書状とは、この家康からの援軍要請を伝えたものである可能性が高い。してみれば、朝比奈の書状はまず氏政にみせられ、その後に氏直へ回されたということになる。

朝比奈の書状自体は、「取次」同士として氏規に充てられていたであろうから、氏政へまずみせた判断は、氏規によるものだったことになる。つまり、北条氏の側で、「外交」における主体の順位がまず氏政、ついで氏直とされていたことが考えられるのである。

〔史料6〕は、秀吉が北条氏と真田氏との沼田領をめぐる「境目」問題裁定に乗り出してきている際のもので、氏直が「取次」である氏規と連絡を取っているが、注目すべきは、北条方から秀吉の使者である津田・富田（彼両所）に渡されるべき文書の文案は、「御陰居」より届けられるそうなので、と述べている点である。ここでは、秀吉への文書が氏政の主導によって作成され、氏直は追認しているに過ぎないことが明らかであり、北条氏の死命を制しかねない（ほどなく実際にそうなるのだが）沼田領問題の「外交」においても、氏政が氏直よりも上位にあるといえるのである。

以上、氏政が隠居した後の「外交」は、「取次」体制の整備により、「一家衆」が交渉を担うことが多くなっていたが、局面により、氏政・氏直も前面に出ることがあり、両者を比較すると氏政が上位とされていたことをみた。

では、氏康の場合に重要とみなされた戦争との関わりはどうか。これについては、氏政が取り組んだ江戸・作倉・関宿・岩付等の地域支配再編から(32)、同地域の領主らを指揮していると覚しきものが散見される。つまり、北条氏の戦争全体を動かしているといってよいかどうかの判断は難しいことが多いのだが、次のような事例もある。

すなわち、天正十年二月の氏政による氏邦への頻繁な指示・連絡である。この時、信濃の木曽義昌が甲斐武田氏に反旗を翻し、それを契機に織田信長が武田氏打倒に動いたとの情報が氏邦を通じてもたらされ、氏政はその実否を確認しようと積極的にはたらきかけ、さらにそれが間違いないとみるや武田領国への侵入を決するのである。

まず、この氏邦への天正十年二月の書状は、知られているだけでも一〇通に及ぶ。いかに氏政がこの情報の確定に躍起であったかがわかるが、その有様は簡潔なものもあるが、情勢を詳しく論評した上で、「入手入精而聞届、可有注進候」[33]「再説を待入候」[34]等、氏政自身への報告を厳命するものもある。一方、氏直がこの件に関して氏邦へ送った書状は、三通知られている。[35]もちろん、残存数がただちに実態を示すものではないが、内容をみても、「御状」を披見した、さらに報告を待つ、といった具合で、きわめて簡潔である。彼我を比較すれば、氏政が、武田領国侵入という北条氏の大方針を、少なくとも実質的に左右していたのは明らかであるといえよう。氏政はこのことを裏付けるように、二月廿日付の書状では、氏邦に軍備を急がせ、「当方弓矢此時候」と、北条氏の存亡に関わる重要な戦争となることを宣言しているのである。[36]

ここまで戦争においても、氏政の関わり、実質的権限が、氏直に比して大きかったことをみたが、これは、具体的には「一家衆」である氏邦への指示として表れていた。北条氏において、いわゆる支城領主となる一族は、当主の分身としてかなりの独自性を指摘される存在であるが、それならば、彼らとの関係は、氏政・氏直の権力をみる上で、重要な指標となることが予想される。

そこで、氏政から「一家衆」へ充てられた文書をみると、天正十年二月だけで一〇通を数えた氏邦充てが、それを除いても五通知られる。続いては氏規で七通、あとは氏秀一通、氏照一通となる。そもそも北条氏が小田原合戦で滅亡したことを考えれば、「一家衆」充ての文書が少ないこともいたしかたないが、逆にいえば、氏邦充ての文書の多さは興味深いところである。また、内容も天正十年二月に詳細なものがあるのは前述したが、ほかにも詳細な指示がいくつもみられる。なかでも天正十年十月に徳川氏との対戦のなかで送った書状は、「国家」「国」を持ち出してこのたびの戦争の重要性を説いており、それだけでも注意されるが、[37]さらに氏邦に向けて「我々者不是耳、兄弟之因与云、又為国与云、自余之者ニ者可替候」と述べている点は重要である。つまり、あなたと私は、兄弟関係といい国のためといい、他とは違うのだ、というのである。この点、筆者はかつて公儀論の一環として、公儀の構造を支える「血縁の論理」の重要性を指摘したが、(38)ここでは公儀論にまで発展させることは措き、氏政が氏邦を説得・統制する根拠として「兄弟之因」＝兄弟関係を用いていることに留意しておこう。

氏政は、氏規に対しても徳川氏への仲介・番衆の設定・普請等、様々な点にわたって詳細な指示をしている。徳川氏への仲介は、いうまでもなく氏規が徳川氏との「外交」における「取次」の任にあったからで、番衆や普請は戦争の準備に関わるものである。「外交」・戦争において、氏政が詳細な指示をしていることは重要であろう。

では、氏直はどうであったか。氏直から「一家衆」へ充てられた文書は、氏政同様、氏邦に充てられたものが多く六通、ついで氏規が二通、氏光が一通である。ここでも氏邦が多い点、目を引くが、全体量としては、氏政よりもかなり少ない。もっとも、氏邦・氏規を除けば大差ないという見方も可能なので、内容が問題となろう。すると、氏政と比較して詳細な指示といえるものは、ほとんどないことが明らかである。詳細な指示などしなくても任せておけるのだ、と評価することも可能かもしれないが、ここはやはり「一家衆」を詳細な指示で動かすことができる氏政の立場を重視するべきであろう。前述したように、かなりの独自性を指摘される「一家衆」であるからこそ、その動きを制御・操作できることは、権力構造上の位置をみる場合、重要だからである。

以上みたところからは、従来氏政が隠居後も北条氏権力における最高実力者であったと評価されていることは、結果的に十分根拠があることだったといえる。本節のはじめで紹介したとおり、山口博氏は、氏政の「有効」印判使用による当主の権力執行への関与は比較的微弱で、このことは一般に隠居氏政が当主氏直を凌ぐ最高実力者の地位にあったとされるのと整合性を欠く面があるとするが、「有効」印判状以外の文書からは、「整合性を欠かない面」がみえるのであり、これらのことから総合的にいかなる評価が可能かを考える必要があろう。

第三節　「当主権力」

隠居後の氏康・氏政（氏康の場合、永禄九年まで）は「外交」・戦争などにおいて、当主に匹敵するかそれをしのぐ権力を維持・行使していたことをみたが、こうした隠居の権力は、当主と競合し、排除しあうものだったのだろうか。また、匹敵とかしのぐとかいっても、政務の圧倒的部分は当主が掌握・担当しており、隠居のそれはごく一部ではないかとの見方もあろう。そこで、これらの点について、まず隠居氏康と当主氏政の場合を検討しよう。

〔史料7〕

（前略）今度氏政向両総出馬、東西共動、如存有之而帰陣、愚老満足候、就中、早々有参陣御馳走之由、敵味方之覚肝要候、此上房総一途候様、可在御計策候、随而申合知行方、方々違乱、証文無曲由候、無余儀候、旧冬以両使承間、氏政推印判進候、其砌愚老ニも尋合間、存之透助言候キ、抑以氏政判形・印判申合内、雖為少分之儀、争可有異儀候哉、（中略）恐々謹言、

追而、向後用所之儀、可預直札由尤候、愚老隠遁之身上、大躰之意見迄候、雖然、道理之旨、筋目相違之処、至于承届者、氏政ニ可加意見条、不可有異儀候、

三月廿日　　氏康（花押）

正木左近大夫殿(39)

従来、永禄七年に比定されている文書である。氏康の隠居後であることは、以下述べる内容から明らかなので、当面はそれが確認できればよい。充所の正木時忠は里見氏の重臣であったが、これより先に離反して北条方となってい

た。

まず注目したいのは、正木の知行で「違乱」が起きていることについて、両使をもって承ったので、氏政が印判状を送進したということ、その際、氏康にも尋ねてくることがあったので「助言」をしたことである。「違乱」問題の収拾には当主である氏政が印判状でのぞんでいるわけである。この印判状は、虎印判状とみて間違いないが、その発給にあたり、氏康の「助言」があったことは重要である。この点、すでに山口氏が、「家督譲与後の氏康の虎印判状発給への関与をもっとも端的に示す」事例としてあげており、「当該期において氏康が主導したと見られる政務に関わる虎印判状の発給に際しては、氏康・氏政間で一定の調整が図られていたことが窺える」としている。(40)また、この「調整」に関わり、山口氏は「両者の協調的関係」といい、その前提として「当時出馬をともにする両名が連携した軍事行動をとるなかで、現実に平時・戦時によらずつねに緊密な連絡を取り得る状況」を想定している。(41)

「氏政判形・印判」をもって申し合わせた（知行方の）うちで、少しのことでも、どうして異儀があるだろうか、と述べているところなどは、氏政の決定を最優先させる姿勢を示しており、確かに協調的で、しかも隠居が当主を立てる有様がみてとれる。しかし、その点を是認した上で、ここでは次の点に注目したい。すなわち、追而書で、「自分は隠遁の身であるから大まかな意見を述べるまでだが、道理において筋目違いのことを聞いたならば、氏政に『意見』を加える」としている点である。つまり、氏康は自分が隠居であるから出過ぎたことはしないのを前提とした上で、道理に合わないことがあれば、氏政との対立も辞さずに前面へ出ることを表明しているのである。(42)

このことはまた、謙信の来襲後に氏康が箱根別当融山に充てた著名な書状で、「去年息氏政譲渡位、隠遁之進退候得共、大敵蜂起、氏政若輩之間、無了簡、国家之成意見候」と述べていること、すなわち、「去年（永禄三年）氏政に家督を譲り隠遁生活を送っていたが、大敵（謙信のこと）が蜂起し、氏政は若輩であるので、仕方なく『国家』に関して『意見』したとしているところと通底している。また、第一節でも触れたが、氏康は永禄九年頃からまったく「外交」から手を引いていたにもかかわらず、永禄十一年末以降武田氏と対立するに至った状況を受け、越相同盟の実現に猛然といってよいほどの勢いで精力を注いでいくのである。

ここでは、氏康が当主氏政を尊重していること、にもかかわらず独自の権力行使を決して封印していないことの二点を確認しておこう。

ついで、氏政と氏直である。次の史料をみよう。

〔史料8〕

廿日之状、今廿一辰刻到来、一、矢普請之儀者、先段氏直用所ニ而是へ被尋候時、諸人聞前にて、拙者申出候、氏直同意候キ、此度之矢普請者、御曲輪之内ニ候へ共、既大構出来よりして者、曲輪之内之者すましき与云儀、有間敷候、先氏政矢普請を一人可出与申定候、是を以すミ申候、（中略）我々如此之儀申述儀、不似合候へ共、陰遁〔隠〕も時分ニよる物にて候、御分別肝要候、恐々謹言、

追而、此外之儀をハ別通ニ申候、

（天正十八年）正月廿一日　　氏政（花押）

美濃守殿(43)

天正十八年に比定される氏政から氏規への書状であり、豊臣軍の来襲が確実になるなか、防衛体制の構築（「矢普請」）について述べられている。注目すべきは、このことがまず氏直から氏政へ尋ねられ、諸人（重臣たちと思われる）が聞いている場で、氏政が意見をいい、氏直が同意したという点である。重要な案件については、氏直から氏政への諮問→氏政の意見→氏直の同意という手続きがあったことがうかがわれるわけだが、これは当主氏直が大名権力として

の意思決定を主導しているのと同時に、隠居氏政の意見の重要性も示しているといえよう。ここには、山口氏が氏康と氏政との関係で指摘したような「協調的関係」やその前提としての「緊密な連絡」がみられるが、一種の緊張関係もはらまれているといえよう。

〔史料8〕の中略部分には、このたびの決定を難渋する者に対する厳罰が述べられているのだが、それに続き、氏政は「このようなことを申し述べるのは、「不似合」ではあるが、隠遁も時節によるものなのだ」と言い放っている。「不似合」というのは、隠遁の身にとって、ということであろう。つまり、「隠居」というのは表立った意見を言うものではないことをみずから認めつつ、時と場合によっては例外があることを表明しているのである。ここに、氏康と氏政との関係における氏康の見解と同様のものをみることは容易であろう。

これより少し前の十一月晦日、北条氏規は徳川氏の取次である酒井忠次に充てた書状のなかで、「御隠居様、又御隠居之由、被仰下候、去拙者上洛之時分より、無二御引籠、聊之義ニも、重而者御綺有間敷由、仰事ニ御座候シ」と述べている[44]。氏政がまた隠居すると言い出し、氏規が上洛して以来すっかり引き籠もってしまいわずかなことでも関与しないといっていたとのことである。この書状は、いわゆる名胡桃事件をめぐり北条氏が徳川氏に対して秀吉への取りなしを求めているものと思われる。したがって、氏政の弱々しい有様は虚偽であろうが、ここではすでに「御隠居様」である氏政が、その上に「御隠居」するといっている、いう可能性がある点に注目したい。つまり、制度としての「隠居」は、文字通りに「隠居」することとズレがあるということが、隠居本人だけではなく、一般的認識として存在していたわけである。

所詮その程度のものだろうとの見方もあろうが、ここまでみたところでは、一方で隠居が当主を立て、隠居だから出過ぎたことはしないとの自覚もある。これらは、畢竟どのように理解すべきだろうか。

〔史料9〕

従金山之一札到来、先段者給候ニ内儀候間、愚意委細申越候キ、何時も河辺之人衆、被引立候者、自元大途事候間、直ニ氏直江被相達可然候、其勘弁肝要候、猶々給候者、内談候得者、其筋目申候、将又、見当而可被致筋目候者、尤旁々可有御出陣上ハ心易候、恐々謹言、

（天正十年）二月十五日[45]　氏政（花押）

安房守殿

天正十年に比定されている北条氏政の書状で、やや文意が取りにくいところもあるが、注目すべきは、「内儀」だったので氏政が「愚意」を詳しく述べたとし、「河辺之人衆」の「引立」については元より「大途事」なので直接氏直へ伝えられるのがよろしいとしている点である。「大途」については、前著以来、具体的に何を指すかという点に固執しないようにしつつも、内容主体としては北条氏当主をあげ、抽象的重大性を意味することもあると指摘し[46]、最近では抽象的重大性と北条氏当主との「二重写し」等も論じた[47]。

ここでの「大途事」も重要なことや当主に関わることと解釈することが可能だが、「内儀」と対になっている点をより重視したい。すなわち、内々のことに対するおおやけごと、あるいは正式なことと考える。「大途」自体は抽象的重大性に寄った意味で、そこから「大途事」を意訳した解釈である。すると、氏政は、内々のことには隠居である自分も意見を述べるが、おおやけごと・正式なことには当主である氏直が携わるべきである、としていることになる。

それでは結局当主を尊重しているかというと、氏政はさらに「内談」であれば「其筋目」を申す、としている。つまり、「大途事」は当主氏直が担当だが、「大途事」が「内儀」「内談」に優先される事柄というわけではないのである。してみれば、どのような事柄が「大途事」になり、また「内儀」「内談」に回されるかということが問題になるであろ

うが、それは今のところ明確に知ることはできない。

〔史料9〕における氏政の口ぶりからは、同じ事柄の表向きは「大途事」で、実質的な部分は「内儀」「内談」で、といった運用すらうかがいうるが、〔史料8〕で氏政が諸人の聞いているところで意見をいい、氏直の同意を得ていることは重要であろう。つまり、氏政の意見がいかに重要であっても、重臣たちが聞いているそれこそ表向き、おおやけの場で当主氏直が同意してみせる必要があったと思われるからである。してみれば、隠居・当主のいずれかだけでは事は運ばないわけで、それぞれ役割があると理解できる。これは、両者の関係が協調的である限り、月並みだが相互補完的なあり方といいうるのではないだろうか。

ここまで、北条氏における隠居と当主について、権力の所在、その関わり合い方に注目しながら検討してきたが、そこには協調的、あるいは隠居が当主を立てるようにみられながらも緊張関係をはらみながら並立している状況があった。

これは、「外交」や戦争におけるあり方をとくに参照するならば、当主が二人いるといってよい状況と考えられる。そのこと自体は、おそらく従来漠然と意識されてきたことかもしれない。ただし、「大途事」は当主、「内儀」は隠居といったかたちで役割が分担されていたわけで、たんに当主が二人いるというよりは、当主の権力が分割・分担されていたといいえよう。

武家政権の首長である将軍の権力＝将軍権力に二元性があり、初期室町幕府においては足利尊氏・直義がそれぞれ主従制的支配権・統治権的支配権を担ったことは著名であるが(48)、ここでの戦国大名当主権力のあり方には、今のところそのような明確な管轄は見出せない。しかしながら、権力を二人で担い、そこには分割・分担と相互補完、また協調と緊張があるのは確かであって、これをかりに戦国大名「当主権力」の分割・分担と呼んでおこう。

一家衆は当主の分身ということがよくいわれるが、それは支城領における領域支配の独自性や各方面における軍事指揮担当などからのことである。先にみたように、氏政は一家衆に指示を出し、制御・操作しており、「当主権力」と一家衆の間には明らかな差異がある。かりに戦国大名権力をイエ権力とみるならば、一家衆は明らかにその一翼を担っているが、少なくとも北条氏の場合、「当主権力」ではない。

「当主権力」は、基本的には当主と隠居、または当主と次期当主によって構成されるものであり、このこと自体は、「当主権力」の移行を緩やかにあるいは段階的に進めることによって、安定化する効果を期待され、生み出されたものと考えられる。当主と隠居、当主と次期当主の連署判物などは、それを端的に示していよう。

こうした安定化が必要とされたのは、十五世紀以来進行した下剋上状況のなか、いわゆる家宰が当主を凌駕する事態が頻発したことを背景としているとも考えられる。ただし、安定化といっても、これは当主と隠居、当主と次期当主との関係が協調的であってこそのことであり、両者の関係が悪化すれば、ただちに権力は分裂の危機に立たされる。実際、戦国時代における領主のイエの内紛を時期的に追うと、家宰が当主を凌駕する、あるいは倒すかたちから、当主父子の対立・抗争へと比重が移っている。

分割された権力の内容については、本章でみたところでは、隠居には「外交」や戦争に関わる権限、また一家衆への指示等があったが、これはただちに一般化できるものではなく、今のところ、基本的にはそれぞれの場合の個性に依存したと考える。してみれば、分割・分担のあり方も様々であったわけであり、それに応じて問題も多様に存在しえたであろう。ただ、一家衆への指示などを隠居が行っているのは、家長としての権限に基づくと考えるのが最も妥当であり、これは「当主権力」の問題を考える時、イエの家長権を念頭におく必要性につながるであろう。

戦国大名における「当主権力」のあり方は、戦国大名権力全体の安定化のために創出され、一定の効果をもたらしたが、そもそも当主・隠居らの個性に依存するところが大きい以上、安定化の達成は容易でなかったのである。

では、政務の大部分は当主が掌握していたとの見方はどうか。確かに、北条氏の場合、実に多くの事柄が当主のもとにある虎印判を捺された虎印判状によって処理されるわけである。いまさらつけ加えることもないかもしれないが、たとえば天正十二年と推定される十一月廿九日付北条氏照書状では、西上州での「兵糧留」に関して、「大途之御印判」がなければ「我々一札」＝自分たちの文書ではどうにもならないと述べている。(49)「大途之御印判」は、虎印判状か「常調」朱印を捺した伝馬手形かであると考えられるが、実際にこうした文書が最有力一家衆である氏照に対してさえ、威力・効果を示している以上、それを発給できるということは重要な意味がある。

ただし、すでに第一節や本節で紹介したように、山口博氏は隠居後の氏康が虎印判状の発給に一定の関与を行っていたことを明らかにしている。(50)このことと併せ、氏康や氏政が「大途事」でないかたちで、種々の案件において大きな影響力を行使し、氏政においては一家衆に詳細な指示を与える立場にあったことなども考えれば、隠居が文書上の政務の少なさのみによって、当主よりも著しく劣位にあったとはいえないであろう。いうまでもなく、政務を担当する文書を発給する者を動かすことができるからである。

もちろん、繰り返しになるが、文書を発給できることそのものの意味も大きいわけであるから、ここでも隠居と当主は、微妙に協調・緊張が均衡する上に「当主権力」を二人で担っていたといえるのである。

おわりに

以上、はなはだ雑駁ではあったが、主として山口博氏の成果に導かれながら、北条氏における隠居・当主の権限、相互関係などを検討し、そこに戦国大名「当主権力」のあり方を見出した。残された課題は山積するが、当面最も急務となるのは北条氏において「大途事」といわれたような、当主が管轄すべきと考えられた事柄とは一般化されうるものなのか、あるいは先に見通した分割された権力の内容そのままに、隠居・当主らの個性に依存されるものなのかといった問題である。このことは、隠居・当主権限のさらなる精密な検討とともに、戦国大名の権力構造を総体的に関連づけながら解明していく必要があろう。

また、こうした戦国大名「当主権力」のあり方は、前代以来の将軍権力のあり方と何らかの関連性を有するのか、次代の幕藩制国家の将軍権力に影響を及ぼしているのか等の問題がある。[51]従来、これらは武家権力の頂点として独自の分析・研究が進められてきたが、そのいわば土壌である大名や、さらに下位にある領主たちの権力のあり方、構造とまったく無関係でありえたのか、それとも何らかの関連性を有したのかを追求することは、重要な課題であると思われる。[52]

さらに、そもそも「政務」に対する当時の大名や領主たちの意識がどういうものであったかも問題である。いささか乱暴ないい方になるが、種々の一般「政務」は「雑務」として面倒であり、重要な局面で口出しすればよい、ということはなかったのか。もちろん、客観的にみればそれでよいわけはないが、彼らの意識、考え方においてもいろいろな可能性をさぐり、それをふまえた上で、権力構造を捉え直す必要もあると思う。あわせて他日を期したい。

注

(1) 以下、研究史の理解については、本書序章を参照。

(2) 山室恭子『中世のなかに生まれた近世』(吉川弘文館、一九九一年)。

（3）山口博①「『武棻』印判について」（『小田原地方史研究』二二号、二〇〇三年、のち「氏康による『武棻』印判の使用」と改題して、山口『戦国大名北条氏文書の研究』岩田書院、二〇〇七年、所収）②「氏政による『有效』印判の使用」（山口前掲書、所収、以下、①②論文の引用は同著書からとする）。なお、山口氏はこれらの印文について「棻」「效」と正字を用いており、引用部分のみ正字にすると紛らわしいので、本章では印文については山口氏に倣う。

（4）山室前掲注（2）著書、四七～四八頁。

（5）ところで、本章で検討する氏康や氏政は、周知のように、また、以下検討するように、「隠居」の語感とはかけ離れた活動をしている。この点からすれば、「前当主」とでもしておいた方がよいのかもしれないが、実際に「御隠居様」の呼称は使われており、当時の「隠居」の実態を示すということにも一定の意味があると考えるので、家督を譲った存在を一律に「隠居」としておく。

（6）山口前掲注（3）①論文。

（7）山室前掲注（2）著書では、北条氏の場合、書状を検討対象から外しているが、以下でみるように、重要な内容を含んでいるものもあると考える。また、氏は「少なくとも文書発給の状況から見る限りでは、隠居した当主は政務らしきものをほとんど分掌せず、家督相続とともに新しい当主がすみやかに前当主の諸権限を継承したようである」とするが（前掲注（4）参照）、この見解にも同意できない。

（8）本章における「外交」については、丸島和洋氏が、先行研究でしばしば用いられた「通交」では表現しきれない戦国大名間の交渉について、「独立した意思を持つ『地域国家』間の交渉という意味で、『外交』と呼称」するとしているところに、基本的に従う（丸島「戦国大名研究の現状と本書の視角」『戦国大名武田氏の権力構造』思文閣出版、二〇一一年、所収、三〇頁）。また、「外交」の研究史もたいへん分厚く、以下であげる史料にもすでに検討されているものが多々あるが、本章は「外交」自体について議論を展開するものではなく、そこに表れる隠居・当主の関係をみていくので、原則としていちいち注は付さない。

（9）「千葉市立郷土博物館所蔵原文書」（『小』四五〇）。

(10) 「早稲田大学図書館所蔵文書」(『小』四五八)。
(11) 「相州文書大住郡武兵衛所蔵文書」(『小』四六〇)。
(12) 「西原一夫所蔵文書」(『小』五八四)。
(13) 久保「兵粮からみた戦争・戦場」(小林一岳・則竹雄一編『【もの】から見る日本史 戦争Ⅰ』青木書店、二〇〇四年、所収、のち改稿の上、久保『戦国時代戦争経済論』校倉書房、二〇一五年、所収)。
(14) 順に、「戸村文書」(『小』四四一)、「仙台市博物館所蔵伊達文書」(『小』四四三)、「白川文書」(『小』四四五)、「千秋文庫所蔵佐竹文書」(『小』四四七)、「会津四家合考九」(『小』四四八)、「栃木県立博物館所蔵那須文書」(『小』四五九)。
(15) 「仙台市博物館所蔵伊達文書」(『戦北』六三九)。
(16) 「白川文書」(『小』五五六)、「早稲田大学図書館所蔵結城白川文書」(『小』五五七)、「東北歴史資料館所蔵国分白川文書」(『小』五五八)。
(17) 連署は「小倉文書」(『小』四八四)、「管窺武鑑二」(『小』五五九)、「埼玉県立文書館所蔵安保文書」(『小』五六四)、袖判は「高橋健二氏所蔵文書」(『小』四八一)。
(18) 「諸州古文書十四」(『小』六二六)。
(19) 山口博「氏康・氏政と虎印判状奉者」(藤木久志・黒田基樹編『定本・北条氏康』高志書院、二〇〇四年、所収、のち山口前掲注(3)著書、所収、以下、引用は著書からとする)一三一頁。
(20) 「東京大学文学部所蔵由良文書」(『小』六六二)。
(21) この問題に関する研究は数多い。さしあたり研究史も含め、丸島和洋「越相同盟再考―『手筋』論をめぐって―」(『史料館研究紀要』三五号、二〇〇四年、のち「大名間外交と『手筋』―越相同盟再考―」と改題・改稿して丸島前掲注(8)著書、所収)を参照。
(22) このような大きな変化であったことからすると、永禄九年の出馬停止も、山口氏が想定する氏康の老熟、氏政や氏照・氏邦の成長、というういわば自然の流れに沿う事態以外にも要因がなかったかが疑問として残る。ここで注目したいのは、本節のはじめで触れたように、永禄七年から氏康の発給文書の数が大きく減少していることである。さらに、永禄九年には、わずかながら大病を推測させる証跡もある。無年号ながら永禄九年に比定され、いずれも豊前山城守充てのものと推定されている氏康と氏政の書状である（いずれも「豊前氏古文書抄」『小』六五二一・六六五）。豊前氏は古河公方家臣で医術を生業としており北条氏との交流も深かったとされ（佐藤博信「古河公方家臣豊前氏の研究」、竹内理三編『荘園制社会と身分構造』校倉書房、一九八〇年、所収、のち「豊前氏の研究」と改題して佐藤『古河公方足利氏の研究』校倉書房、一九八九年、所収）、これらの書状では、罹患していたのが誰かは明確でないが、豊前氏の処方によって大病が治癒したことへの感謝が述べられている。また、これも無年号だが永禄十年と推定されている氏康の書状からは、湯治に赴いていることが知られ、病気療養を想起させる（「千葉市立郷土博物館所蔵原文書」『小』六七七）。以上からは氏康の大病を推測することも可能だが、永禄十年に比定されている氏政の豊前山城守充て書状では（「神奈川県立文化資料館所蔵豊前文書」『小』六七三）、氏照の治療を依頼しており、この書状と、先の氏康・氏政の書状の年次比定にズレが生じた場合、大病治癒が感謝されていたのも氏照のことだった可能性がある。また、氏康の書状では、自身のこととしてはややそぐわない「彼病」という表現が使われている点も気になるところである。ここでは、氏康の出馬停止の要因として大病の可能性がある点を指摘するにとどめておきたい。

(23) 年未詳十二月十六日付宗哲覚書（「世田谷区立郷土資料館所蔵宮崎文書」『小田原市史』資料編　原始古代中世Ⅰ三八〇号文書）。
(24) 山口前掲注（3）②論文。
(25) 「斎藤報恩博物館所蔵遠藤文書」（『戦北』二五〇七）。
(26) 「仙台市博物館所蔵片倉文書」（『戦北』二八一六）。
(27) 「片倉代々記一」（『戦北』二八一七）。
(28) 「古証文五」（『小』一五九五）。
(29) 「大竹文書」（『小』一九五四）。

(30)「諸州古文書五」(『小』一五九四)。
(31)「不破文書」(『戦北』二六六四)。
(32)この問題に関する研究については、本書第八章、参照。
(33)「武州文書所収秩父郡三上亀吉所蔵文書」(『小』一四一四)。
(34)「三上広太郎氏所蔵文書」(『小』一四一八)。
(35)「三上広太郎氏所蔵文書」(『小』一四一五)、「里見忠三郎氏所蔵手鑑」(『小』一四一七)、「三上広太郎氏所蔵文書」(『小』一四二七)。
(36)「三上広太郎氏所蔵文書」(『小』一四一九)。
(37)「金室一夫氏所蔵文書」(『小』一四七二)。
(38)久保「後北条氏における公儀と国家」(久保『戦国大名と公儀』校倉書房、二〇〇一年、所収)。また、本書第一章およびその〔コメント〕も参照。
(39)「正木文書」(『小』五九一)。
(40)山口前掲注(19)論文一三二頁。
(41)同右論文。
(42)「妙本寺所蔵文書」(『小』四八九)。
(43)「堀江伴一郎氏所蔵文書」(『小』二〇一六)。
(44)「武州文書所収秩父郡秀三郎所蔵文書」(『戦北』三五四八)。
(45)「根岸浩太郎氏所蔵文書」(『小』一四一三)。
(46)久保「『大途』論」(久保前掲注(38)著書、所収)。
(47)本書第一章。
(48)佐藤進一「室町幕府論」(『岩波講座日本歴史7　中世3』岩波書店、一九六三年、所収、のち佐藤『日本中世史論集』岩波書店、一九九〇年、所収)。

(49)「楓軒文書纂六十六」(『戦北』二七四二)。なお、この事例については、久保前掲注(46)論文、「戦争経済と兵粮・軍隊」(池享編『室町戦国期の社会構造』吉川弘文館、二〇一〇年、所収、のち「戦国時代の兵粮・軍隊」と改題・改稿して久保『戦国時代戦争経済論』校倉書房、二〇一五年、所収)、久保『戦国大名の兵粮事情』(吉川弘文館、二〇一五年)等々でも言及している。

(50)山口前掲注(3)①論文、注(19)論文。

(51)朝尾直弘「『将軍権力』の創出」(『歴史評論』二四一・二六六・二九三号、一九七一・七二・七四年、のち朝尾『将軍権力の創出』岩波書店、一九九四年、所収、以下、引用は著書からとする)では、「将軍権力」について、「鎌倉幕府や室町幕府のそれとは比較にならぬ強力で集中された権力を、それは有していた」とし、「『将軍権力』は、この国家(幕藩制国家のこと……久保注)の意志を決定する最高の権力主体」としている。佐藤氏と朝尾氏とでは、武家政権の頂点の権力を「将軍権力」と呼称しながらも、とくに朝尾氏は、鎌倉・室町幕府と幕藩制国家とでは、内容的・段階的に異なるものを想定しているといえよう。

(52)これについては、家中論を前代の武士におけるイエ研究と密接に関わらせつつ深化させることが必要であろう。この点、本書序章も参照。また、さらにいえば前代の領主論、とりわけ族縁的結合における問題との関わりも重要になろう。この分野も研究史は分厚いが、近年の状況について田中大喜『中世武士団構造の研究』(校倉書房、二〇一一年)、参照。

あとがき

過去に向き合うのはつらいことだ、などと言っては、歴史家としての資質を問われてしまいかねないが、過去の自分、さらには過去の自分の仕事となれば、多少は気持ちがわかってもらえるだろうか。

筆者が細々とではあるが、歴史の勉強を続けていられるのは、紛れもなく「公儀論」というテーマに出会ったからであった。卒業論文「公儀と大名領国制」も博士論文「戦国大名における公儀の研究」も最初の著書『戦国大名と公儀』（校倉書房、二〇〇一年、以下、前著とする）も、題名からただちにわかるように、戦国大名権力と公儀との関連がメインテーマであり、修士論文「戦国大名権力の特質と領国支配」は公儀こそ表に掲げてはいないが、戦国大名の検地・不入権付与等の政策を論じつつも、その背景には権力がいかに正当性を主張するのか、という問いがあり、公儀論をつねに念頭に置いていたといえる。実際、修士論文のかなりの部分は、いくつかの雑誌発表を経て前著に取り込まれることとなった。

その後、二〇〇一年度歴史学研究会大会日本中世史部会での報告を契機として、戦争経済や兵粮についての追究が大きな課題となったが、一方では公儀論に関わる仕事も続け、現在に至っている。

非常に緩慢な歩みではあるが、前著に収めなかったものも含め、それなりに活字化した文章がたまってきたので、書き下ろしも加えて一冊にまとめようかと考えはじめたのが、すでに十年も前になる。これほどの時間がかかってしまったのは、戦争経済・兵粮にかかわる仕事を先にまとめることになったからでもあるが、やはり筆者が生来怠慢だからであろう。

もっとも、十年もかけてしまったから悪いことばかりかといえばそうでもない、などと言っては、また顰蹙を買ってしまうが、公儀論における一族問題の重要性などは、部分的に第八章の旧稿などでは触れていたが、その頃にはまだぼんやりとしており、ここ十年ばかりでかなりはっきりと意識できてきたところではある。

というわけで、本「あとがき」冒頭に戻るのだが、一冊にまとめるために、過去の自分の仕事に向き合うこととなった。本書に収めた論文はかなり古いものもあり、善し悪しは別として「青臭い」ところを感じるのだが、それよりも言いっ放しで全然フォローできていない課題が多いのには我ながらまいった。序章でも述べたが、「王権論的方法」「公儀世界」「半公儀」「アヒヤケ」等々、まったく汗顔の至りである。その時々の関心だったから、ですまされるはずもなく、これもまた怠慢のなせるわざといえる。であるのに、新稿第九章では、さらに「当主権力」などと言い出しているのだから、どうやら筆者は怠慢とともに、懲りない性分でもあるらしい。

「青臭さ」も加え、過去の自分の仕事と向き合うことは、やはり過去の自分自身と向き合うことでもあるのだ。そして、「青臭さ」は「ずうずうしさ」という「加齢臭」に変わり、怠慢や懲りない性分は現在の自分でも大して変わっていないのに気づかされることとなった。恥ずかしさのあまり、思わず逃げ出し（投げ出し）てしまいたくなる衝動と闘いながらのまとめ作業は、なかなかつらいものだったのである。

ともあれ、前著からみてどれだけ前進できたかわからないが、公儀論に限ってもまだまだ道半ばであることだけは確かなようである。少しは怠慢なところを改善し、懲りて反省しながら、努力していきたい。

本書を成すにあたり、池享氏には同成社をご紹介いただいた。公儀と人格的関係に関する研究の大先達である池氏のご紹介というのも、何かしらの縁を感じる。また、同成社編集担当の山田隆氏にはたいへんお世話になった。記して感謝申し上げる。

なお、本書は二〇一七年度早稲田大学特定課題研究助成費（特定課題（基礎助成）、題目：戦国大名権力における意思決定手続きの研究、課題番号：２０１７Ｋ－０５９）による成果の一部である。

二〇一七年九月三〇日

久保　健一郎

索　引

＊本索引は、本文および注の用語・概念を中心に作成した。
＊引用史料中の文言は原則として採用していないが、本文中に抽出して活用している場合は、この限りではない。
＊用語・概念であっても、文献名等の固有名詞や、章・節・項の題名等からは、基本的に採用していない（「役帳」のような例外はある）。
＊細かな表記の相違のみで、基本的に同一の語と見なせるものは一つにまとめた。
＊複合語の場合、どのように採用するかは、個々の判断によった。

—あ　行—

—か　行—

—さ　行—

—た　行—

—な　行—

—は　行—

—ま　行—

—や　行—

—ら　行—

—わ　行—

中近世移行期《ちゅうきんせいいこうき》の公儀《こうぎ》と武家権力《ぶけけんりょく》

■著者略歴■

久保　健一郎（くぼ　けんいちろう）

1993 年　早稲田大学大学院文学研究科博士後期課程単位取得退学。
早稲田大学第一・第二文学部助手等を経て、
現　在　早稲田大学文学学術院教授。博士（文学）。
主要著作
『戦国大名と公儀』（校倉書房、2001 年）
『戦国時代戦争経済論』（校倉書房、2015 年）
『戦国大名の兵粮事情』（吉川弘文館、2015 年）

2017 年 12 月 8 日発行

著　者　久保健一郎
発行者　山脇由紀子
印　刷　三報社印刷㈱
製　本　協栄製本㈱

発行所　東京都千代田区飯田橋 4-4-8
（〒 102-0072）東京中央ビル　㈱同成社
TEL 03-3239-1467　振替 00140-0-20618

ISBN978-4-88621-776-9 C3321

⑨紀伊国桛田荘

海津一朗編　三一〇頁・本体六五〇〇円

和歌山県紀ノ川河川敷で発掘された堤防跡の調査を含む、中世荘園桛田荘の全容究明にとり組んだ15年間に及ぶ歴史学、考古学、地理学研究者による学際研究の成果を総括する。

⑩中世社会史への道標

阿部　猛著　三三八頁・本体七五〇〇円

古代史の視点をふまえつつ、中世社会の土台をなす「荘園制」追究にとりくみ、そうした中から荘園世界に生きる人々の営みを多方面からとらえてゆく。中世の社会史構築の道標ともなる諸論考。

⑪初期鎌倉政権の政治史

木村茂光著　二三四頁・本体五七〇〇円

挙兵から征夷大将軍就任までを区切りとする従来の研究への批判的問題意識を軸に、頼朝死後の幕政も見据えて、内乱を勝ち抜いた武人政権が統治権力の主体として発展してゆく諸相を活写する。

⑫応仁の乱と在地社会

酒井紀美著　二七四頁・本体六八〇〇円

応仁の乱中、東西両軍の道筋となった京近郊の山科・西岡地域の村々の動きに焦点をあて、動員されるばかりでなく、自らの意志で行動することの多かった中世村落の側から応仁の乱を描き出す。

⑬中世都市根来寺と紀州惣国

海津一朗編　三六八頁・本体七三〇〇円

中世の一大宗教都市、根来寺。保存運動の過程で明らかになった重要遺跡とその構造的な特色、新たに発見された文書の解析を通じて、中世根来寺の全容を明らかにする。

⑭室町期大名権力論

藤井　崇著　三七八頁・本体八〇〇〇円

南北朝・室町期大内氏の研究から、大内氏分国の実態を通史的に解明し、室町幕府―守護体制論の批判的検討を進め、新たな視点からの大名権力論を構築する。

⑮日本中世の学問と教育

菅原正子著　二五〇頁・本体六〇〇〇円

高い識字率を支えた庶民教育の実相と、武士、公家および天皇と知識人たちとの交流をたどりながら、当時における学問のあり様を検証。中世を規定した思想の根源を追究する。

⑯鎌倉府と地域社会

山田邦明著　三六〇頁・本体八〇〇〇円

中世後期、鎌倉府の支配下にあった関東における政治史を鳥瞰するとともに、地域社会の民衆・武士・寺院各々の、時に緊迫する相互関係を多様な観点から検証する。

⑰国東六郷山の信仰と地域社会

飯沼賢司著　三二六頁・本体七〇〇〇円

大分県国東半島に位置する六郷山地域。独特の山岳仏教文化の成立と展開の史的過程を明らかにし、山岳の開発によって拓かれた地域社会の支配と信仰を、総合的に検証する。

⑱武家権力と使節遵行

外岡慎一郎著　四七四頁・本体九〇〇〇円

不動産訴訟に際し公的な裁定を執行すべく各地に遣わされた特命使節。その遵行の「現場」で公権力と在地社会の意思が切り結ぶさまを、膨大な資料を渉猟し緻密に分析。使節遵行の意義を問う。

⑲東国武士と京都

野口　実著　二四二頁・本体五〇〇〇円

東国武士は京都にも拠点を置き西国との間に「一所傍輩のネットワーク」を築いた。東西を移動する武士像を提示し、在地領主制論をふまえ職能論的武士論を発展させ、中世武士を鮮やかに描き出す。

⑳中世の武家官僚と奉行人

森　幸夫著　二七八頁・本体六〇〇〇円

鎌倉時代の六波羅探題や室町時代の奉行人を中心に、武士が「文」を兼備して、吏僚として支配機構を支えるに至った様相を明らかにし、従来十分に評価されてこなかった奉行人の実像を照射する。

㉑鎌倉時代の足利氏と三河

松島周一著　二五〇頁・本体五五〇〇円

足利氏は、鎌倉幕府の有力者として如何にして勢力を築いたのか。東の幕府と西の貴族・院権力とが対峙する要衝三河の地から、建武政権を崩壊させ室町時代へと至る揺籃期を精彩に描く。

㉒ジェンダーの中世社会史

野村育世著　二三四頁・本体四八〇〇円

古文書や説話集などの史料に基づいて中世の社会にとって基本的な事柄をジェンダーの視点で分析し、中世の日本を読み解こうと試みる。